LES ÉNIGMES DE L'HISTOIRE DU MONDE

DÉJÀ PARU

Les Énigmes de l'histoire de France,
sous la direction de Jean-Christian Petitfils,
Le Figaro Histoire/Perrin, 2018

Sous la direction de
Jean-Christian Petitfils

LES ÉNIGMES DE L'HISTOIRE DU MONDE

LE FIGARO HISTOIRE / PERRIN

Éditions Perrin
12, avenue d'Italie
75013 Paris
Tél. : 01 44 16 09 00
Fax : 01 44 16 09 01

ISBN : 978-2-262-07730-3

Dépôt légal : mai 2019

Mise en pages : Peter Vogelpoel

Sommaire

Avant-propos

L'Histoire n'est ni un long fleuve tranquille, ni une colline ensoleillée, d'où l'on pourrait contempler le lent et majestueux déploiement des événements. Elle serait plutôt, si l'on veut poursuivre la comparaison géographique, un chemin sinueux traversant de temps en temps de belles clairières, puis s'enfonçant brusquement dans des sous-bois ombreux et touffus, tissés de mystères et d'énigmes, de vérités cachées, de contes légendaires, d'impostures, de rumeurs invraisemblables – de *fake news*, comme on dirait aujourd'hui – qu'il n'est pas toujours aisé de démêler.

Dans un premier volume, qui a connu un large succès, *Le Figaro Histoire* et les Editions Perrin se sont attachés à présenter vingt *Enigmes de l'histoire de France*. Conçu dans le même esprit, le présent ouvrage élargit l'enquête à vingt autres énigmes ayant jalonné cette fois *l'histoire du monde*. Dans un souci identique de rigueur scientifique et d'approche rationnelle, il a été pareillement fait appel aux meilleurs spécialistes, afin de serrer au plus près la vérité.

Grandes ou petites, anciennes ou récentes, ces vingt énigmes peuvent se regrouper autour de quatre principaux thèmes :

1. DES MYSTÈRES ARCHÉOLOGIQUES

L'Atlantide : quelle énigme ?

Quelle histoire fabuleuse que celle de l'Atlantide ! Atlantis (en grec) est cette île gigantesque engloutie à la suite d'un cataclysme dont parle Platon dans deux de ses dialogues, le *Timée* et le *Critas*. Située au-delà des Colonnes d'Hercule (identifiées généralement au détroit de Gibraltar), elle avait la taille d'un continent. Ses richesses étaient immenses, mines de métaux précieux, faune et flore abondantes. Ses habitants, fort nombreux, avaient élevé une profusion de monuments sacrés, publics ou privés. Mais bientôt ses lois tombèrent en désuétude et ses rois menèrent une politique expansionniste, qui fut arrêtée par le courage des Athéniens. Cela se passait quelque 9600 ans avant notre ère.

Depuis la Renaissance, théories et hypothèses n'ont cessé de se multiplier. Des romanciers tels Jules Verne et Pierre Benoit se sont jetés avec délectation dans l'aventure. Plus récemment, des recherches sous-marines ont été entreprises à grands frais. Où était donc située cette île-continent ? Aux Canaries, aux Açores, en Sardaigne, au Danemark, dans l'île de Santorin, en Crète, en Iran, en Mongolie ou dans le triangle des Bermudes ? Maurice SARTRE, grand spécialiste du monde grec et du Proche-Orient hellénisé, livre une interprétation tout autre. Elle est des plus convaincantes.

L'introuvable tombeau d'Alexandre

Jean-Yves CARREZ-MARATRAY, professeur d'histoire et d'archéologie des mondes grec classique et hellénistique, nous entraîne dans une enquête serrée à la recherche du tombeau, ou plus exactement des tombeaux, jamais retrouvés, du grand conquérant, mort à Babylone en juin 323 avant notre ère. Ecartant les fausses pistes souvent invoquées, comme la nécropole royale de Vergina, en Macédoine (où fut inhumé Philippe II, père d'Alexandre), s'appuyant sur les rares textes antiques, ceux de Strabon, de Zénobios ou de Lucain, l'auteur recentre la recherche dans la ville éponyme d'Alexandrie, où des indices intéressants permettent une localisation probable de la dernière tombe du conquérant.

Le linceul de Turin : une provocation à l'intelligence ?

Le linceul de Turin, improprement appelé Saint Suaire, est la plus insigne des reliques de la chrétienté. Cette pièce de lin de grand prix – un sergé à chevrons de 4,40 mètres sur 1,10 mètre – présente, dans une couleur pâle variant du beige au sépia, les faces ventrale et dorsale d'un crucifié mort, couvert de sang, flagellé, avec tous les signes de la Passion (le coup de lance au côté droit, les traces d'une couronne d'épines sur le crâne). Est-elle le linge sépulcral de Jésus, comme nombre de chercheurs et de scientifiques le pensent, ou au contraire un faux du Moyen Age, comme d'autres, amplement relayés par les médias, l'ont prétendu après l'analyse au carbone 14 controversée de 1988 ? Pierre DE RIEDMATTEN, ingénieur de formation, président de l'association « Montre-nous Ton Visage », mène l'enquête.

Les Vikings en Amérique ?

« Personne ne doute plus aujourd'hui, écrit Jean RENAUD, grand spécialiste de la civilisation scandinave et auteur de ce chapitre, de la découverte de l'Amérique par les Vikings, mais personne ne sait non plus avec certitude ce à quoi correspond le *Vínland*. » Où situer en effet ce mystérieux « Pays du vin », du blé (riz sauvage) et du bois ? Quelle réalité recouvre-t-il exactement dans le vaste continent américain ?

La fameuse carte du *Vínland*, représentant la *Vinlanda Insula* ayant les contours grossiers de l'Amérique du Nord, conservée à l'université de Yale depuis 1965, a été datée par certains de 1440, mais elle fait toujours l'objet de controverses entre savants.

Cependant, l'examen de deux sagas du XIIIe siècle, celle d'Erik le Rouge et celle des Groenlandais, permet d'avancer – prudemment – au milieu des mythes et récits légendaires mêlant le vrai et le faux. Des recoupements peuvent être faits avec des découvertes archéologiques récentes.

Les Mayas : un effondrement, des effondrements ?

Les Mayas fascinent un large public depuis le milieu du siècle dernier, comme en témoigne le nombre d'ouvrages ou d'émissions qui leur sont consacrés. Professeur émérite d'archéologie de l'Amérique précolombienne, ayant participé à de nombreuses fouilles, Eric TALADOIRE explore les mystères de cette étonnante civilisation, née au début du premier millénaire avant Jésus-Christ, qui a duré plus de deux mille cinq cents ans. Cette civilisation, qui maîtrisait l'écriture mais ne faisait pas usage de la roue, s'étendait en Mésoamérique sur la partie méridionale du Mexique, le Guatemala, le Belize, l'ouest du Honduras et du Salvador jusqu'aux rives du Pacifique, du Costa Rica au Nicaragua, soit une superficie des deux tiers de la France métropolitaine, avec une grande diversité de paysages.

Repérées par la photographie aérienne, des régions entières restent inexplorées. On connaît encore mal l'histoire de ses cités (Tikal, Calakmul, Palenque, Mirador…), de leur organisation sociale, de leurs rites religieux, incluant à certains moments des sacrifices humains. Présente sur des monuments sculptés, des stèles, des peintures murales, des objets familiers, l'écriture maya, avec ses glyphes uniques, n'a pas non plus livré tous ses secrets. Enfin, pourquoi et comment cette civilisation s'est-elle effondrée ?

Pâques. L'île mystérieuse

Romancière, journaliste, essayiste, auteur de biographies de James Cook et du comte de La Pérouse, Anne PONS se penche sur les mystères de cette étrange île de Rapa Nui, de forme triangulaire, perdue dans le Pacifique Sud et dont la superficie est de 163 kilomètres carrés. Elle fut découverte par hasard le 6 avril 1722, jour de Pâques, par un capitaine hollandais, Jacob Roggeveen, raison pour laquelle elle fut dénommée île de Pâques. Ses compagnons et lui furent surtout frappés par les monolithes colossaux, hauts parfois de 8 ou 9 mètres, qui parsemaient l'île et représentaient des hommes de pierre à longues oreilles.

James Cook, chargé par les Anglais de dresser des cartes de la région, aborda l'île le 13 mars 1774 et fit effectuer des croquis de ces mystérieux moaï. Puis, M. de La Pérouse débarqua à son tour sur l'île mystérieuse. Au XIXe siècle, des missionnaires s'y installèrent. En 1872, l'aspirant français Julien Viaud (futur Pierre Loti) rapporta sur *La Flore* une des statues géantes, datée entre 1200 et 1500 de notre ère, qui figure aujourd'hui au musée du quai Branly. Mais les mystères de Rapa Nui demeurent. Que sait-on de cette civilisation australe, de ses croyances ancestrales, et surtout de ses étranges idoles qui, avant qu'elles ne devinssent aveugles, semblaient regarder l'éternité de leurs yeux de corail et d'obsidienne ?

2. DES PERSONNAGES MYSTÉRIEUX

Akhénaton, pharaon mystique

Il n'y a assurément pas de pharaon plus mystérieux qu'Aménophis IV, l'homme à la longue et triste figure, mari de la « grande épouse royale Néfertiti » et père, par une autre épouse, du célèbre Toutankhamon, né vers 1370, mort vers 1338 avant J.-C. Vers 1354, il décida de quitter Thèbes, de rompre avec le puissant clergé d'Amon, de fonder à 250 kilomètres au nord une nouvelle capitale Akhet-Aton (aujourd'hui Tell el-Amarna), de prendre le nom d'Akhénaton, en hommage au dieu Soleil, Créateur et « Seigneur d'Eternité », et enfin d'instituer une nouvelle liturgie. Certes, l'expérience « hérétique » dura peu et tout revint dans l'ordre « amonien » après sa mort, mais, en posant ces actes proprement révolutionnaires, quel était son but ? Instituer une religion monothéiste ? Quel parallèle établir alors entre ses conceptions et celles des Hébreux de Moïse, entre le « monothéisme amarnien » et le monothéisme biblique ? Sur ce questionnement passionnant, Catherine CHADEFAUD apporte l'éclairage d'une éminente spécialiste de l'Egypte ancienne.

Shakespeare et ses doubles

S'il est un écrivain entouré de mystère, c'est assurément William Shakespeare, l'un des plus grands génies du théâtre, sinon le plus grand, dont l'œuvre embrasse tous les ressorts de l'esprit humain. On ne connaît presque rien de ce fils de gantier, né à Stratford-upon-Avon, baptisé le 26 avril 1564, mort le 23 avril 1616 (3 mai selon le calendrier grégorien). Aucun manuscrit ne subsiste de ses œuvres. Il n'a laissé ni correspondance ni journal. Les rares documents le concernant ne sont que des pièces administratives, comptables, juridiques, traitant de questions matérielles. C'était un bon bourgeois, un marchand. Comment, s'est-on demandé, un personnage aussi ordinaire, sans expérience, ignorant les usages du monde, les pratiques et les jeux politiques de la Cour, de la mythologie, de l'histoire de l'Angleterre, a-t-il pu composer une œuvre poétique et dramatique si intense, aux fulgurances foisonnantes, qui fascine encore quatre siècles plus tard les publics du monde entier ?

De là à soutenir que l'homme de Stratford n'était qu'un prête-nom, il n'y eut qu'un pas qu'un certain nombre d'écrivains et de chercheurs franchirent allègrement. Auteur de plusieurs ouvrages sur le grand homme de théâtre, Mme Dominique Goy-Blanquet fait le tri parmi les hypothèses et énumère les arguments convaincants en faveur de la solution qui paraît la plus évidente.

Les multiples fantômes de Jack l'Eventreur

C'est le roman noir par excellence, à ceci près qu'il s'agit d'une histoire parfaitement authentique, celle d'un des plus sordides tueurs en série. Du 30 août au 9 novembre 1888, dans un quartier insalubre et surpeuplé du district de Whitechapel, dans l'East End de Londres, cinq prostituées furent retrouvées sauvagement assassinées. Une première lettre de revendication, signée *Jack the Ripper* (« Jack l'Eventreur »), clamant sa haine des prostituées et promettant d'accomplir de nouveaux crimes parvint à Scotland Yard. Une seconde, anonyme, envoyée « depuis l'Enfer » (*From the Hell*) était accompagnée d'un demi-rein, le tueur se vantant d'avoir frit et mangé l'autre moitié… Aussitôt, la terreur s'empara de Londres.

Depuis cent trente ans, le public n'a cessé de se passionner pour cet épais mystère. A côté de nombreux romans ou nouvelles, plus récemment de films, diverses études (dont celle de la romancière américaine Patricia Cornwell) ont vu le jour pour donner son vrai nom à *Jack the Ripper*.

Historien et essayiste, Bernard OUDIN, vice-président de la Société Sherlock Holmes de France, était le mieux placé pour faire le point sur cette foisonnante enquête à faire frissonner d'horreur.

Zhang Yufeng, la femme qui lisait sur les lèvres de Mao

Sinologue réputé, Alain ROUX se penche sur le destin de cette femme de l'ombre, qui a joué un rôle essentiel dans les derniers temps de la vie de Mao Zedong. Alors que celui-ci, atteint de la maladie de Charcot et frappé par plusieurs AVC, était devenu à peu près aveugle, incapable de parler ou de manger sans aide, l'une de ses anciennes maîtresses, Zhang Yufeng, autrement dit « Phénix de Jade », de cinquante-deux ans sa cadette, fut jusqu'à sa mort en septembre 1976 à la fois sa secrétaire privée, sa lectrice, sa gouvernante et – fonction ô combien redoutable au milieu du champ clos des rivaux de l'équipe dirigeante – la seule « interprète » capable de déchiffrer les mots bredouillés de ses lèvres tremblantes par le Grand Timonier.

Qui a voulu tuer Jean-Paul II ?

Le 13 mai 1981, à 17 h 17, alors qu'il effectuait au milieu d'une foule enthousiaste le tour de la place Saint-Pierre en voiture découverte, le pape Jean-Paul II était victime d'un attentat qui manqua de peu de le tuer. L'homme qui tira sur lui fut arrêté. C'était un Turc de vingt-trois ans, qui avait fait partie d'une organisation nationaliste et islamiste, les « Loups gris », très liée à la mafia de son pays. Son nom ? Mehmet Ali Agça. Condamné à la prison à vie, il fut gracié dix-neuf ans plus tard. Sur l'attentat, il ne tint jamais que des propos incohérents. Y a-t-il eu complot ? Journaliste, vaticanologue connu et auteur d'une monumentale biographie de Jean-Paul II, Bernard Lecomte s'est attaché à la fois à donner le mot de l'énigme et à cerner la personnalité mystérieuse de cet individu au regard étrange.

3. MORTS ET DISPARITIONS MYSTÉRIEUSES

La mystérieuse disparition de sir Benjamin Bathurst

Voici une aventure singulière. Un jeune et brillant diplomate britannique de vingt-cinq ans, sir Benjamin Bathurst, envoyé à Vienne au début de 1809 par le cabinet de Londres, avait réussi à convaincre l'empereur d'Autriche François Ier et ses conseillers d'entrer en guerre contre Napoléon et de prendre leur revanche sur leur défaite d'Austerlitz. Mais la bataille de Wagram, au cours de laquelle les forces autrichiennes furent écrasées, suivie de l'humiliante paix de Schönbrunn, en décida autrement. Bathurst, qui n'avait plus rien à faire dans la capitale des Habsbourg, résolut alors de retourner en Angleterre.

Au soir du 25 novembre 1809, il disparut subitement au relais de poste d'une petite cité prussienne à mi-chemin entre Berlin et Hambourg, Perleberg. Il s'était promené un instant autour de la berline prête à partir, puis s'était volatilisé. Fouillant les archives, des chercheurs ont tenté de trouver la clé de ce mystère. En vain. Faute de certitudes, des auteurs de science-fiction anglo-saxons en sont venus à des explications paranormales : un enlèvement par des extraterrestres, une brusque projection dans un univers parallèle. Il y a peut-être une solution plus raisonnable.

Le mystère du lac de Starnberg. La mort de Louis II de Bavière

Ceux qui ont vu *Ludwig* de Luchino Visconti (1972) se souviennent des dernières scènes de ce film somptueux : la nuit, par un temps de brume et de pluie, des infirmiers, des domestiques munis de torches et de lanternes, courent le long du lac de Starnberg, en Bavière, à quatre-vingts kilomètres au sud de Munich, à la recherche du roi Louis II, déposé la veille par le gouvernement bavarois pour dérangement mental, assigné à résidence au castel de Berg et qui était parti en promenade dans le parc avec son médecin, l'aliéniste Bernhard von Gudden. Soudain on retrouva, flottant sur les eaux calmes du lac au milieu des roseaux, à quelques mètres de la terre ferme, les corps du roi et de son accompagnateur. On était le 13 juin 1886, au soir de la Pentecôte.

Ici commence le mystère. S'il fait peu de doute que le monarque avait tué le docteur Gudden, dont le visage portait des traces de coups, les circonstances de sa propre mort restent inconnues. A-t-il voulu fuir ou se suicider ? Y a-t-il eu un complot pour le délivrer ?

Catherine Decours, à qui l'on doit la dernière biographie de ce monarque assurément schizophrène, mais amoureux fou des vieilles légendes germaniques, de la musique de Wagner et grand bâtisseur de châteaux de rêve, dont s'enorgueillit aujourd'hui encore son pays, serre au plus près la réalité de ce drame.

Le cadavre encombrant d'Adolf Hitler

Soyons sérieux. Il ne s'agit aucunement de remettre en cause la mort d'Adolf dans le bunker de l'ancienne chancellerie du Reich le 30 avril 1945, en compagnie d'Eva Braun, de Goebbels, de sa famille et de quelques autres.

Il n'y a plus aucun mystère à ce sujet. Hitler ne s'est enfui ni en Espagne ni en Argentine. Il s'est suicidé d'un coup de pistolet 7.65 après avoir absorbé une ampoule de cyanure, alors que les chars soviétiques étaient à 200 mètres de sa tanière de béton. L'épisode que conte ici avec talent François KERSAUDY, grand spécialiste de l'histoire diplomatique et militaire contemporaine, concerne les restes carbonisés des deux cadavres enterrés dans le jardin de la chancellerie – ceux du Führer et de sa maîtresse (avec laquelle il venait de se marier), dont on mit bien du temps à retrouver la trace, en raison des fausses pistes lancées par les autorités soviétiques, des enquêtes et contre-enquêtes des services de renseignements rivaux. La vérité enfin se fait jour.

L'assassinat du président Kennedy : du mystère à l'Histoire

Le 22 novembre 1963, John Fitzgerald Kennedy, trente-cinquième président des Etats-Unis, était abattu de plusieurs balles alors qu'il traversait la ville texane de Dallas en voiture découverte. Il avait quarante-six ans. Presque immédiatement, un suspect fut appréhendé, Lee Harvey Oswald, militant procastriste qui avait séjourné en URSS et épousé une Russe. Le surlendemain, un louche tenancier de boîte de nuit lié à la mafia locale, Jack Ruby, tuait ce dernier d'un coup de revolver dans le sous-sol du commissariat, devant toutes les caméras de télévision. Il affirmera avoir agi par patriotisme.

Depuis cinquante-cinq ans, deux grandes enquêtes officielles, celle d'Earl Warren, président de la Cour suprême, et celle de Louis Stokes, membre de la Chambre des représentants – l'une concluant à l'acte isolé d'un tueur à l'esprit dérangé, l'autre à une conspiration aux contours imprécis –, se sont succédé ; des dizaines d'hypothèses ont été émises ; des centaines de milliers de pages et de documents – rapports, interrogatoires, expertises balistiques, enregistrements, photos, films… – ont été déclassifiées, sans que la vérité parvienne à percer ces ténèbres. Qui a commandité le meurtre ? Qui a vraiment tiré sur le Président ? Thierry LENTZ, auteur d'un ouvrage remarqué sur la question, conduit l'enquête.

Lady Di, victime des médias ?

La nouvelle a saisi de stupeur le monde entier. Dans la nuit du 30 au 31 août 1997, Lady Diana, princesse de Galles, divorcée du prince Charles, était victime d'un accident de voiture à Paris dans le tunnel du pont de l'Alma. Dégagée de l'amas de ferraille, la princesse, très grièvement blessée, devait décéder à l'hôpital de la Salpêtrière. Elle avait trente-six ans. Son compagnon, Dodi Al-Fayed, était mort, ainsi que le chauffeur qui avait perdu le contrôle de son véhicule à 150 kilomètres/heure.

La soudaineté de l'événement et surtout les circonstances de l'accident firent naître de multiples rumeurs. L'enquête fut menée du côté britannique et français. Le chauffeur, Henri Paul, employé du Ritz, où logeait le couple, avait-il un important taux d'alcool dans le sang ? Avait-il été drogué ? D'où venait le véhicule choisi, une Mercedes S-280 ? Pour Mohamed Al-Fayed, père de Dodi, compagnon de la princesse, propriétaire du magasin Harrod's à Londres et de l'hôtel Ritz à Paris, cela ne faisait aucun doute : Diana et son fils avaient été assassinés par les services secrets britanniques !

Historien des dynasties d'Europe, auteur d'une récente biographie d'Elizabeth II, Jean DES CARS était tout qualifié pour faire la lumière sur ce drame, qui, depuis plus de vingt ans, a fait couler un flot d'encre.

4. DES SURVIVANCES PROBLÉMATIQUES

Sébastien de Portugal, mort ou vivant ?

De 1578 à 1580, le petit royaume de Portugal, qui se constituait méthodiquement un vaste empire ultramarin, connut une crise tragique : le 4 août 1578, son roi Sébastien Ier, âgé de vingt-quatre ans, venu prêter main-forte à son allié, le sultan Moulay Muhammad Al-Mutawakkil, contre un prétendant qui s'était emparé du trône, était tué lors de la bataille dite des « Trois Rois » à Ksar el-Kébir. Le vainqueur, l'émir Abd al-Malik al-Nasir, appelé plus tard al-Mansour, fit rendre le corps aux Portugais, du moins celui que l'on reconnut comme tel, car le cadavre était défiguré et déjà corrompu.

A Sébastien succéda son oncle, le cardinal Henri, mais celui-ci mourut à son tour en janvier 1580. C'est alors que la couronne revint à Philippe II d'Espagne, le plus proche héritier par sa mère Isabelle. Quoique en principe distincts, les deux royaumes étaient désormais gouvernés par une même tête.

Abasourdie, l'opinion portugaise se prit à douter de l'identité de celui que l'on avait inhumé solennellement dans l'église des Hiéronymites de Belèm. Des rumeurs commencèrent à circuler, assurant que le jeune roi blessé avait survécu à la bataille et s'était retiré dans la solitude d'un ermitage. A partir de 1584, des prétendants se firent connaître, voire reconnaître. Qu'en penser ? Spécialiste des phénomènes de psychologie collective, auteur d'un brillant ouvrage sur le mythe du *Roi caché*, Yves-Marie Bercé fait la lumière sur ce « sébastianisme », variante portugaise du « survivantisme naundorffiste » en France.

La « Comtesse des ténèbres »

Le 25 novembre 1837 s'éteignait au château d'Eishausen, dans le petit duché saxon de Hildburghausen, une femme dont la vie avait été entourée volontairement de mystère durant plus de trente ans. Nul ne pouvait l'approcher, pas même les domestiques, ni lui parler, hormis un riche et dévoué personnage, fort estimé dans la région, appelé le « Comte », qui bénéficiait de la protection des autorités ducales. Aucun prêtre ou pasteur ne se rendit à son chevet. Trois jours plus tard, elle fut discrètement ensevelie sur une pente d'un jardin boisé proche d'une des propriétés du comte. Interrogé sur sa compagne, celui-ci se borna à dire qu'elle n'était ni sa femme ni sa maîtresse. « Personne sur la terre ne parviendra à m'arracher ce secret que j'emporterai dans la tombe. »

Les rares personnes qui parvinrent à apercevoir ses traits disaient qu'elle était brune aux yeux bleus, fort jolie, et qu'elle ressemblait à la reine Marie-Antoinette. Lors de sa succession, on s'aperçut que sur différents objets ou meubles lui ayant appartenu figuraient les lys de la Maison de France.

La thèse la plus commune fait d'elle Marie-Thérèse Charlotte de France, autrement dit Madame Royale, la propre fille de Louis XVI et Marie-Antoinette. L'ADN aujourd'hui a parlé, mais n'a pas tout dit sur la « Comtesse des ténèbres ». Reste une piste crédible.

Le tsar Alexandre, *alias* l'ermite Fiodor ?

« Un sphinx indéchiffrable jusqu'au tombeau », avait dit de lui son compatriote, le poète Piotr Viazemski. Il aurait pu ajouter : « et au-delà même ». Un mystère en effet entoure la fin inattendue, à l'âge de quarante-neuf ans, du tsar de toutes les Russies Alexandre Ier, glorieux vainqueur de Napoléon Ier. Est-il vraiment mort le 1er décembre 1825 à Taganrog, sur les rives venteuses de la mer d'Azov, d'un brutal accès de fièvre des marais, alors qu'il accomplissait un périple en Crimée ?

De fait, à l'automne de 1836, un étrange vagabond d'une soixantaine d'années était arrêté par la police du tsar Nicolas Ier. Refusant de s'expliquer sur son passé, il était condamné à vingt coups de fouet puis déporté en Sibérie. Il vécut là dans une discrète retraite sous le nom de Fiodor Kouzmitch. Par son aspect physique, par son langage, il ressemblait fortement à Alexandre, et la population le considérait comme un saint.

Ses restes ont été retrouvés en 1995, mais l'église orthodoxe de Sibérie, qui l'a canonisé en 1984, s'oppose toujours à une analyse ADN.

Après avoir fouillé les archives de Saint-Pétersbourg, de Moscou et de Tomsk, Marie-Pierre REY, grande spécialiste de l'histoire russe, auteure d'une biographie remarquée d'Alexandre Ier, soupèse les arguments en faveur ou au détriment du mystérieux starets.

Anastasia : une étrange affaire

Journaliste, historien, spécialiste du monde slave, Jean-Christophe BUISSON revient sur l'énigme Anastasia qui a défrayé la chronique durant tant d'années. La question était de savoir si cette jeune femme traumatisée, dépressive, plus ou moins amnésique, recueillie dans un asile de Berlin en février 1920, surnommée « Mademoiselle Inconnue » (elle prendra plus tard aux Etats-Unis le nom d'Anna Anderson), était ou non la grande-duchesse Anastasia, quatrième fille de l'empereur Nicolas II, qui aurait échappé au massacre de la famille impériale à Ekaterinbourg dans la nuit du 16 au 17 juillet 1918. Ses surprenantes connaissances de la cour, y compris des détails intimes, persuadèrent plusieurs émigrés russes qu'elle était bien Anastasia Nikolaïevna, alors que pour la grande majorité des survivants de la famille elle n'était qu'une mythomane. Elle mourut en 1984 sans que la vérité pût éclater.

Les fouilles effectuées en 1991 et 2007 dans le bois des Quatre-Frères, à une quinzaine de kilomètres au nord-ouest d'Ekaterinbourg, conjuguées aux analyses comparées de l'ADN des Romanov avec celui de la prétendante, lèvent définitivement le voile sur ce mystère vieux d'un siècle.

Mes remerciements vont au groupe Figaro, *particulièrement au* Figaro Histoire, *ainsi qu'à l'équipe des* Editions Perrin, *son directeur général Benoît Yvert, ses collaboratrices Céline Delautre et Marguerite de Marcillac, avec une mention toute particulière pour Laurent Theis, qui a effectué avec sa compétence, son efficacité et sa discrétion habituelles le travail éditorial du présent ouvrage.*

Jean-Christian PETITFILS

I

Akhénaton, pharaon mystique

par Catherine CHADEFAUD

*Vers 1354 avant J.-C., en l'an 5 de son règne, le jeune souverain de la XVIIIe dynastie, Aménophis IV, accompagné de la reine Néfertiti et de leurs trois filles, quitte Thèbes, la capitale du royaume. Il se rend dans la nouvelle ville dont il a décidé la fondation à quelques centaines de kilomètres au nord. Le chantier, qui mobilise des milliers de travailleurs, avance à grande vitesse. Avant même qu'il ne soit terminé, Pharaon et la Cour s'installent dans la cité nouvelle qui a reçu le nom d'*Akhet-Aton*. Le déplacement de la capitale s'accompagne d'un bouleversement brutal de l'organisation administrative et religieuse du royaume. Aménophis IV change son nom d'intronisation qu'il remplace par Akhénaton, en hommage au soleil, auquel un culte officiel est dédié. C'est une rupture avec toutes les traditions religieuses et politiques dont le clergé d'Amon était le garant à Thèbes et dans tout le royaume. Les causes de ce bouleversement voulu par le roi restent, à ce jour, insaisissables. Le souverain voulut-il échapper aux pressions d'un clergé devenu trop puissant, ou même conférer un contenu théocratique nouveau à la fonction qu'il exerçait ? Était-il un mystique que la religion égyptienne laissait insatisfait ? Ou souhaitait-il instaurer sur l'ensemble du royaume, pour* *renforcer son autorité, un hénothéisme, c'est-à-dire un culte prédominant rendu à une divinité particulière, sans nier l'existence d'autres dieux ? Il y a peu de réponses à ces questions, si ce n'est que cette capitale nouvelle ne survécut pas au règne d'Akhénaton. Elle fut abandonnée une quinzaine d'années plus tard, lors de son décès. Après une période confuse mais brève, le pouvoir retourna à Thèbes et le très jeune pharaon Toutankhaton, qui avait épousé une des filles d'Akhénaton, se plia aux volontés du clergé d'Amon et changea son nom en Toutankhamon. La ville d'Akhetaton fut considérée comme maudite. Il lui fut réservé le sort qui convenait à un foyer d'hérésie que les dynasties suivantes voulurent rayer de l'histoire du royaume. La ville fut abandonnée. Les statues furent détruites et toutes les images du souverain furent martelées. Quel est donc ce mystère ?*

Débuts du règne à Thèbes et idées nouvelles

Aménophis III et la reine Tiyi étaient les parents d'Aménophis IV, qui prit par la suite le nom d'Akhénaton. La fin du règne d'Aménophis III est mal connue. Certains documents épigraphiques laissent entendre qu'une forme de corégence aurait associé le souverain et son fils au gouvernement à partir de l'an 30 du règne d'Aménophis III. Au cours de cette période de cinq ans, lorsqu'il résidait à Thèbes, le prince Aménophis IV aurait reçu pour nom d'intronisation « Nefer-Kheperou-Rê, Oua-en-Rê » (« Beau de formes comme Rê, seul fils de Rê »). Le contexte de son avènement demeure mystérieux et les sources conservées font rarement référence à son épouse Néfertiti et à leurs trois filles aînées, nées à Thèbes pendant les premières années du règne : Mérytaton,

Mékétaton et Ankhèsenpaaton. Les noms de trois autres filles apparaissent seulement dans les documents trouvés sur le site d'Akhetaton (Tell el-Amarna).

Pendant la phase thébaine de son règne, Aménophis IV fit ouvrir une carrière de grès dans le Gebel Silsileh, dans le but de faire construire des monuments nouveaux dans l'enceinte du temple d'Amon-Rê à Karnak. Un premier édifice fut dédié au dieu solaire Rê-Harakhty, forme syncrétique associant le soleil (Rê) et le dieu faucon royal (Horus). Un second temple fut édifié. Il reçut le nom de *Gempaaton* (« Aton est trouvé », c'est-à-dire révélé). La construction de ces deux édifices marque une volonté de rupture exprimée par le prince vis-à-vis des canons religieux jusque-là admis. Les causes de cette rupture restent non élucidées. Mais il est clair que les souverains suivants voulurent effacer cet épisode de l'histoire du royaume. Ces deux temples furent abandonnés sous les règnes suivants, comme fut détruite la ville d'Akhetaton. Leurs fouilles ont révélé des caractéristiques extraordinaires : tous les blocs taillés, ou *talatates*, retrouvés par milliers étaient d'un modèle normé de 52 cm × 26 cm × 24 cm ; tous étaient ornés de bas-reliefs comportant des traces de polychromie. Au fur et à mesure de la reconstitution, les archéologues furent stupéfaits d'observer que les motifs artistiques ne correspondaient à aucun des usages de la tradition pharaonique antérieure. La gravure en creux se substitue au relief. La représentation des corps figure le mouvement, en opposition à l'hiératisme traditionnel des canons de l'art égyptien. Plus surprenant encore, on observe sur ces *talatates* une nouvelle image divine : un soleil sculpté au-dessus des scènes. Ce globe solaire est pourvu d'un *uraeus*, symbole traditionnel de la royauté. Des rayons terminés par une petite main humaine irradient du disque solaire, comme un symbole de don profus, renforcé parfois par le signe de vie, *ankh*, que ces mains proposent. Cette image est accompagnée de deux cartouches et de l'uraeus, suivis de la titulature royale. Ce symbole introduit un lien de nature nouvelle entre le divin et la fonction royale. Il suggère que la nature du pharaon, qui jusque-là participait du divin, est celle d'un roi terrestre et humain. Sa relation avec le dieu est celle d'un fils à qui il doit toute vie.

Cette rupture conceptuelle étonna les archéologues et ils firent le rapprochement avec les découvertes effectuées sur le site de la ville nouvelle d'Akhetaton (Tell el-Amarna). Pourquoi ces deux monuments thébains avaient-ils été démontés et non pas détruits et les blocs remployés et cachés à l'intérieur d'autres édifices ? A quelle époque cette opération eut-elle lieu ? Une partie des explications fut livrée par les fouilles effectuées sur le site de Tell el-Amarna.

Vers la rupture avec le clergé d'Amon-Rê

Quelles influences avaient pu marquer Aménophis IV dans sa prime jeunesse ? A la cour de son père, il avait connu Amenhotep, fils de Hapou, administrateur de talent dont la réputation de savant et de sage se perpétua dans les siècles postérieurs. Il avait aussi été marqué par le culte solaire voué à Rê à Héliopolis, ville proche des pyramides de Gizah. Il avait entretenu des liens avec le clergé fort savant de ce temple qui en avait renouvelé le culte et la liturgie. De cette époque datent les textes connus sous le nom de *Litanie du soleil.* Rê est celui qui illumine les « Occidentaux » (c'est-à-dire les défunts inhumés sur la rive occidentale du Nil). Aménophis IV, influencé par ces textes héliopolitains, avait consacré au début de son règne deux temples au dieu solaire dans l'enceinte de Karnak, dont l'un est curieusement dédié au disque lumineux « Aton ». Il avait ainsi suscité l'hostilité du clergé d'Amon, desservant du culte du dieu dynastique Amon vénéré à Thèbes dans le grand temple de Karnak sous son aspect syncrétique d'Amon-Rê. Ce clergé avait accumulé une richesse considérable, principalement grâce aux dons du roi conquérant Thoutmosis III, un des prédécesseurs d'Aménophis III. En raison de l'intrication propre à l'antiquité pharaonique entre le religieux, le politique et l'économie, le clergé d'Amon était tout-puissant dans la vie politique et diplomatique du royaume. Il interférait dans les affaires d'autant plus aisément qu'il était chargé de former l'élite administrative du pays, les scribes au premier chef, dans l'école dite « Maison-de-vie ». Aménophis IV voulut-il rompre avec un système qui limitait son pouvoir ? Il abandonna Thèbes, après avoir dépossédé les prêtres d'Amon de leurs biens et fait effacer sur les monuments le nom du dieu. C'est peut-être à ce moment-là qu'il changea son nom royal pour prendre celui d'Akhénaton, signifiant « Aton est brillant », c'est-à-dire lumineux, rayonnant.

Akhetaton, ville nouvelle

Le choix géographique du roi se porte sur un site de Moyenne-Egypte : à 250 kilomètres au nord de Thèbes et à 250 kilomètres au sud des pyramides, au lieu-dit, au XIXe siècle, Tell el-Amarna, dans la province de Miniah. Pourquoi en ce site ? Le roi a fait écrire, par la suite, que le dieu soleil l'avait guidé dans le choix de ce lieu vierge de toute construction antérieure et de toute attribution divine. Situé sur la rive droite du Nil, il est protégé à l'ouest par la chaîne arabique, au nord et au sud par deux défilés étroits. Une vaste échancrure dans les falaises, vers l'orient, fait songer au signe hiéroglyphique *akhet*, qui figure la montagne où le disque solaire apparaît au matin. Akhénaton fit marquer le périmètre de la ville à construire par une série de stèles-frontières gravées sur les parois rocheuses. L'une d'elles porte l'inscription d'un serment fait par Pharaon : « Serment que prononça le roi de Haute et de Basse Egypte, celui qui vit de Maât, le Maître des Deux Terres, Neferkhépérourê, l'Unique de Rê, le Fils de Rê qui vit de Maât, le Maître des Couronnes, Akhénaton, à qui est donnée toute vie pour toujours. » Curieusement, dans les inscriptions, le roi n'utilise pas le déterminatif hiéroglyphique de la ville *(niout)* pour désigner Akhetaton, mais il la définit comme « espace divin ». *Akhet-Aton* signifie « sanctuaire de l'astre solaire ». Le site archéologique s'étend sur 9 kilomètres du nord au sud et sur 3 d'est en ouest.

Le programme de construction était considérable. Les fouilles successives permettent de restituer un axe central matérialisé par une chaussée royale orientée nord-ouest sud-est, desservant le centre-ville. Là se trouvent le grand temple d'Aton, le palais royal, des salles d'audience, des cuisines, les bureaux de l'administration du royaume, et un quartier de dépôt des archives. Une cité annexe, dite « quartier nord », comportait un autre palais. Au sud, une autre cité abritait des maisons d'habitation et un atelier de sculpteurs où fut découvert le buste polychrome de Néfertiti (conservé au musée de Berlin). Encore plus au sud se trouvait le *Marou-Aton*, lieu de culte, proche de l'habitat des hauts fonctionnaires. A l'est, le lit d'un oued s'ouvrait sur le chantier inachevé d'une nécropole royale. Cet espace urbain présente la particularité de réunir sur la même rive du Nil les constructions des vivants et celles destinées aux défunts, ce qui n'est pas l'usage dans la tradition religieuse égyptienne. Les défunts sont en général réunis dans des tombes sur la rive occidentale du Nil.

Pharaon, grand prêtre et seul médiateur d'Aton

Pharaon, dans le cadre de la nouvelle liturgie qu'il avait instituée, dépossédant les clergés des différents dieux de leurs attributs, était devenu le grand prêtre du dieu Aton. Le grand temple était désigné par le nom *Per-Aton-em-Akhetaton* (« La demeure d'Aton dans Akhet-Aton »). Seules subsistent les fondations du temple, à l'intérieur d'un enclos de briques. Les bas-reliefs de quelques tombes de fonctionnaires d'Amarna ont heureusement permis de restituer en partie la forme du culte qui s'y pratiquait. Les trois structures intérieures au grand temple avaient la particularité d'être à ciel ouvert (fig. 1). Toute l'activité religieuse se déroulait sous le soleil. Pharaon en personne officiait devant une table chargée d'offrandes pour remercier le soleil de ses dons à l'univers. La figuration des dieux traditionnels a disparu. Les participants, au lieu de la représentation hiératique traditionnelle, sont représentés dans des postures propres à la fonction qu'ils remplissent. La famille royale, figurée debout comme le roi, participe au culte. Les courtisans s'inclinent devant le roi. La Résidence du roi et de sa famille, un palais de taille modeste, se situait près de ces espaces de culte. Là était édifiée une « fenêtre des apparitions » où Akhénaton distribuait des récompenses à certains hauts fonctionnaires. Des bas-reliefs révèlent l'aspect de cet édifice.

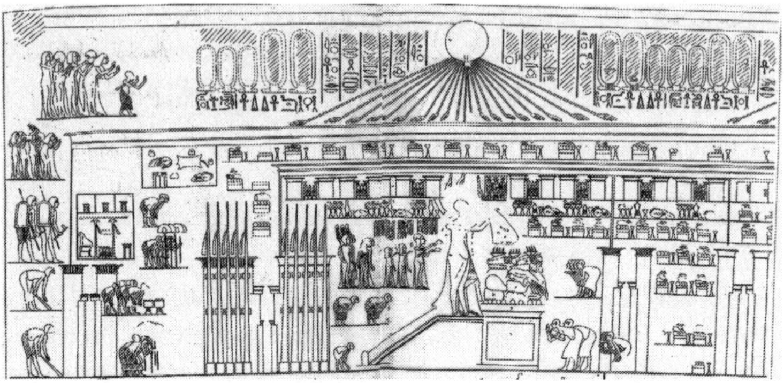

Fig. 1 – Pharaon rend le culte dans le temple, sur un podium face à la table d'offrandes et dans un sanctuaire à ciel ouvert

Le culte d'Aton était caractérisé par de somptueuses offrandes quotidiennes et la récitation des hymnes solaires. Dans les temples d'Akhetaton, deux hymnes étaient récités au cours des célébrations. Des versions inscrites dans les tombes rupestres ont été relevées, traduites et commentées, parfois avec des interprétations contradictoires. Le texte hiéroglyphique le plus complet a été découvert dans la tombe du haut dignitaire Ay, secrétaire particulier du pharaon. La version courte de l'hymne figure dans cinq autres tombes de dignitaires, dont la tombe de Mahu.

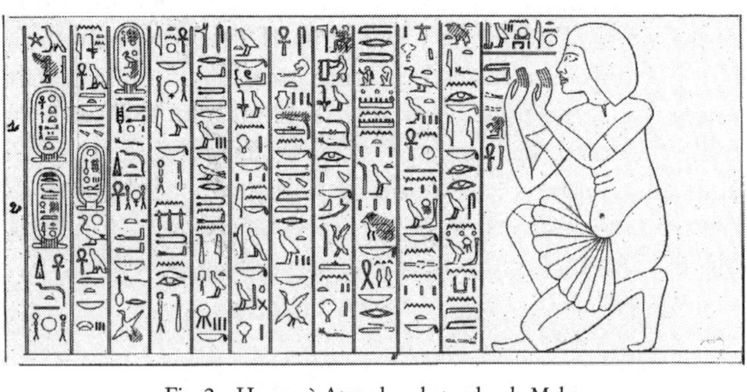

Fig. 2 – Hymne à Aton dans la tombe de Mahu

Voici des extraits de la traduction du grand hymne par l'égyptologue anglais Cyril Aldred (1969). La prière s'adresse à Aton, le disque solaire (les mots entre parenthèses sont des interpolations, les termes soulignés sont de lecture douteuse).

« Tu apparais merveilleux à l'horizon du ciel,
Toi, Aton, vivant, commencement de la vie !
Une fois que tu t'es levé au-dessus de l'horizon oriental,
Tu as conféré Ta beauté à tous les pays.
Tu es gracieux, grand, brillant et haut au-dessus des pays ;
Tes rayons atteignent les terres situées à la limite de tout ce que Tu as créé ;
Comme tu es Rê, Tu atteins la fin de tous :
(Tu) les soumets pour (Ton) fils Aimé (Akhénaton).
Bien que tu sois loin, Tes rayons sont sur terre ;
Bien que tu sois en leur vue (des hommes), aucun d'eux ne connaît Tes voies.
Lorsque tu disparais à l'horizon occidental,
Le pays est dans l'obscurité et semble comme mort.
[...]

L'hymne aborde ensuite les bienfaits reçus par l'humanité : le souffle accordé à chacun, la fécondité, l'accès à l'alimentation. Cela concerne toute l'humanité, les Égyptiens et les étrangers. Aton est une force divine semblable à nulle autre. Ce dieu est créateur :

« O l'Unique, semblable à nul autre !
Tu créas le monde selon Ton désir
Alors que Tu étais seul.
[...]
Tu as mis chaque homme à sa place,
Tu leur donnes à chacun le nécessaire
Chacun a sa nourriture et son temps de vie est calculé
Leur langue est différente en parole,

Et différente est leur nature.
Leurs peaux sont distinctes,
Parce que Tu as distingué les peuples étrangers. »

L'hymne fait ensuite allusion à l'universalisme d'Aton, qui règne sur la crue du Nil, mais aussi sur un fleuve mythique qui irrigue les contrées étrangères éloignées, un « Nil dans les cieux ».

Aton est un « Seigneur d'Eternité », « ses rayons allaitent chaque prairie ». Il est à l'origine du rythme des saisons. La prière s'achève par une invocation plus personnelle :

« Alors que Tu étais seul,
Te levant sous Ta forme comme Aton vivant,
Apparaissant, brillant, T'éloignant ou T'approchant
Tu as fait des millions de formes de Toi-même seul
[...]
Tu es dans mon cœur,
Et là il n'y a personne d'autre qui Te connaisse
Si ce n'est Ton fils Nefer-Khéperou-Rê, Oua-en-Rê (Akhénaton)
Car Tu l'as fait savant dans la connaissance de Tes plans et de Ta force. »

Forte est la tentation de déceler dans cet hymne des interrogations et une expression révolutionnaires par rapport à la religion polythéiste pratiquée en Egypte. En fait, nombre des séquences de cette prière sont inspirées par la culture égyptienne traditionnelle. Le soleil était regardé comme un démiurge qui avait fait sortir du chaos la création et les êtres vivants. D'autres compositions antérieures au Nouvel Empire expriment la jubilation de la nature sous les rayons du soleil. Un hymne à Amon de Thèbes, écrit sous le règne d'Aménophis II, célèbre dans une adoration commune Rê le soleil et Atoum le dieu créateur. Dans quelques autres textes de même inspiration, on trouve des allusions à la création de l'humanité en incluant les étrangers. Les prières anciennes dédiées à Thot ou à Osiris inspirent également la spiritualité de l'époque. Thot est évoqué comme celui qui dispense les connaissances et qui « fit les langues des pays différentes les unes des autres ». Osiris est invoqué comme celui qui « a fait ce pays avec ses mains, son eau et son air, sa végétation et tous ses troupeaux, tout ce qui vole et qui bat des ailes, ses choses rampantes et les bêtes du désert ».

L'hymne à Aton n'échappe pas à ces influences venues des temps anciens. Mais sa nouveauté réside davantage dans ce qui n'est pas dit. A aucun moment il n'est question des autres dieux de l'Egypte. Est-ce délibéré ? La culture et l'esprit de l'époque avaient-ils poussé Akhénaton à s'imaginer comme le seul grand prêtre ou médiateur par rapport à cette puissance panthéiste du soleil qui fait vivre l'univers, hommes, bêtes et plantes ? La disparition des références directes à Osiris est étonnante. Dans sa fonction de dieu des défunts, son culte était fort enraciné dans toutes les provinces du pays. Quelques égyptologues ont émis l'hypothèse que l'eschatologie d'Aton était peut-être liée à un très ancien culte agraire d'Osiris. Le *Ba*, principe spirituel formant l'individu (dans la vie et dans l'au-delà), selon ce culte, pouvait se manifester à l'aube parfois sous la forme d'oiseaux, pour retourner au crépuscule dans le tombeau. Ce concept de création de l'univers par Aton à chaque aube est plusieurs fois répété dans les hymnes d'Amarna.

Les inscriptions relevées dans les cinq tombes des hauts fonctionnaires Mahu (cf. fig. 2), Meryrê, Toutou, Apy et Any révèlent une version brève de l'hymne à Aton, traduite par Morgane Fergloute (2016). Au début de la prière figure le nom dogmatique de la divinité curieusement inscrit sous deux cartouches comme pour la titulature pharaonique (fig. 2, première colonne à gauche) :

« Vive Rê, le souverain qui se réjouit dans l'horizon
En son nom de lumière qui émane de l'astre solaire. »

Dans son invocation, Pharaon se proclame Fils d'Aton. La prière se développe ensuite en trois points.

« (1) Ton Fils est pur en accomplissant ce que tu loues,
O Aton, vivant dans ses apparitions. Ce que tu as créé danse avec toi.
Ton Fils auguste se réjouit, son cœur est dans la joie.
(2) Son enfant, son auguste Fils, qui est tout à fait l'Unique de Rê,
Sans interruption,
Le fils de Rê qui élève sa perfection.
(3) Je suis Ton Fils, celui qui t'est utile, celui qui élève ton nom.
Ta force et ta puissance sont installées dans mon cœur. Tu es l'Aton vivant, éternelle est ton image. »

Dans le grand hymne, comme dans la version brève, le texte met l'accent sur la création et sur la lumière qui éclaire l'humanité, qui donne vie et mouvement.

Egypte et monde biblique

De longue date, les biblistes et les hébraïsants ont souligné les analogies entre le psaume 104 de l'Ancien Testament dédié à Yahweh et le grand hymne à Aton. Qui a influencé qui ? Le texte d'Aton serait-il antérieur au psaume biblique ? Ce sujet a beaucoup occupé les spécialistes des deux disciplines. Force est d'observer que les ressemblances entre les deux textes sont liées à des conceptions cosmologiques communes à l'ensemble du Proche-Orient ancien. Mais, même si le texte amarnien est antérieur de quelques siècles, rien ne permet de soutenir l'idée d'une filiation entre le supposé « monothéisme » amarnien et le monothéisme biblique. Dans l'hymne amarnien, Pharaon devient la cause bienfaitrice de toute cohésion sociale. Le roi est le simple porte-parole d'un dieu muet, contrairement au Dieu de la Bible qui délivra un message aux patriarches, puis les tables de la Loi à Moïse.

L'hypothèse d'un monothéisme d'Aton pourrait être étayée, à un premier niveau, par la formule du grand hymne « O l'Unique, semblable à nul autre ». A un deuxième niveau, la persécution des anciennes divinités ouvre la porte à l'idée d'un désir de destruction du panthéon traditionnel, tentative d'éliminer les autres dieux en faveur de « L'Un ». A un troisième niveau, la forme adoptée par le culte abonde dans le sens de cette hypothèse. Ce dernier est consacré presque exclusivement à Aton sur tous les monuments d'Amarna. Plus tard, dans l'Egypte d'époque ramesside, apparurent des hymnes dédiés à « L'Un », un dieu cosmique englobant le soleil et la lune, mais qui, au rebours d'Aton, tolère les autres divinités tout en ne leur révélant pas qui il est.

> « Il est plus loin que le ciel
> Plus profond que les enfers.
> Aucun dieu ne connaît sa véritable apparence,
> Son image n'est pas révélée par les écritures,
> On n'enseigne rien de sûr à son sujet. »
> (Papyrus de Leyde.)

Ce dieu cosmique aurait-il été « L'Un » qui préexistait à la création ? Par son œuvre il se serait transformé en formes « multiples » qui le révéleraient aux yeux de tous.

Akhénaton, mystique et hénothéiste ?

Akhénaton n'a pas laissé de livre sacré définissant une doctrine. Il semble toutefois être le premier dans l'histoire de la Méditerranée et du Proche-Orient à avoir introduit dans la pensée religieuse la distinction entre vrais dieux et faux dieux, dans une démarche antérieure à celle de Moïse, qui distinguait Dieu et les idoles.

Sigmund Freud a consacré un essai en 1939 à *L'Homme Moïse et la religion monothéiste*. Il s'est appuyé sur les travaux de l'égyptologue américain James Henry Breasted, qui avait publié sa thèse en 1894 à Berlin. Ce dernier s'interrogeait sur « la révolution monothéiste d'Akhénaton » dans le but d'identifier les sources du monothéisme biblique. Freud avait aussi eu connaissance de l'ouvrage paru en 1910 de l'archéologue anglais Arthur Weigall, qui associait la pensée d'Akhénaton au récit biblique. Le monothéisme signifiait pour Freud le retour du père primitif assassiné, refoulé. Il avait imaginé Moïse comme un disciple d'Akhénaton qui se serait rapproché des Israélites, après la mort du roi, pour leur enseigner une religion monothéiste. Pendant ce temps, les « sages » égyptiens, les scribes qui rédigeaient des enseignements *(sebayt)* dans la « Maison-de-vie », auraient attendu la mort d'Akhénaton, pharaon hérétique, pour abolir sa religion nouvelle et en effacer toute trace dans la mémoire du pays. A cet effet, une campagne de destruction des monuments, de martelage des inscriptions et représentations datant de son règne fut entreprise. Parallèlement, les disciples qui auraient suivi

Moïse au désert se seraient révoltés, ne pouvant accepter une religion aussi abstraite et exigeante. Ils auraient assassiné Moïse ! Fort de cette hypothèse, Freud explique la longue « latence » du monothéisme dont le souvenir demeura dans l'inconscient collectif jusqu'à l'apparition des Prophètes d'Israël rappelant, à partir du VIIIe siècle avant J.-C., la loi divine oubliée du Deutéronome. Il interprète les malheurs du peuple d'Israël (Deut., 28, 15-68), la chute du royaume du Nord, l'invasion assyrienne puis la déportation à Babylone comme la punition encourue par le peuple pour avoir ignoré la loi du Deutéronome.

L'égyptologue Jan Assmann estime que le traumatisme monothéiste est double. Akhénaton aurait été le premier à déclarer que toutes les divinités de la religion traditionnelle étaient fausses. Il aurait été en cela un hérétique oublié par les Egyptiens. La persécution des divinités, l'iconoclasme et de manière générale la « théoclastie » d'Akhénaton furent peut-être ressentis par la population comme une faute, un blasphème impensable, ce qui amena à l'effacer de la mémoire par tous les moyens et à détruire tous les monuments de son règne. Cependant, Akhénaton n'a pas totalement disparu de la mémoire collective des Egyptiens. Il aurait été « refoulé », mais son souvenir serait curieusement réapparu sous un autre nom à l'époque hellénistique. Voilà une tradition fort étrange, véhiculée à un moment de brassage culturel et religieux entre le monde grec et l'Egypte des traditions pharaoniques. Il persiste une trace écrite de cette mémoire dans le récit de Manéthon, prêtre érudit du IIIe siècle avant J.-C., à l'époque des Ptolémées, qui rapporte cette tradition orale. Son œuvre d'histoire et de chronologie des rois d'Egypte est en grande partie perdue. Il a cependant été lu par l'auteur juif Flavius Josèphe, qui le cite dans son ouvrage apologétique *Contre Apion*, au Ier siècle après J.-C. Il est dit que le roi

Aménophis III aurait demandé un jour à voir les dieux. Un sage de l'époque lui aurait dit qu'il verrait les dieux s'il purifiait son pays des lépreux. Le roi fit alors réunir tous les lépreux du pays, les enferma dans une sorte de campement et les fit travailler durement sur des chantiers de construction. Les lépreux malheureux et exploités se choisirent un chef, dont le nom était Osarsiph, un prêtre d'Héliopolis. Ce dernier alla négocier avec Pharaon, qui finit par lui accorder que tous les lépreux partiraient s'installer avec Osarsiph dans la ville d'Avaris, sur la marge orientale du delta du Nil. Osarsiph donna des lois à cette communauté de lépreux. Le premier commandement interdisait d'adorer les dieux de l'Egypte. La loi prohibait la communication avec d'autres populations. A la fin du récit on apprend qu'Osarsiph prit le nom de Moïse. Osarsiph-Moïse fortifia la ville d'Avaris puis partit à la conquête du pays, fit brûler des villes égyptiennes, détruisit les images des dieux et fit manger les animaux sacrés. Son pouvoir et la terreur qu'il exerçait durèrent treize ans. Etrange ! C'est aussi la durée approximative de l'occupation de la ville d'Amarna avant qu'elle ne soit abandonnée aux sables. Dans le récit de Manéthon rapporté par Flavius Josèphe apparaît pour la première fois le langage de la maladie, la pire forme d'impureté est désignée : la lèpre. Beaucoup plus tard, les Pères de l'Eglise reprirent ce langage pour l'appliquer aux païens et aux idolâtres.

L'art amarnien : créativité et innovation

Une des grandes originalités du règne d'Akhénaton réside dans la libération des formes artistiques par rapport aux canons issus d'une longue tradition. Le répertoire des images fait appel à des scènes de la vie royale quotidienne et familiale, loin des contraintes des figurations officielles ou des scènes à dominante religieuse. Au lieu de l'immobilisme et des poses hiératiques, l'art amarnien laisse deviner un style de vie joyeux et spontané. Akhénaton et Néfertiti sont souvent figurés avec leurs filles, y compris au cours de repas, chose inimaginable jusque-là dans la représentation de la famille royale. Sur un bas-relief de la tombe du dignitaire sacerdotal Méry-Rê figurant une fête grandiose, Akhénaton et son épouse sont assis et se tiennent tendrement par la main en présence de leurs six filles, dont l'une porte des fruits de mandragore, une autre un petit faon. Des délégués de Nubie participent à cette grande fête publique, ainsi que des représentants des provinces du Nord, de l'Asie et de l'Egée, tandis que des jeux sont organisés en l'honneur des participants à cette fête. Le mouvement caractérise chacun des personnages sur les registres de cette vaste composition. Dans un autre domaine de l'intimité familiale, une stèle montre Akhénaton et Néfertiti devisant avec trois de leurs petites filles. Elles ont grimpé sur leurs genoux. Tous sont dehors assis sous un kiosque dans un jardin du palais. Le vent fait ondoyer les rubans des coiffes des souverains. Quelques jarres de vin sont posées à côté des sièges. Au-dessus de la scène le disque solaire et ses rayons munis de mains survole toute la famille. Une autre stèle figure les époux dégustant une coupe de vin. Ailleurs, sur un tesson de poterie, une des petites princesses déguste une aile de poulet ! D'autres figurations exaltent les beautés de la nature. De gracieux vestiges des peintures murales du palais montrent des bosquets de papyrus, des fleurs de lotus et des animaux gambadant dans les prairies au bord du Nil. Tous ces types de scènes disparurent brutalement de l'art égyptien après cette période. On en revint aux canons traditionnels enseignés dans les ateliers royaux. Le règne d'Akhénaton n'aurait-il été qu'une parenthèse énigmatique ?

Bibliographie sélective

Généralités

Barucq, André et Daumas, François, *Hymnes et prières de l'Égypte ancienne*, Cerf, 1980.

Hornung, Erik, *Les Dieux de l'Égypte, l'un et le multiple*, Monaco, 1986 ; rééd. Flammarion, coll. « Champs », 1992 (traduction de l'ouvrage *Der Eine und die Vielen,* Darmstadt, 1971).

Meeks, Dimitri, *Les Egyptiens et leurs mythes,* Hazan, coll. « Chaire du Louvre », 2018.

Vandersleyen, Claude, *L'Egypte et la vallée du Nil,* t. 2, *De la fin de l'Ancien Empire à la fin du Nouvel Empire*, PUF, coll. « Nouvelle Clio », V^e^ partie, chap. II, « Amenhotep IV-L'épisode amarnien Akhénaton », 1995.

Sur Akhénaton et l'archéologie d'Amarna

Aldred, Cyril, *Akhénaton le pharaon mystique*, Tallandier, 1969 (traduction de l'ouvrage *Akhenaton*, Londres, Thames and Hudson, 1969). Ouvrage accompagné d'une illustration commentée.

Aufrère, Sydney et Golvin, Jean-Claude, *L'Egypte restituée,* t. 3, *Sites, temples et pyramides de Moyenne et Basse Egypte,* Errance, 1997, « Amarna », p. 236-256.

Desroches-Noblecourt, Christiane, *L'Egypte ancienne. L'extraordinaire aventure amarnienne,* éditions des Deux-Mondes, 1960.

Fergloute, Manon, « Le petit hymne à Aton et le monothéisme d'Akhénaton », in *Acta Orientalia, Belgica*, 2016, Bruxelles, n° 29, p. 277-296.

Posener, Georges, Sauneron, Serge et Yoyotte, Jean, *Dictionnaire de la civilisation égyptienne*, Hazan, 1959, 1re éd., articles « Amarna » et « Aton ».

Römer, Thomas (préface), *Ce que La Bible doit à l'Egypte,* collectif, Bayard, 2008 (cf. les contributions de Jan Assmann, Erik Hornung).

Les musées et les collections égyptologiques

De belles pièces de l'art amarnien (statues, bas-reliefs, fragments de peintures) sont présentées au musée archéologique du Caire, au musée de Louqsor (les *talatates*), au musée archéologique de Berlin, au musée du Louvre, au British Museum de Londres.

Un roman du Prix Nobel de littérature

Mahfouz, Naguib, *Akhénaton le renégat*, 1998, Denoël, traduction française et édition en Livre de poche.

II

L'Atlantide : quelle énigme ?

par Maurice SARTRE

Le très sérieux journal italien La Stampa *lui consacre une page entière en ce 15 juin 2002 ; l'édition italienne du* National Geographic *y revient le 10 novembre 2010 : on a localisé l'Atlantide. Le journaliste-archéologue-géologue Sergio Frau est formel : l'Atlantide, c'est la Sardaigne. La photogrammétrie aérienne l'atteste, ajoute* La Stampa *le 23 août 2016. Que ceux qui la cherchent du côté du détroit de Gibraltar rangent scaphandres et sonars : les fameuses « colonnes d'Hercule » au large desquelles Platon situe l'île-continent désignent en réalité le détroit de Messine ! Quelques esprits chagrins feront peut-être remarquer que l'Atlantide a été engloutie tout entière dans les flots, selon Platon, mais le philosophe dramatise sans doute pour les besoins de sa cause. Pourquoi bouder son plaisir lorsqu'une énigme est enfin résolue ? Enigme, ai-je dit ? Mais, au fait, quelle énigme ?*

Dans deux dialogues rédigés vers 358-355, le *Timée* et le *Critias*, Platon raconte, par l'intermédiaire d'un auditeur de Socrate, Critias, une histoire appelée à connaître, depuis lors, une immense fortune aussi bien dans la littérature que, plus récemment, au cinéma et à la télévision, celle de l'Atlantide (en grec *Atlantis*). Environ 40 000 ouvrages lui ont été consacrés, sérieux ou fantaisistes, car si Platon, l'un des piliers de la philosophie occidentale, survit par chacune de ses œuvres, le mythe qu'il a créé offre « un champ de divagations incontrôlées pour les dilettantes, un objet d'intérêt très vif, pour ne pas dire maladif, dans le grand public », comme le soulignait dès 1952 le grand archéologue Massimo Pallottino. Cet intérêt ne faiblit pas et il faut donc revenir aux textes pour comprendre les enjeux d'une histoire que beaucoup considèrent comme énigmatique. Mais où est l'énigme ?

Le récit de Critias

Au lendemain d'une réunion qui a rassemblé, autour de Socrate, trois de ses fidèles auditeurs pour discuter du meilleur régime politique, mais aussi des origines de l'homme et de la Terre, Critias fait un récit qui étonne beaucoup la petite assemblée. Le conteur, personnage historique bien connu, fut l'un des « Trente Tyrans », ces hommes qui renversèrent le régime démocratique athénien en 404 avant notre ère et gouvernèrent la cité avec brutalité. Il fut exécuté lors du rétablissement de la démocratie par les exilés en 403. La discussion se tient donc environ un demi-siècle avant la rédaction du dialogue, Socrate étant lui-même mort en 399.

Quelque neuf mille ans avant l'époque de Solon, soit vers 9600 avant notre ère, la cité d'Athènes vivait, prospère et vertueuse, sur le territoire qui est resté le sien, quoique réduit : il s'étendait alors de l'isthme de Corinthe jusqu'au territoire d'Oropos, au sud-est de la Béotie. Placés sous la double protection d'Athéna et d'Héphaïstos, divinités de la sagesse et de l'habileté technique, les Athéniens pratiquaient alors l'agriculture sans ignorer l'artisanat ; mais, bien que située près de la mer, la cité ne jugeait pas utile de posséder une marine. La population, répartie en trois groupes – artisans, agriculteurs et guerriers –, vivait autour de l'Acropole, qui englobait la colline de la Pnyx et le mont Lycabette. Les Athéniens maintenaient une certaine égalité de fortune, chacun possédait le nécessaire, mais personne ne cherchait à acquérir le superflu. L'or et l'argent n'y avaient d'ailleurs pas cours. Les guerriers ne possédaient pas de propriété privée et se contentaient de protéger la population et, à l'occasion, les autres Grecs. Cela leur valait l'admiration de tous et on louait autant leur beauté physique que leurs qualités morales. La cité, très peuplée, comptait 20 000 hoplites, mais l'abondance des sols fertiles et des pluies permettait à chacun de vivre confortablement. De cette Athènes ancienne, il ne reste qu'un squelette, car séismes, inondations, déluges ont emporté la plupart des grasses terres agricoles, laissant souvent la roche à nu.

Cette cité heureuse et bien gouvernée dut affronter un redoutable danger. A l'ouest des « colonnes d'Hercule », c'est-à-dire du détroit de Gibraltar, se trouvait une île gigantesque, *Atlantis*, plus vaste que la Libye (c'est-à-dire l'Afrique) et l'Asie réunies (les Anciens leur accordaient une étendue équivalant à l'Europe), propriété de Poséidon. Le dieu de la mer y avait établi les cinq paires de jumeaux mâles qu'il avait eues d'une nymphe, Clitô, fille d'un couple de mortels autochtones, Evénor et Leucippè. Critias donne une description détaillée de la configuration géométrique de l'île, et en énumère les richesses multiples : des mines d'orichalque, un métal précieux qui ne le cédait qu'à l'or, d'abondantes forêts et une considérable variété d'animaux domestiques et sauvages, y compris des éléphants. *Atlantis* entretenait des relations commerciales étendues, rien n'y manquait, et, grâce à sa richesse, elle avait élevé une profusion de monuments sacrés, publics et privés, tous plus somptueux les uns que les autres. Vrai pays de cocagne, *Atlantis* abritait une population très nombreuse, répartie entre les 60 000 lots affectés aux seuls guerriers ; chaque lot devait fournir deux hoplites, deux archers, deux frondeurs, deux cavaliers avec leur cheval, un conducteur de char, six fantassins légers et quatre rameurs. Une armée innombrable en somme, souligne Critias. La cité disposait d'une puissante marine (1 200 trirèmes), ses trois ports abritaient la flotte de guerre et recevaient aussi des marchands qui y entretenaient le tumulte jour et nuit. Tout y semblait donc inépuisable, les hommes comme les ressources.

Mais les bonnes lois établies par Poséidon tombèrent peu à peu en désuétude, à mesure que la part humaine l'emportait sur la part divine des habitants. Les dix rois qui régnaient sur l'île – sous l'autorité d'Atlas, fils aîné de Poséidon, puis de ses descendants – commencèrent à mener une politique agressive envers les autres peuples, proches ou lointains. Ils conquirent ainsi l'Afrique jusqu'à l'Egypte, et l'Europe jusqu'à la Tyrrhénie, c'est-à-dire l'Italie centrale. La Grèce entière fut menacée à son tour, en particulier Athènes.

Face au danger, la cité parvint à mobiliser les Grecs, mais la plupart se rendirent sans combattre et Athènes resta seule face à l'ennemi. Grâce à l'excellence de ses lois et au courage de ses citoyens-hoplites, elle parvint néanmoins à vaincre *Atlantis*. Mais les dieux, scandalisés par le comportement des habitants d'*Atlantis*, décidèrent de punir l'île. Le récit s'arrête brutalement dans le *Critias* avec l'ouverture de la réunion où Zeus sollicite l'avis des dieux, mais l'épilogue avait été annoncé dans le *Timée* et résume suffisamment la fin de l'aventure : *Atlantis* disparut, engloutie avec toute sa population dans une succession de séismes et d'inondations gigantesques. Ses vestiges formèrent une sorte de masse vaseuse qui empêcha toute navigation dans l'océan extérieur, l'Atlantique. La population d'Athènes périt noyée dans le même séisme, sauf quelques bergers illettrés réfugiés dans les montagnes. Décrire la guerre ou les catastrophes parut probablement inutile à Platon et n'aurait rien ajouté à sa démonstration, et il stoppa net son récit, simulant un dialogue inachevé.

Platon historien ?

Le récit de Critias fourmille de détails qui lui donnent une saveur historique incontestable. Il explique d'abord d'où il tient son récit. Son grand-père, Critias l'Ancien, très âgé, lui aurait raconté, à lui, enfant de 10 ans, ce que Solon avait appris en Egypte. Le propre père de Critias l'Ancien, Dropidès, était en effet un ami proche de Solon. Lors de son voyage sur les bords du Nil, celui-ci était allé à Saïs, une ville du Delta qui honorait la déesse Neith, que les Grecs nomment Athéna. Les prêtres lui rapportèrent des éléments inédits de la très ancienne histoire d'Athènes, lui expliquant qu'eux, Egyptiens, en avaient conservé la trace, mise par écrit il y avait huit mille ans, alors que les Athéniens, victimes de plusieurs déluges et non d'un seul, comme ils le croyaient, n'en avaient pas gardé le moindre souvenir car seuls des bergers illettrés, incapables de rien transmettre aux générations futures, survécurent à chaque catastrophe. Platon donne du crédit à son récit en citant ses sources : les prêtres égyptiens et Solon, les hommes les plus sages de la terre pour les

Egyptiens, le plus sage des Sept Sages de la Grèce pour Solon, tous s'accordent là-dessus. Et Critias ajoute qu'il conserve chez lui les documents écrits qui confirment son récit.

La description détaillée de Critias donne plus qu'un parfum d'historicité à ses propos, à commencer par la localisation précise de l'île-continent. Mais il décrit les cités d'il y a neuf mille ans avec des termes qui s'appliquent plutôt aux cités de son temps, et beaucoup d'allusions pouvaient éveiller le doute chez ses lecteurs. Ainsi, les bonnes lois qui régissent cette Athènes ancienne ressemblent aux propositions de Socrate dans la *République* pour la cité idéale. Souvent, il s'agit de traits réels puisés de-ci de-là. Ainsi, la population de l'Athènes ancienne est répartie en trois classes, comme elle l'est en trois tribus dans de nombreuses cités doriennes oligarchiques, alors que les rois qui gouvernent *Atlantis* sont dix, comme les tribus de l'Athènes démocratique. Athènes ne possède pas de port, pas de bateaux, pas de rameurs, et mène une vie respectueuse de ses voisins. A l'inverse, *Atlantis* possède une puissante marine – 1200 trirèmes, chiffre annoncé par Hérodote pour la flotte perse lors de la seconde guerre médique en 481-480 –, 10000 chars de guerre (autre emprunt aux Perses), vit des échanges maritimes, possède des mines du minerai le plus précieux après l'or, se couvre de temples somptueux, baigne dans le luxe et mène une vigoureuse politique impérialiste.

Platon répartit en fait entre l'Athènes ancienne et sa rivale, *Atlantis,* des traits historiques qu'il puise dans la longue histoire d'Athènes. Mais d'autres éléments sont empruntés à Homère (*Atlantis* n'est pas sans évoquer l'île des Phéaciens de l'*Odyssée*), à Hésiode, et à des traditions mythologiques diverses. Bernard Sergent a pu ainsi relever une foule de détails qui proviennent de l'ensemble de ce que Platon pouvait lire ou connaître en son temps. Pour donner une consistance historique à son récit, il le truffe de faits vraisemblables pour ses lecteurs. Vraisemblables, certes, mais sont-ils réels pour autant ? C'est une autre histoire.

Platon, pasticheur

Une étude détaillée du vocabulaire de Platon dans l'histoire de l'Atlantide montre qu'il y use de termes absents de ses autres ouvrages, mais fréquents sous le calame d'Hérodote. Ses lecteurs ne pouvaient pas s'y tromper. Soucieux d'apparaître comme historien, Platon emprunte le vocabulaire de celui que les Grecs considèrent comme le fondateur de l'Histoire, Hérodote. D'ailleurs, il le plagie en transposant le combat entre Grecs et Perses, sujet des *Histoires*, en une lutte non moins grandiose entre Athènes et *Atlantis,* la puissance de l'Occident. Platon a lu aussi chez Hérodote l'histoire d'Atlas soutenant la voûte du ciel près des colonnes d'Hercule.

La longue description que Critias donne de l'île-continent n'est pas sans évoquer aussi la manière d'Hérodote, qui, interrompant son récit des relations entre Grecs et Perses, place de longues digressions pour décrire un peuple, une cité, une expédition. Comme Hérodote, Platon accorde aux prêtres égyptiens une autorité indiscutable : en les plaçant à l'origine du récit, il écarte les doutes des auditeurs sur l'authenticité de cette histoire lointaine.

Mais il lance aussi quelques clins d'œil à ceux qui seraient tentés de le prendre au pied de la lettre. Ainsi la date des faits : neuf mille ans avant l'époque de Solon ! Avant les travaux de Boucher de Perthes au XIXe siècle, les hommes n'avaient aucune idée de la durée des temps passés. En Mésopotamie, en Grèce comme en Judée, on ne donnait pas plus de quelques millénaires à l'histoire humaine. L'ère juive de la création du monde fixait son point de départ trois mille sept cent soixante ans avant le début de l'ère chrétienne. Quelques savants, comme Buffon, proposèrent dès le XVIIIe siècle d'allonger cette durée, mais il leur fallait pour cela mettre en doute les vérités bibliques, ce qui n'était pas sans danger. Les Grecs n'imaginaient pas une date plus ancienne. En proposant tout à coup une histoire remontant à plus de neuf mille ans, Platon rompt avec le vraisemblable, et s'oblige à se justifier : les prêtres de Saïs affirment à Solon que ses ancêtres n'ont pas subi un seul déluge, celui de Deucalion, mais plusieurs, qui ont effacé la mémoire des temps anciens, alors que l'Egypte, habituée à la crue annuelle du Nil, a su préserver une continuité qui fait défaut ailleurs. Platon laisse néanmoins subsister une contradiction qui doit alerter le lecteur : comment et pourquoi les prêtres de Saïs, qui ne commencèrent à écrire qu'en 8600, de leur propre aveu, ont-ils conservé le souvenir de faits survenus en Grèce mille ans plus tôt ?

Dans un autre passage, Platon explique de façon alambiquée pourquoi les habitants d'*Atlantis* portent des noms familiers aux Grecs ; c'est que les originaux ont été traduits en égyptien, puis de l'égyptien en grec par Solon, d'où cette allure très grecque ! Visiblement, Platon s'amuse.

Il parsème ainsi son texte de signes qui indiquent que l'on est dans le domaine du pastiche et de la fable. Car il n'y a pas une once de réalité dans le mythe qu'il élabore. Certes, la fiction, telle un bon roman, emprunte au réel pour paraître crédible, mais il n'y a pas à chercher dans le récit de Platon le moindre vestige d'une mémoire enfouie. Comme n'importe quel Grec de son temps, il sait ce que sont une éruption volcanique, un tremblement de terre, un tsunami, des inondations désastreuses, une épidémie (il a vécu la « peste » d'Athènes). Mais il n'a aucun moyen de connaître, par exemple, la date et les conséquences de l'éruption du volcan de Santorin (que l'on date vers 1650 avant notre ère), qui a englouti la ville d'Akrotiri et où l'on a voulu voir la matrice de son histoire. Platon connaît l'Histoire comme la connaissent les anciens Grecs : par les seuls récits de ses prédécesseurs. Il a lu Homère, Hésiode, Hérodote, Thucydide, et sans doute d'autres dont l'œuvre a disparu. Comme eux, il n'a aucune idée de la profondeur du temps, il ignore tout ce que l'archéologie, la numismatique, l'épigraphie, la papyrologie et la méthode critique nous ont enseigné depuis deux ou trois siècles.

Platon décrit les deux cités autour de 9600 avant notre ère comme si elles n'étaient que la simple projection à l'identique d'une cité de son temps. Deux traits seulement lui suffisent à marquer l'évolution : les dieux sont encore présents à la tête de la cité, notamment à Athènes, où il ne mentionne aucune institution politique (ce qui n'est pas le cas d'*Atlantis*) ; et l'Attique n'offre plus que le squelette du riche pays qu'elle était, du fait de l'érosion. Ni les prêtres égyptiens ni les Grecs ne pouvaient savoir ce qui s'était passé au Xe millénaire avant notre ère, époque des débuts de la domestication de plantes et d'animaux au Proche-Orient. Les quelques millénaires du néolithique qui voient apparaître la sédentarisation, l'agriculture, la céramique, l'architecture monumentale, les premières villes ont fait l'objet de découvertes spectaculaires depuis un quart de siècle, mais il reste exclu qu'il existât des cités organisées comme les décrit Critias. Platon a conscience de l'évolution géologique (qu'il amplifie de beaucoup), ce que chacun au cours d'une vie humaine peut observer (comme la fonte des glaciers et le déplacement des rivages), mais n'en a aucune en ce qui concerne les modes de vie. En aurait-il idée que son mythe deviendrait sans objet. Car le mythe de l'Atlantide a chez Platon une fonction précise, politique et philosophique, et non historique.

Platon critique de la démocratie athénienne

Comme l'avait bien vu dès le XVIIIe siècle Giuseppe Bartoli, professeur de littératures grecque et italienne à Turin, dans un ouvrage paru à Stockholm en 1779, les deux cités antagonistes du récit ne sont en réalité qu'une seule et même cité : Athènes la vertueuse, c'est l'Athènes rêvée des temps anciens, *Atlantis*, c'est l'Athènes contemporaine de Platon corrompue par la richesse, le commerce, les échanges maritimes et l'impérialisme. Dans tout ce récit, il n'est en réalité question que d'Athènes. On se doit de citer Bartoli, qui fut le premier à comprendre le propos de Platon : « La submersion politique de l'île Atlantique, c'est-à-dire l'image de la décadence qu'a souffert la République d'Athènes abandonnée de tous et tombée sous la domination de ses ennemis, trompera-t-elle encore nos philosophes[1] ? », interroge-t-il. Et de conclure après son exposé : « Il ne s'agit que d'un peuple, d'une ville et d'un gouvernement dont je ne sais pas encore si je dois les appeler ou trop ou trop peu connus,

---

1. G. Bartoli, *Discours par lequel Sa Majesté le roi de Suède a fait l'ouverture de la Diète, en suédois, traduit en français et en vers italiens, avec un essai sur l'explication historique que Platon a donnée de son Atlantide et qu'on n'a pas considérée jusqu'à présent...*, Stockholm, 1779, p. 190-191, cité par P. Vidal-Naquet, *L'Atlantide. Petite histoire d'un mythe platonicien*, Les Belles Lettres, 2005, p. 97.

des Athéniens, des Athéniens toujours, des Athéniens encore[2]. » En d'autres termes, Bartoli a compris qu'*Atlantis* n'est que le double corrompu d'une Athènes idéalisée, et que dans tout le mythe, il n'est question que d'Athènes, encore et toujours. Pierre Vidal-Naquet, auteur d'un excellent livre sur le mythe platonicien, lui rend hommage à juste titre, en dépit des défauts qu'on peut lui trouver ; le caractère fantasque du personnage a contribué à ce que sa thèse soit moquée et écartée sans grande discussion, y compris par ceux qui défendirent la même position. Le personnage pouvait surprendre (il soutenait que les idéogrammes chinois et les hiéroglyphes égyptiens transcrivaient la même langue, mais on a beau jeu de se moquer quand on vit après Champollion !) et le grand Edward Gibbon le trouvait un peu charlatan quoique savant.

Pourtant, Bartoli, sur le fond, avait raison, et il fallut attendre le XXe siècle pour que son analyse s'impose chez les historiens. La cause était loin d'être gagnée, comme le montrent les tentatives multiples de localiser l'Atlantide et de lui donner une consistance historique qu'elle n'a jamais eue.

Platon oppose deux Athènes. Il y a l'Athènes dont il rêve, celle que vantent à la même époque les adversaires de la démocratie héritée de Périclès, les partisans d'un retour à la *Constitution des ancêtres*, mythe politique d'une démocratie modérée très en vogue au IVe siècle, et souvent attribuée à Solon. Platon va plus loin, et les auditeurs de Critias trouvent d'étranges parallèles entre cette Athènes vertueuse, non impérialiste, vivant dans une aisance dépourvue de superflu, avec les propositions de réformes de Socrate, celles qu'il établit dans sa cité

---

2. G. Bartoli, *op. cit.*, p. 224-225, cité par P. Vidal-Naquet, *op. cit.*, p. 97.

idéale, celle de la *République* – celle des *Lois* n'est élaborée qu'un peu plus tard.

A l'inverse, *Atlantis*, dont la description est bien plus fouillée, n'est que le doublon de l'Athènes démocratique que déteste Platon. Quelques indices l'indiquent clairement : sa population descend d'une nymphe autochtone, allusion au mythe athénien de l'autochtonie ; l'île est partagée entre dix rois, comme l'Attique entre les dix tribus territoriales. Elle est riche du second métal le plus précieux, l'orichalque, comme Athènes l'est en argent avec les mines du Laurion. Elle vit des échanges avec l'univers connu tout entier, tous les marchands y affluent dans ses trois ports (Athènes en compte trois aussi), elle entretient non seulement une infanterie d'hoplites, mais elle a une flotte puissante et, pour faire bonne mesure, un charrerie (10 000 chars) qui n'a jamais existé dans le monde grec classique – il faut bien ajouter quelques traits barbares (l'armée immense, la charrerie) pour brouiller les pistes ! *Atlantis* apparaît à l'origine comme un pays de cocagne, qui dispose de tout de façon illimitée. Mais elle en fait mauvais usage, et sa richesse l'incite à conduire une politique agressive qui lui a permis de conquérir toute l'Afrique jusqu'à l'Egypte et l'Europe de l'Ouest jusqu'à l'Italie centrale. Même lorsqu'il inverse les données, Platon reste transparent : il place *Atlantis* à l'extrême ouest comme le double inversé des Perses de l'extrême est ; *Atlantis* a conquis la rive sud de la Méditerranée et un peu de la rive nord, alors qu'Athènes impérialiste a tenté de soumettre les Grecs de la rive nord. Sans plaquer les réalités de l'Athènes de Périclès ou de la Seconde Confédération athénienne (qui a vécu de 377 à 355), la critique de l'impérialisme athénien demeure féroce, quoique masquée. N'importe qui pouvait comprendre l'allusion, sans que Platon se rende passible d'un dénigrement manifeste de sa propre cité.

L'Atlantide possède donc tous les traits qui ont conduit Athènes à la guerre et à la double défaite, celle de la guerre du Péloponnèse en 404, celle de la guerre des Alliés en 355. L'afflux de richesses a permis au peuple de vivre dans le luxe, dans un cadre fait de temples et d'édifices de marbre décorés de statues d'or – les statues d'or et d'argent qui se dressent à profusion à *Atlantis* évoquent la statue chryséléphantine créée par Phidias au Parthénon –, l'argent fourni par les mines du Laurion (que l'on réorganise dans les années 360) finance la guerre et l'impérialisme qui a rendu esclaves les autres Grecs. Rien ne manque au tableau, et si l'on veut qu'*Atlantis* ait une réalité historique, ce ne peut être que comme masque de l'Athènes classique, déformée par la haine que lui voue Platon.

Fortune d'un mythe

Le mythe créé par Platon connut dès l'Antiquité une fortune surprenante. Nombre d'auteurs anciens y font plus ou moins allusion. Beaucoup comprennent qu'il ne s'agit que d'une fiction (Aristote, Pseudo-Longin) ou d'une allégorie (Porphyre de Tyr), et Théopompe de Chios se livre même à un pastiche du pasticheur, avec l'invention de *Meropis*. Mais avec le temps, bien que quelques-uns affichent leur scepticisme (Pline l'Ancien), beaucoup finissent par croire qu'il s'agit bien d'une histoire réelle : Strabon, Plutarque, Ammien Marcellin, les auteurs chrétiens Tertullien et Arnobe, notamment. Personne, cependant, n'essaie de localiser l'île disparue avec plus de précision et tous se contentent des indications de Platon,

« au-delà des colonnes d'Hercule ». Quelques auteurs tardifs commencent à spéculer sur ce récit, notamment les chrétiens, qui doivent le concilier avec les vérités reçues de la Bible. La dimension politique de la fable s'est perdue, ou n'intéresse plus personne, car le débat sur la démocratie n'est plus d'actualité, même chez les nombreux philosophes néo-platoniciens qui fleurissent entre le IIIe et le VIe siècle de notre ère. Seul Proclus en parle un peu longuement, mais il n'en tire qu'un enseignement moral et philosophique.

Si le Moyen Age ne se soucie guère de l'Atlantide, à la Renaissance, avec la publication d'une traduction latine, puis de traductions en langues vernaculaires de l'œuvre de Platon, le mythe devient accessible à de nombreux lecteurs. Après la découverte d'un monde nouveau à l'ouest des colonnes d'Hercule, il retrouve même une véritable actualité : ces terres inconnues ne seraient-elles pas tout ou partie du continent que Platon prétend englouti ? Les spéculations fleurissent alors dans toute l'Europe et le mythe n'a pas cessé d'alimenter l'imaginaire jusqu'à aujourd'hui. On peut classer sous trois rubriques principales les ouvrages qui, d'une manière ou d'une autre, traitent du mythe de l'Atlantide.

Il y a d'abord un courant littéraire qui, peu soucieux de savoir si oui ou non l'Atlantide a existé, utilise ce thème, l'enrichit, le modifie, ignorant la signification qu'il avait chez Platon. Cela peut donner des œuvres littéraires de qualité si l'auteur a du talent ou d'abominables navets s'il n'en a pas. L'auteur peut broder sur le canevas établi par Platon, modifier sans limites les indications du philosophe, localiser l'Atlantide là où il le veut et lui donner les prolongements que lui suggère son imagination. Le mythe se trouve ainsi transposé en d'autres temps et en d'autres lieux. *L'Atlantide* de Pierre Benoit surgit ainsi au sein du

Hoggar colonial. Jules Verne, dans *Les 500 Millions de la Bégum*, transpose le mythe platonicien dans l'Oregon, où s'affrontent le docteur Sarrasin, Français fondateur de France-Ville, la pacifique, et le professeur Schultze, l'Allemand créateur de Stahlstadt, la ville de l'acier, vouée à la construction du plus puissant canon possible. Le roman fut publié en 1879, et on y retrouve sans peine les traces de la défaite française de 1870. Chantal Foucrier, dans une thèse monumentale, a recensé d'innombrables œuvres inspirées par l'Atlantide, qui continue ainsi de nourrir la création non seulement dans la littérature, mais aussi au cinéma et à la télévision, en particulier à destination de la jeunesse. L'historien n'a rien à redire à de telles métamorphoses, qui ne sont que le reflet de la fécondité du mythe platonicien.

A côté de ces œuvres de fiction, l'Atlantide a nourri une littérature soi-disant « scientifique » qui admet comme principe de façon explicite ou implicite que le récit de Platon se fonde sur une réalité historique incontestable, quand bien même celui-ci l'aurait déformée ou mal comprise. Il existe de nombreuses nuances entre tous ces ouvrages, depuis la lecture littérale de Platon jusqu'à l'idée que le mythe s'appuie sur une lointaine mémoire de faits historiques plus ou moins déformés. Mais nul ne met en cause son historicité, au moins partielle, et nombreux sont ceux qui proposent de situer dans le temps et dans l'espace ce monde disparu. Avec l'élargissement du monde, les navigations lointaines et la découverte de terres nouvelles à partir du XVIe siècle, les raisons ne manquaient pas d'établir des correspondances d'allure scientifique entre le récit platonicien et des réalités insoupçonnées jusqu'alors. Comme l'écrivait Thomas-Henri Martin dès 1841 : « Beaucoup de savants, s'étant embarqués à la recherche de l'Atlantide avec une cargaison plus ou moins lourde d'érudition mais sans autre boussole que leur imagination et leur caprice, ont vogué au hasard », et, peut-on ajouter, sont arrivés à peu près partout sur la planète.

La découverte de l'Amérique ne manqua pas de suggérer à beaucoup que, contrairement à ce qu'avait cru Platon, l'Atlantide n'avait pas été submergée, du moins pas tout entière, et qu'une partie s'était retrouvée à quelques milliers de lieues à l'ouest du détroit de Gibraltar. L'affaire intéressa jusqu'à la cour d'Espagne : si l'Amérique avait dérivé de la proximité des côtes ibériques à son emplacement actuel, le roi d'Espagne n'y exerçait-il pas la souveraineté par droit divin ? D'autres proposaient des hypothèses moins radicales qu'une navigation hauturière de l'île punie par les dieux : les Canaries, Madère, les Açores ne seraient-elles pas des lambeaux de l'île *Atlantis* ? Le secours des géologues à partir du XXe siècle continue à alimenter cette thèse, avec des variantes, en la colorant d'un improbable vernis scientifique.

Le problème se compliquait, par rapport au temps de Platon, car il fallait tenir compte à la fois de ce dernier, source unique de renseignements sur l'Atlantide, et des vérités incontournables de la Bible. Se greffèrent alors sur la question de l'Atlantide l'histoire des dix tribus d'Israël, celle du Déluge, et bien entendu la question de la localisation du Paradis. La multiplication des paramètres ouvrait un champ infini à la spéculation et on en mesure avec effroi, cinq siècles et 40000 ouvrages plus tard, les résultats.

Des Atlantides ont surgi partout. Si l'Atlantique et les Amériques tinrent longtemps la corde puisque Platon situait son île à l'ouest de Gibraltar, elles ne sont plus aujourd'hui qu'une possibilité parmi des centaines d'autres. L'imagination fertile d'Olof Rudbeck au

XVIIe siècle avait retrouvée *Atlantis* en Suède, et plaçait même sa capitale près d'Uppsala, ce qui demande un réel tour de force intellectuel pour concilier cette théorie avec le texte de Platon. Mais depuis lors, on a vu bien plus fort (ou fou), et sans prétendre être exhaustif, j'observe que sont désormais sur les rangs des contrées réparties sur la planète entière, souvent inattendues : la Palestine, l'Irlande, l'Italie, le Spitzberg, l'Arctique, l'Egypte, le Caucase, le pays yoruba, au Nigeria (Leo Frobenius), Troie (Eberhard Zangger), le Wisconsin, la Namibie centrale (abbé Breuil), l'île d'Héligoland en Allemagne du Nord (Jurgen Spanuth, sous le régime nazi), la Prusse, la Flandre, l'Iran, la Mongolie, Socotra, dans l'océan Indien, le Pacifique entier, la basse vallée du Guadalquivir (Victor Bérard, R. Freund), le triangle des Bermudes (Charles Berlitz) – comment n'y a-t-on pas songé plus tôt ? –, la Crète (Arthur Evans), la Grèce enfin, notamment Santorin, où l'archéologue Spyridon Marinatos a imposé sa théorie après la fouille du site fossilisé d'Akrotiri au début des années 1960 et a joui de l'appui marqué des colonels au pouvoir de 1967 à 1974. Sergio Frau s'ajoute donc à une longue liste. Ces auteurs appartiennent à des milieux très divers, mais possèdent un trait commun : ils n'hésitent jamais à corriger Platon pour que ses propos correspondent à leur hypothèse. Ainsi le géologue Jacques Collina-Girard estime que l'existence d'un petit groupe d'îles au large du cap Spartel (extrémité nord-ouest du Maroc), submergé vers 9000 avant notre ère, dont la plus grande n'excédait pas 14 kilomètres sur 5, confirme Platon; comme l'observe Pierre Vidal-Naquet avec humour, à ce compte-là, pourquoi ne pas localiser l'Atlantide dans le bassin du jardin du Luxembourg !

Si certains se contentent de rechercher la trace du continent pour prouver que le récit de Platon est historique ou, du moins, s'inspire de faits historiques, d'autres, jusqu'au milieu du XIXe siècle en particulier, greffèrent là-dessus des théories délirantes sur les origines de l'humanité et son histoire jusqu'au temps présent. Pierre Vidal-Naquet en a résumé quelques-uns, dont les plus spectaculaires peut-être se trouvent être, avec Olof Rudbeck déjà mentionné, Delisle de Sales, avec son *Histoire nouvelle de tous les peuples du monde*, en 52 volumes, et, plus loufoque encore, le théosophe Fabre d'Olivet dans ses *Lettres à Sophie* et son *Histoire du genre humain*, qui défient tout essai de résumé. Cette littérature qui nous fait sourire par son délire et sa naïveté eut une influence considérable en raison de son apparence scientifique et parfois de la qualité de ses auteurs, puisque d'authentiques savants – rarement dans le domaine de l'histoire ancienne – s'y égarèrent : Leo Frobenius était anthropologue, Jurgen Spanuth pasteur, Eberhard Zangger géo-archéologue, l'abbé Breuil préhistorien, Victor Bérard helléniste, d'autres encore professeurs d'université célèbres ou explorateurs, comme Jacques-Yves Cousteau.

Face à ce délire qui ne semble connaître aucune limite, il a cependant toujours existé un troisième groupe, qui rassure l'historien sur le maintien de la raison au sein de l'espèce humaine. Ce groupe réunit ceux qui n'ont jamais douté qu'il s'agissait d'une fiction et que, comme telle, elle n'avait besoin d'aucun support historique. On a rappelé qu'Aristote comme Proclus, à huit siècles d'écart, l'affirmaient. Aristote donnait même très explicitement la clé : « Celui qui l'a créée est aussi celui qui l'a détruite » ; comme un héros de roman, Platon fait naître et mourir l'Atlantide. Depuis le début du XVIe siècle jusqu'aux travaux savants du XIXe et du XXe siècle, des hommes ont donc récusé sans hésiter le caractère historique du mythe platonicien, même s'ils ne mesuraient plus toujours exactement les objectifs de Platon. Sans doute est-ce aussi lié aux préoccupations du moment : qui pouvait encore s'inquiéter de la perversité supposée de la démocratie athénienne dans l'Europe absolutiste du XVIIe siècle ? Mais du moins comprenaient-ils les leçons morales que tirait Platon des malheurs de cette cité corrompue. Face aux élucubrations des partisans de l'historicité, des gens comme le jésuite José de Acosta dès 1589, plus tard Montaigne, Voltaire (lui-même grand créateur de mythes, comme celui de Candide), Giuseppe Bartoli déjà mentionné, voyaient clairement qu'il s'agissait d'une fable que le philosophe utilisait pour une démonstration intellectuelle. A défaut que la thèse défendue par Bartoli se soit répandue largement et ait triomphé, l'analyse critique que donna Thomas-Henri Martin, *Dissertation sur l'Atlantide*, au sein de ses *Etudes sur le* Timée (t. I), en 1841, aurait dû porter le coup de grâce à toutes les tentatives historicistes. Cette première édition critique de l'œuvre de Platon, avec une traduction et un commentaire qui rejoint sur l'essentiel celui de Bartoli bien qu'il le juge sévèrement, marque à n'en pas douter le point de départ des études savantes sur le mythe platonicien, et sa conclusion est sans appel : l'Atlantide n'a jamais existé ailleurs que dans la tête de Platon. Cette démonstration décisive, qui ne fut guère connue en dehors du milieu des spécialistes, ne ralentit en rien la production de divagations pseudo-scientifiques sur l'Atlantide, et celles-ci prospéreront aussi longtemps que le mythe nourrira l'imaginaire pour apaiser les inquiétudes humaines.

En guise de conclusion

A l'Atlantide s'attachent en définitive non pas une, mais deux énigmes. La première me semble définitivement résolue, dès l'origine en quelque sorte : l'Atlantide n'a jamais existé, la seule qui exista fut l'Athènes impérialiste des temps classiques. Elle s'inscrit bien dans l'Histoire, d'une certaine manière, mais dans l'histoire des idées, et elle seule.

A la seconde énigme, l'historien peut apporter quelques éléments de réponse avec le secours des spécialistes des sciences humaines : pourquoi autant de gens continuent-ils de croire que cette fable habile s'appuie sur une réalité historique ? Personne n'a cherché à retrouver le tonneau des Danaïdes, le rocher de Sisyphe, ni même le lieu où un loup et un agneau devisèrent au bord d'une rivière. L'Atlantide continue à nourrir les fantasmes en raison de l'habileté et du talent de son inventeur, mais aussi parce que le mythe rejoint d'autres quêtes, d'autres inquiétudes, éternelles. Elle s'inscrit dans la recherche immémoriale du paradis perdu, du continent disparu, des tribus dispersées ; le mythe nourrit la réflexion sur l'âge d'or et sa déchéance, sur l'idée de déclin et de décadence qui traverse toutes les sociétés humaines. En un siècle où les populismes se nourrissent de déclinisme généralisé, nul besoin d'être prophète pour promettre encore un bel avenir aux charlatans de la pensée qui exploitent, avec plus ou moins de talent, l'ignorance de leurs contemporains.

Bibliographie sélective

Bartoli, Giuseppe, *Discours par lequel Sa Majesté le roi de Suède a fait l'ouverture de la Diète, en suédois, traduit en français et en vers italiens, avec un essai sur l'explication historique que Platon a donnée de son Atlantide et qu'on n'a pas considérée jusqu'à présent...*, Stockholm, 1779.

Foucrier, Chantal et Guillaud, L. (éd.), *Atlantides imaginaires, réécritures d'un mythe*, Michel Houdiard, 2004.

Foucrier, Chantal, *Le Mythe littéraire de l'Atlantide (1800-1939). L'origine et la fin*, éditions de l'université de Grenoble, 2004.

Martin, Thomas-Henri, *Etudes sur le Timée*, Ladrange, 1841 ; rééd. J. Vrin, 1981.

Pallottino, Massimo, « Atlantide », *Archeologia classica*, 4, 1952, p. 229-240 (citation p. 229).

Sergent, Bernard, *L'Atlantide et la mythologie grecque*, Karthala, 2006.

Treuil, René, *Le Mythe de l'Atlantide*, CNRS éditions, 2012.

Vidal-Naquet, Pierre, *L'Atlantide. Petite histoire d'un mythe platonicien*, Les Belles Lettres, 2005.

III

L'introuvable tombeau d'Alexandre

par Jean-Yves Carrez-Maratray

– Où est le tombeau d'Alexandre ?

– Il était à Alexandrie.

– A Alexandrie ? Mais alors comment le découvrir puisqu'on ne sait pas même pas où est le Phare ?

– Si, on le sait, le Phare est au fond de l'eau, au pied du fort de Qaït Bey !

– Ah ! Mais la bibliothèque d'Alexandrie, alors, où est-elle ?

– Elle a brûlé en 48 avant J.-C.

– Ah non, pas du tout ! Luciano Canfora, dans son livre, La Véritable Histoire de la bibliothèque d'Alexandrie, *dit qu'elle n'a pas été incendiée par Jules César. Il affirme qu'elle existait encore dans les premiers siècles de notre ère…*

On l'a compris : quand on parle de l'Alexandrie antique, rien n'est simple. Ahmed Fahmi, un grand archéologue égyptien doublé d'un homme exquis, nous disait naguère qu'il vaut mieux ne jamais être envoyé en poste à Alexandrie, tant on s'y dispute sur tout et sur rien. Et puis, depuis l'Antiquité, on ment beaucoup à son propos. Prenons l'exemple de l'incendie de la bibliothèque. N'en déplaise à L. Canfora, c'est bien César qui l'a réduite en cendres. Quelle preuve en avons-nous ? Je n'en donnerai qu'une seule : Hirtius, le lieutenant de César, au début de son récit de la « guerre d'Alexandrie », ne dit rien sur la bibliothèque mais nous gratifie d'une étrange information sur la ville. Elle était, dit-il, *incendio tuta,* « protégée contre l'incendie », car construite en matériaux résistant au feu. Une ville antique ignifugée ! Que n'a-t-elle donné sa recette aux Romains de Néron ! Ne nous laissons pas tromper par ce gros mensonge d'Hirtius, qui signifie simplement que la bibliothèque a bien été incendiée mais qu'on fera comme si elle ne l'avait jamais été.

Après de tels préliminaires, on se dit que retrouver le tombeau d'Alexandre ne va pas être une mince affaire. A la fin du IVe siècle de notre ère, à Antioche, saint Jean Chrysostome raille les prétentions antiquaires des païens d'Alexandrie : « Vous ne savez même pas, leur écrit-il, où se trouve le tombeau d'Alexandre » (*Homélies*, XXXV, 5). A ce compte, nous encore moins ! La « malédiction du tombeau d'Alexandre » c'est donc surtout ceci : alors que cela fait mille six cents ans qu'on affirme qu'il a disparu, cela fait aussi mille six cents ans qu'on prétend le retrouver.

Est-ce à dire qu'il n'y a pas de mystère ? Que le tombeau d'Alexandre est irrémédiablement perdu (comme la bibliothèque, qui l'est assurément) ? Nous n'irons pas jusque-là, mais il convient, selon nous, de bien mettre les choses au point. Comme nous l'écrivions en ouvrant ce chapitre, le tombeau d'Alexandre était à Alexandrie et si jamais il en reste quelques vestiges, c'est là qu'il faudra les retrouver.

Fausses pistes et désillusions

On ne se fiera donc pas aux sites Internet où ce sont surtout des hypothèses « extra-alexandrines » qui sont proposées. La plupart ont été formulées à l'occasion de la découverte, en Grèce du Nord, de plusieurs tombes royales macédoniennes, à commencer par la première et la plus célèbre d'entre elles, la tombe de Philippe II, en 1977. Plus récemment, en 2014, il y eut celle de la tombe dite du « tumulus Kastas », qui était peut-être celle de l'ami, et amant, du conquérant, Héphaïstion. Aujourd'hui encore, si l'on tape « tombeau d'Alexandre » sur un moteur de recherche, c'est sur la fouille de ce monument que l'on est souvent envoyé, même si son inventeur, Katerina Peristeri, n'a jamais affirmé avoir découvert la tombe du conquérant. Ceux qui le prétendent sont surtout des Grecs désireux de rendre à la Macédoine le caractère hellénique que semble lui disputer le nom d'une petite république issue de l'ex-Yougoslavie. Elles supposent un déplacement du corps d'Alexandre hors d'Alexandrie que rien, bien sûr, ne vient étayer à l'époque des tombeaux en question.

Une autre hypothèse « extra-alexandrine », moins lointaine puisque égyptienne, mais néanmoins tout aussi improbable, apparaît encore sur le Net sous la forme d'anciens extraits de presse datant de 1995. Cette année-là, l'archéologue grecque Lena Souvaltzi pensa avoir retrouvé le tombeau d'Alexandre au fond du désert libyque égyptien, dans l'oasis de Siwa. Etant alors jeune chercheur à l'Institut de papyrologie et d'égyptologie de Lille, je fus contacté à ce sujet au téléphone par le journal *La Voix du Nord*. Encore novice, et très ému de l'honneur qui m'était fait, je balbutiai au journaliste quelque chose comme « c'est bizarre, il me semble que le tombeau d'Alexandre était à Alexandrie… », au lieu de dire : « C'est n'importe quoi ! », la réponse qui s'imposait. Comme on s'en aperçut assez vite, Mme Souvaltzi avait mal interprété une inscription grecque qui mentionnait le « prêtre d'Alexandre » nommé annuellement à Alexandrie et dont le nom servait à dater les documents.

La dernière hypothèse récemment formulée, celle d'Andrew Chugg, n'est pas tout à fait « extra-alexandrine », puisqu'elle admet l'existence du tombeau d'Alexandre à Alexandrie. Mais elle l'est en ce qu'elle propose de retrouver à Venise la dépouille du conquérant que les païens d'Alexandrie auraient préservée en la faisant passer pour la momie de saint Marc transportée en Italie au IXe siècle. Nous y reviendrons.

Si donc, en bonne méthode, nous excluons toutes les hypothèses « extra-alexandrines », c'est dans la capitale même fondée par Alexandre qu'il convient de chercher son tombeau. Des érudits et des archéologues ont passé des années à cet exercice. En 1972, Peter Fraser, dans son monumental ouvrage *Ptolemaic Alexandria* (2 000 pages, notes et index compris), faisait déjà le bilan de ce qu'il faut bien appeler des échecs. Jean-Yves Empereur a, plus récemment, dénombré, dans les archives de la direction des Antiquités, les centaines de projets d'exploration déposés par des passionnés du sujet. Faute de prendre toutes les hypothèses en compte, ce qui ne nous mènerait à rien, retenons toutefois celles qui ont pu, d'une manière ou d'une autre, faire progresser la recherche. Trois d'entre elles mettent le tombeau d'Alexandre en relation avec une mosquée de la ville.

La plus ancienne est la mosquée disparue de Dul-Qarnaïn, mentionnée par Abdul-Hakim dans une liste datée de 900 environ et dont Al-Massoudi déclare qu'elle conservait de son temps, en 954, des blocs de marbre qui auraient servi de socle au sarcophage d'Alexandre. Cette mosquée se trouvait « à proximité de la porte de la ville », donc à l'est, mais sa disparition empêche d'en savoir plus.

En 1550, Léon l'Africain décrit, mais cette fois au « centre d'Alexandrie », au milieu de ruines, une petite maison avec une chapelle qui aurait conservé le corps d'Alexandre dans son tombeau. Elle serait visitée par les voyageurs de passage. Il est évidemment exclu que le corps du roi existât encore, et l'on reconnaîtra plutôt ici une tradition construite autour d'un cercueil antique retrouvé. On pense au plus célèbre d'entre eux, le sarcophage en brèche verte du pharaon Nectanebo II, qui se trouvait alors dans la mosquée Attarine. Ce monument de 7 tonnes, couvert de hiéroglyphes, fut rapporté à Londres en 1802 par Edward D. Clarke, dans le cadre des accords de la capitulation française qui mirent fin à l'expédition d'Egypte. Il se trouve aujourd'hui, comme la pierre de Rosette, au British Museum. En 1805, Clarke proclama donc dans son livre *The Tomb of Alexander* qu'il avait découvert le tombeau du conquérant, lequel se trouvait, disait-il, sous la mosquée Attarine. Quelques années plus tard, le déchiffrement des hiéroglyphes par Champollion montra que ce sarcophage n'était pas celui d'Alexandre mais celui de son prédécesseur immédiat, Nectanebo II, le dernier roi de la XXXe dynastie, qui régna entre 360 et 342 avant J.-C., avant la reprise temporaire de l'Egypte par les Perses, entre 342 et 332. La mosquée Attarine ne recélait donc pas le fameux tombeau, même si, nous le verrons, il n'est pas exclu que le sarcophage de Nectanebo eût, de fait, quelque chose à voir avec lui.

Une dernière tentative pour retrouver le tombeau d'Alexandre sous une mosquée de la ville fut menée par Evaristo Breccia entre 1925 et 1930, sous la mosquée

Nabi Daniel, au centre-ouest de la ville, au pied septentrional de la colline de Kôm el-Dikka. Vaines recherches, dont Breccia dut lui-même avouer l'échec en 1931, quand il quitta l'Egypte. Avant de partir, toutefois, il avait laissé la description d'une ruine monumentale située à l'est de la ville, dans le cimetière latin d'Alexandrie. Il en reconnut le caractère funéraire et proposa d'identifier cette tombe avec le *Nemeseion* consacré par Jules César à la mémoire de Pompée, son adversaire défunt. Ce monument est appelé aujourd'hui le « tombeau d'Albâtre ». Il fut par la suite étudié et restauré par Achille Adriani, successeur de Breccia, qui élimina à juste raison l'hypothèse de son prédécesseur et proposa d'y voir plutôt les vestiges du tombeau d'Alexandre.

Trois tombeaux successifs

Toutes ces hypothèses, si séduisantes qu'elles paraissent, péchaient par un même défaut de méthode : elles ne tenaient aucun compte des quelques sources antiques, certes rares, qui nous parlent du tombeau d'Alexandre à Alexandrie. C'est donc à elles qu'il nous faut venir maintenant.

Alexandre est mort le 13 juin 323 à Babylone, peut-être d'une péritonite aiguë provoquée par des excès de boisson sur un corps épuisé par les exercices. Aussitôt deux questions se posèrent à ses généraux : que faire de son corps ? Où en conserver les restes ? Pour le premier dilemme, deux traitements étaient possibles : soit on incinérait son cadavre, « à la macédonienne », en ne brûlant que les parties molles et en recueillant les os calcinés pour les placer dans une urne cinéraire, facile à déplacer, soit on l'embaumait en espérant que sa dépouille résisterait à un voyage pour le ramener chez lui. C'est cette solution qui l'emporta. Le corps d'Alexandre fut traité par des experts chaldéens et égyptiens. Restait à savoir où le rapatrier. Le conquérant n'avait pas laissé de dernières volontés à ce propos. Diodore et Quinte-Curce écrivent qu'il aurait exprimé le souhait de rejoindre son « père Ammon », le dieu égyptien qui l'avait naguère reconnu comme son fils dans son oracle de Siwa (d'où les recherches de Mme Souvaltzi). Mais cette tradition a tout l'air d'un faux rétrospectif. Le plus logique semblait être que le corps fût ramené et inhumé dans la nécropole des rois de Macédoine, à Aigai, l'actuelle Vergina, dans le nord de la Grèce. Ce fut, semble-t-il, l'option qui l'emporta, option défendue par le « régent » Perdiccas, qui y trouvait aussi un intérêt personnel.

Arrêtons-nous un instant sur les usages funéraires de l'époque. Une « tombe royale macédonienne » est un vaste tertre circulaire *(tumulus)* enfermant en son centre une chambre souterraine précédée d'un vestibule, le tout accessible par une longue descenderie menant à une porte maçonnée. Si nous en parlons, c'est parce que le tombeau d'Alexandre à Alexandrie fut peut-être construit de la sorte. Il aurait alors occupé un espace pouvant approcher les 200 mètres de côté si l'on se rapporte aux dimensions du tumulus Kastas, qui mesurait, à lui seul, 158,4 mètres de diamètre.

Mais pourquoi le corps n'arriva-t-il pas en Macédoine ? Sur ce sujet, les sources antiques sont unanimes. Alors que le corps du roi, placé dans un catafalque somptueux, remontait le long de l'Euphrate en Syrie, un an après sa mort, il fut intercepté par un commando égyptien et « détourné » vers la vallée du Nil. C'est Ptolémée, le fils de Lagos, l'ancien général et ami d'Alexandre devenu à sa mort satrape – gouverneur – d'Egypte, qui avait organisé ce rapt du cercueil (les Anglo-Saxons parlent d'un *high-jaking*). Perdiccas y vit un *casus belli*, envahit l'Egypte l'année suivante, mais son armée pataugea dans le Nil, fut en partie dévorée par les crocodiles, et le régent finit assassiné. Ptolémée avait gagné : il tenait définitivement le corps d'Alexandre le Grand !

C'est alors que commencent les tribulations du tombeau. Le corps d'Alexandre va en effet connaître trois sépultures successives en Egypte, et donc deux déménagements. Il fut d'abord enterré à Memphis, au sud du Caire actuel, et cela jusqu'au moment où Ptolémée Ier fit ramener son corps à Alexandrie. Ce renseignement, donné par deux sources différentes, Quinte-Curce et Pausanias, doit être de ce fait considéré comme indubitable. Plus tard, le roi Ptolémée IV (qui règne de 222 à 205) aurait fait enlever le corps de sa première sépulture alexandrine pour l'installer dans une autre, en l'associant aux tombeaux de ses prédécesseurs, c'est-à-dire Ptolémée Ier et son épouse Bérénice Ire, Ptolémée II et sa sœur-épouse Arsinoé II, et Ptolémée III et son épouse Bérénice II, la propre mère du roi qui venait de s'empoisonner pour ne pas cautionner l'accession au trône de son incapable de fils. L'auteur qui nous l'apprend est un certain Zénobios, dont l'œuvre est perdue mais dont on a conservé quelques fragments. Ecrivant au IIe siècle de notre ère, il était « parémiographe », c'est-à-dire auteur et commentateur de proverbes et mots célèbres. Tout le monde n'admet pas la réalité de ce deuxième déménagement, notamment Valerio Manfredi. Mais pour notre part nous y croyons.

Quand on dit que l'on cherche le « tombeau d'Alexandre », il convient donc de préciser duquel on parle : celui, abandonné, de Memphis ? Celui, également abandonné, d'Alexandrie ? Ou, enfin, le dernier des trois ?

Parlons d'abord du premier. Il dut être installé sur le « plateau des pyramides » qui domine encore aujourd'hui la palmeraie de Mit Rahineh, l'antique Memphis, au lieu-dit Sakkara. C'est là que se dresse encore la célèbre pyramide à degrés du pharaon Djoser, mais c'était d'abord, pour les Grecs du temps d'Alexandre, le site du *Serapeum*. Ce sanctuaire de Sarapis abritait la nécropole des taureaux sacrés, les Apis, mais il était surtout devenu, pour le public cosmopolite de l'époque, un grand centre de pèlerinage et de consultations autant thérapeutiques qu'oraculaires. L'endroit fut fouillé en 1851 par Auguste Mariette, qui y mit au jour une « exèdre des philosophes » décorée de statues grecques qui furent photographiées en 1858 par Théodore Devéria, un ensemble monumental assez surprenant à cet endroit pour qu'on puisse envisager qu'il ait décoré l'entrée du premier tombeau d'Alexandre. Si seulement on pouvait dater précisément les statues, cela nous aiderait ! Hélas, alors que Charles Picard les datait effectivement du règne de Ptolémée Ier, François Queyrel, le meilleur spécialiste français actuel de la sculpture hellénistique, les date plutôt de Ptolémée IV ou V. L'hypothèse reste donc fragile et actuellement invérifiable, compte tenu de cette incertitude et de l'ensablement colossal du site, déjà en cours au temps de Strabon.

Venons-en maintenant à la question, beaucoup plus obscure, des deux tombeaux alexandrins du conquérant. Il convient, pour cela, de se faire au préalable l'idée la plus exacte possible de l'organisation urbaine de la capitale des Ptolémées, telle que des décennies de recherches archéologiques nous les ont fait connaître. La ville antique d'Alexandrie fut construite entre le lac Maréotis et la mer Méditerranée selon un plan d'urbanisme dit « hippodamien », c'est-à-dire composé d'un quadrillage de rues perpendiculaires les unes aux autres, les plus longues, qui s'étiraient d'est en ouest, étant coupées par des transversales nord-sud. Sa grande rue centrale est-ouest, l'antique voie Canopique, sous l'actuelle rue Horreya, fut numérotée L1 par Mahmoud bey Falaki, l'astronome du khédive Ismaïl, et ses parallèles vers le nord L2, L3 et ainsi de suite (celles vers le sud étant appelées L'2, L'3), tandis que la grande rue centrale nord-sud, qui aboutissait au quartier royal installé sur le cap Lochias, fut numérotée R1 et ses parallèles vers l'ouest R2, R3, etc. (celles vers l'est R2 *bis*, R3 *bis*, etc.). Le croisement des rues délimitait des îlots quadrangulaires de 400 mètres de côté environ. Le tout était entouré d'une vaste enceinte urbaine dont on n'a rien retrouvé, contrairement à l'enceinte médiévale d'Ibn Touloun, construite au IXe siècle, et beaucoup plus réduite.

Strabon et Zénobios sont les deux seuls auteurs anciens qui, lorsqu'ils parlent du tombeau d'Alexandre, qu'ils appellent tous deux *Sèma*, ajoutent une précision, hélas toute relative, sur son emplacement. Pour Zénobios, il fut installé par Ptolémée IV « au milieu de la ville ». Pour Strabon, il « faisait partie des quartiers royaux », lesquels occupaient un quart (voire un tiers, mais Strabon exagère) de la surface de la ville. Tous deux parlent nécessairement du troisième et dernier tombeau, Zénobios parce que c'est le sujet même de son texte, et Strabon parce qu'il décrit Alexandrie au temps d'Auguste, après la chute des Ptolémées. Comment expliquer alors que l'un dise « au milieu de la ville » et l'autre « dans les quartiers royaux » ? Ceux-ci, en effet, ne se trouvaient pas au centre d'Alexandrie mais ils occupaient, le long du Grand Port, la partie nord-est de la capitale. Autrement dit, *grosso modo*, tout le quartier situé au nord de la rue L3, voire de la rue L2, entre les rues R4 à l'ouest et R4 *bis* à l'est (voir le plan de J. McKenzie).

Réfléchissons posément ! Strabon ne peut pas s'être trompé quand il place le tombeau à l'intérieur du quartier royal. En effet, il a séjourné longuement à Alexandrie, entre 24 et 20 avant J.-C., dans la compagnie du préfet romain Aelius Gallus, qui, à ce titre, logeait précisément dans l'ancienne demeure des Ptolémées. Et sa description ne laisse aucun doute à ce sujet : « Le *Sèma*, c'est ainsi qu'on le nomme, fait aussi partie des palais royaux, c'est l'enceinte dans laquelle se trouvaient les tombeaux des rois et celui d'Alexandre. » C'est donc dans cet espace défini plus haut que fut installé par Ptolémée IV le troisième tombeau d'Alexandre, son deuxième à Alexandrie. Comment expliquer alors que Zénobios parle, lui, du « milieu de la ville » ? N.J. Saunders a à ce sujet une explication qui nous paraît recevable. La ville d'Alexandrie s'étant étendue vers l'est au temps des Ptolémées, le quartier royal, auparavant un peu excentré, se vit ainsi replacé vers le centre et, sur l'axe est-ouest de la capitale, long de 5 kilomètres environ, le tombeau se serait effectivement trouvé plus ou moins à mi-chemin des deux extrémités, disons dans l'axe des rues R3/R2, donc bien « au centre de la ville ». Cela laisse entendre aussi que le premier tombeau alexandrin, celui qui fut abandonné sous Ptolémée IV, ne se trouvait pas, lui, au centre de la ville mais plus à l'est. C'est à lui qu'il nous faut maintenant nous intéresser.

La plupart des spécialistes considèrent que, lorsque le corps d'Alexandre fut ramené de Memphis par Ptolémée Ier, la logique voulait qu'il fût enterré au cœur de la ville qu'il avait fondée, selon la tradition qui s'attachait aux *oikistai*, les fondateurs de cités archaïques. Certains ont même pensé à l'agora, qui devait se trouver au croisement des deux grands axes, les rues L1 et R1. Mais la chose nous paraît hautement improbable si, comme on peut le présumer, le conquérant fut enseveli dans un tumulus macédonien mesurant plusieurs dizaines de mètres de diamètre. Un tel bâtiment était incompatible tant avec l'urbanisme grec qu'avec l'esprit civique d'une agora classique. Mais sait-on au moins à quoi ressemblait le tombeau d'Alexandre ?

L'« antre souterrain »

Il n'en existe qu'une seule description un peu précise, mais elle est poétique et concerne le dernier, et non pas le premier aménagement alexandrin. C'est celle de Lucain lorsque, dans *La Pharsale*, il évoque la mort de Pompée près de Péluse, aux confins du Sinaï. Celui qu'on appelait *Magnus*, « le Grand », écrit Lucain, n'a pas eu même l'honneur d'un tombeau alors que son assassin, l'ignoble Ptolémée XIII, conserve, lui, le corps d'Alexandre sous un *extructus mons*, c'est-à-dire probablement un vaste tumulus (VIII, 694), et que « des pyramides et de honteux mausolées enferment les mânes et la lignée infâme des Ptolémées » (VIII, 696-697). Les paroles assassines de ce fervent républicain montrent que tout le monde ne partageait pas, au Ier siècle de notre ère, le rêve alexandrin de beaucoup de nos contemporains. D'ailleurs, Lucain sait être plus catégorique encore. Ainsi lorsqu'il évoque César « descendant, brûlant d'impatience, dans l'antre souterrain » pour y contempler la dépouille du conquérant. Le poète dépeint alors Alexandre comme « le fils taré de Philippe, le fameux voleur macédonien [...] ce héros dont la dépouille, qui repose dans un sépulcre sacré, mériterait d'être dispersée de par le monde » (X, 22-25). On ne trouve pas souvent cité, dans toute la littérature consacrée à notre sujet, ce texte qui démolit le rêve de tous les chercheurs du tombeau d'Alexandre : plût au ciel que la tombe de ce tyran eût disparu à jamais !

Le sépulcre décrit par Lucain est bien sûr le dernier d'entre eux, celui situé dans le quartier des palais, comme l'imposent la date de l'épisode et la mention des mausolées royaux. On y apprend que ces derniers étaient de style égyptisant, les pyramides en question étant probablement de petites superstructures placées sur les mausolées, comme on peut encore en voir au Soudan, à El-Kourrou, dans la nécropole sainte des rois napatéens, ou des pyramides réduites, comme celle de Cestius à Rome, ou, plus près de nous, la « pierre de Couhard », au-dessus d'Autun. Mais Alexandre, lui, était bien enterré « sous un mont » et « dans un antre », autrement dit dans un tumulus macédonien. Il est difficile de préjuger de l'aspect du premier tombeau à partir de ce dernier, mais on imagine mal qu'on ait attendu Ptolémée IV pour enterrer le roi « à la macédonienne », c'est-à-dire selon un rite qui était à son zénith sous Ptolémée Ier. Nous en concluons, pour notre part, que le premier tombeau alexandrin d'Alexandre était déjà un tumulus de style macédonien.

Nous pensons qu'il existe un candidat plausible à l'emplacement de ce premier tumulus abandonné, c'est celui du « tombeau d'Albâtre » dans lequel, nous l'avons vu, Achille Adriani reconnaissait effectivement les restes du tombeau d'Alexandre, et plus précisément le vestibule précédant la chambre funéraire disparue. Il se trouvait dans l'îlot formé par les rues L1, L2, R2 *bis* et R3 *bis*, c'est-à-dire non loin de l'agora si, comme c'est probable, elle se trouvait au croisement de L1 et de R1, mais un peu au nord-est de celle-ci. Alexandre aurait ainsi été déposé à la fois *intra-muros*, en tant que fondateur de la ville, mais dans un quartier à lui, en tant que roi macédonien. Cela expliquerait que, plus tard, cette zone de la ville ait reçu le nom d'« Alexandre » et, peut-être aussi, l'appellation antique de *Sôma*, « le corps », donnée au tombeau, appellation qui alterne avec *Sèma* dans les sources anciennes, le premier nom insistant peut-être sur l'aspect individuel de cette première tombe avant qu'elle ne soit déplacée et associée aux mausolées royaux. Evidemment, ce ne sont là que des conjectures dont on laissera à chacun le soin d'apprécier la pertinence...

Ce premier tombeau alexandrin fut délaissé et la vénération du conquérant se transféra dans le second, au quartier royal, un peu plus au nord et près de la mer. Il n'existe hélas aucun moyen d'être plus précis sur son emplacement. Tout ce que nous savons de ce tombeau se résume à des anecdotes pittoresques concernant ses visiteurs célèbres, comme Jules César dont nous avons déjà parlé. Auparavant, le roi Ptolémée X, dit « le Cambrioleur », avait déjà dépouillé le cadavre de son sarcophage d'or pour le remplacer par un autre en *hyalinè*, une matière moins précieuse, peut-être une sorte de verre. Après César vint son fils adoptif, Octavien, le futur Auguste, au lendemain de la défaite et de la mort d'Antoine et de Cléopâtre en 30 avant J.-C. Invité à la traditionnelle visite funèbre, il consentit à voir « le roi » Alexandre mais refusa de s'incliner devant les cendres des Ptolémées, rien que « des cadavres *(sômata)* » selon lui. Le culte de ces souverains déchus fut aboli et leurs grandes statues pharaoniques furent abattues, comme jadis les Egyptiens avaient abattu les statues des « pharaons noirs » de Kerma, au Soudan. De même que Charles Bonnet a retrouvé ces dernières au fond d'un puits, de même Jean-Yves Empereur a-t-il repêché celles des Ptolémées au fond du port, devant les palais royaux. On ne saurait oublier que si le tombeau d'Alexandre a continué à être visité, c'est au milieu des ruines de ses voisins les mausolées royaux abandonnés.

Cela ne devait pas en faire un monument très attachant et l'on se gardera de l'imaginer à l'aune du mausolée de Lénine au centre de la grandiose place Rouge.

Enquête sur une disparition

La suite de l'histoire du tombeau d'Alexandre est celle d'une longue déchéance jusqu'à cette fin du IVe siècle où, nous l'avons vu, Jean Chrysostome en parle comme d'un monument disparu. Son dernier visiteur connu est l'empereur Caracalla, qui, en 215, cassa les scellés que Septime Sévère, son père superstitieux, avait placés sur l'entrée pour empêcher tout visiteur de devenir un nouveau maître du monde. Mais Caracalla ne devint jamais Alexandre et, après 215, le silence se fait sur le tombeau. La ville d'Alexandrie entre alors dans une période de cataclysmes violents.

Le premier eut lieu en 273, sous Aurélien, quand la révolte de Firmus, consécutive à l'occupation palmyrénienne, fut sévèrement réprimée. Elle avait justement pour base l'ancien quartier des palais, désormais appelé le *Bruchion,* dont Ammien Marcellin nous informe du destin fatal : « Alexandrie vit ses querelles civiques tourner au conflit meurtrier, ses murailles détruites et, de tous ses quartiers, elle perdit la partie la plus importante, celle qui s'appelait *Bruchion* et qui fut longtemps la demeure d'hommes éminents » (XXII, 16, 15). Le *Bruchion* était bien, en effet, l'ancien quartier royal, comme l'atteste l'évêque Epiphane de Salamine, qui rappelle que c'est là que se trouvait jadis la grande bibliothèque et que ce fut désormais « un endroit désert ». Les mêmes faits désolants se reproduisirent au printemps de 298, quand une nouvelle et dernière usurpation alexandrine, celle de

Lucius Domitius Domitianus, fut écrasée dans le sang par Dioclétien. Les murailles de la ville étant abattues, le *Bruchion* n'avait plus de protection et il ne fut jamais réintégré *intra-muros*.

Cet abandon suffit-il pour autant à expliquer qu'on ait pu perdre, à Alexandrie, le souvenir même de l'emplacement du tombeau entre 273 et 400 environ, date à laquelle Jean Chrysostome le déclare désormais introuvable ? Certains spécialistes en doutent et soupçonnent l'auteur de mauvaise foi à son sujet : en niant l'existence du tombeau d'Alexandre, pensent-ils, les chrétiens voulaient avant tout imposer la primauté du tombeau de Jésus à Jérusalem (le Saint-Sépulcre), récemment découvert. Ils auraient donc souhaité et organisé la destruction de ce rival alexandrin. Selon une autre hypothèse, celle d'Andrew Chugg, les « païens » d'Alexandrie, vénérateurs encore du « dieu Alexandre », sentant la menace, auraient préalablement sauvegardé le corps en le faisant passer pour celui de saint Marc. De tout cela, nous ne croyons rien.

La première hypothèse, celle de la destruction par les chrétiens, fait florès sur le Net, avec des images saisissantes. Le rapprochement est alors fait avec un drame abominable, le lynchage de la philosophe Hypatie par des moines déchaînés, au début du Ve siècle, exactement en mars 415. Mais l'hypothèse ne tient pas puisque cet assassinat est largement postérieur à l'époque où, comme l'assure Jean Chrysostome, le souvenir de l'emplacement du tombeau s'était déjà irrémédiablement perdu. Auparavant, dans le courant du IVe siècle, lorsque ce souvenir s'estompe déjà, on n'en est pas encore à la violence qui suivra l'interdiction du paganisme, laquelle ne prendra effet que sous Théodose, en 391. Et il y a plus discutable encore : pour que le tombeau attirât la vindicte chrétienne, encore eût-il fallu qu'il suscitât d'abord la dévotion des païens. Or rien n'est moins sûr. Pour l'époque ptolémaïque, Peter Fraser écrivait déjà : « Qu'il y ait jamais eu à Alexandrie un culte public d'Alexandre, comme on en trouve dans de nombreuses cités grecques, en plus de celui de Fondateur, semble improbable en soi, et l'on notera qu'Alexandre n'apparaît pas une seule fois dans les dédicaces privées ; à l'évidence la relation fictive avec Alexandre n'était pas de nature à susciter beaucoup d'intérêt ou de motivation chez les sujets des Ptolémées. » A plus forte raison chez ceux de l'empereur ! A la fin de ce même IVe siècle, le rhéteur Libanius connaît encore à Alexandrie un temple, le Tychaion, orné des statues d'Alexandre et de Ptolémée Ier, mais il ne s'agit là que de pieux souvenirs des rois fondateurs, et la vindicte chrétienne ne les touche pas. Selon Palladas, en 391, le Tychaion fut simplement transformé… en cabaret. Alexandre, tout fondateur d'Alexandrie qu'il fût, n'a semble-t-il jamais fait l'objet en Egypte d'une véritable dévotion populaire.

C'est la raison qui nous conduit à ne pas souscrire non plus à l'hypothèse « vénitienne » d'Andrew Chugg. Celle-ci suppose en effet que la vénération du corps d'Alexandre était si prégnante dans les milieux païens de l'Alexandrie tardive qu'on le sauva en le faisant passer pour celui de saint Marc. Ce tour de passe-passe a pour lui la saveur romanesque qui entoure les énigmes dont ce livre fait l'objet, mais il ne nous convainc pas. On se gardera pourtant d'interdire aux amateurs de *fake news* le pèlerinage à Venise en période de carnaval, de manière à aller vénérer, les yeux masqués, dans la châsse de saint Marc, les prétendus restes momifiés du conquérant.

Ils pourront aussi aller à Londres, au British Museum, et s'incliner devant la cuve en brèche verte de Nectanebo II. Peut-être a-t-elle en effet conservé un temps le corps d'Alexandre si, hypothèse plausible, c'est elle qui, faute de pouvoir accueillir la dépouille de Nectanebo, servit de réceptacle au sarcophage d'or d'Alexandre arrivé de Babylone à Memphis. L'ensemble cuve et sarcophage, transféré par Ptolémée Ier de Memphis au premier tombeau d'Alexandrie, aurait ensuite été dissocié par Ptolémée IV, qui n'aurait transporté que le sarcophage d'or dans le second tombeau. Ainsi s'expliquerait la présence à Alexandrie de la cuve de Nectanebo, laissée à l'abandon et finalement réutilisée comme vasque à ablutions dans la mosquée Attarine. Et s'ils vont à Alexandrie, ils pourront se rendre au cimetière latin visiter le « tombeau d'Albâtre ». Ils y trouveront l'entrée de ce qui fut peut-être le premier tombeau alexandrin du roi, grandiose vestibule ouvert sur nulle part.

Mais alors, si l'on exclut l'hypothèse de la destruction par les chrétiens, peut-on au moins savoir pourquoi et comment le tombeau d'Alexandre a disparu dans les dernières décennies du IVe siècle ? Cela s'est passé, selon nous, le 21 juillet 365 de notre ère, lors du plus grand tsunami connu de la Méditerranée orientale.

Pendant longtemps, on s'est interrogé sur la véritable nocivité du « cataclysme de 365 ». En 1984, deux grands savants français, Bernard Bousquet et François Jacques, s'interrogeaient sur la fiabilité des témoignages antiques à son propos. Les auteurs chrétiens, disaient-ils, deux ans après la mort de l'empereur Julien, ont pu exagérer ce en quoi ils reconnaissaient une vengeance divine exercée contre « l'Apostat ». Mais des études récentes ont montré que c'est bien en 365 de notre ère qu'un séisme d'une magnitude exceptionnelle souleva de près de 10 mètres la côte ouest de la Crète. Une vague géante se dirigea d'un côté vers la Sicile, de l'autre vers Alexandrie… Sachant que les images valent mieux que les mots, allons pour le coup sur Internet et revoyons celles de l'effroyable tsunami du 26 décembre 2004 qui fit 230 000 morts dans l'océan Indien. Elles nous font voir en vrai les mêmes scènes de terreur que celles éprouvées par les Alexandrins ce 21 juillet 365. Comme mille six cent quarante ans auparavant, les mêmes faits se reproduisent : promenade amusée de badauds inconscients sur une plage dont la mer s'est retirée avant le retour d'une vague monstrueuse qui emporte tout sur son passage, jusqu'aux bateaux sur les toits des maisons. Cette précision, rapportée par les auteurs anciens, a parfois été soupçonnée d'être une galéjade antique digne des Phocéens du temps. Mais il n'y a pas matière à rire lorsque l'on découvre la même image reproduite à l'identique sur la plage martyre de Banda Aceh, au milieu des ruines et de la désolation.

Ce jour-là, le tombeau d'Alexandre, sur les bords du Grand Port, prit de plein fouet la vague gigantesque. Le caveau fut envahi d'eau de mer, de gravats et d'immondices. Peut-être attend-il qu'on le retrouve un jour, caché sous les tonnes de béton de la « Corniche » d'Alexandrie, mais, en le vidant, on n'exhumera sans doute que l'odeur de la mort qui, ce jour-là, emporta définitivement le corps du conquérant.

Bibliographie sélective

Carrez-Maratray, Jean-Yves, *Bérénice II d'Egypte. Une reine dans les étoiles*, Ellipses, 2014 (transfert du tombeau sous Ptolémée IV).

Chugg, Andrew M., *Alexandre le Grand : le tombeau perdu*, Londres, 2005.

Empereur, Jean-Yves, *Alexandrie redécouverte*, Stock, 1998.

Fraser, Peter M., *Ptolemaic Alexandria*, vol. I-III, Oxford, 1972.

Manfredi, Valerio, *Le Tombeau d'Alexandre le Grand. L'énigme*, JC Lattès, 2010.

Mela, Charles, Möri, Frédéric (éd.), Aufrère, Sydney, Dorival, Gilles, Le Boulluec, Alain (coll.), *Alexandrie la Divine,* vol. I-II, Genève, éditions de la Baconnière, 2014 (tous les sujets alexandrins sont traités et admirablement illustrés).

Saunders, Nicholas J., *Alexander's Tomb : the two thousand year obsession to find the lost conqueror*, New York, 2006.

Plusieurs publications anciennes d'archéologie alexandrine, notamment celles d'Evaristo Breccia, ainsi que de précieuses cartes sont accessibles en ligne sur le site du Centre d'études alexandrines : www.cealex.org (ressources numériques/Livres rares et anciens sur Alexandrie + cartes et plans consultables en ligne). On y trouvera par exemple l'article d'Alexandre-Max de Zogheb, « Le tombeau d'Alexandre le Grand », publié dans la *Revue d'Egypte* de 1894, un bel exemple de fausse piste (la mosquée Nabi Daniel).

Le quadrillage urbain d'Alexandrie (plan de Judith McKenzie, *JRS 94*, 2004, p. 75). Le premier tombeau correspond peut-être au « tombeau d'Albâtre », et le second se trouvait peut-être à l'extrémité nord de la rue R2.

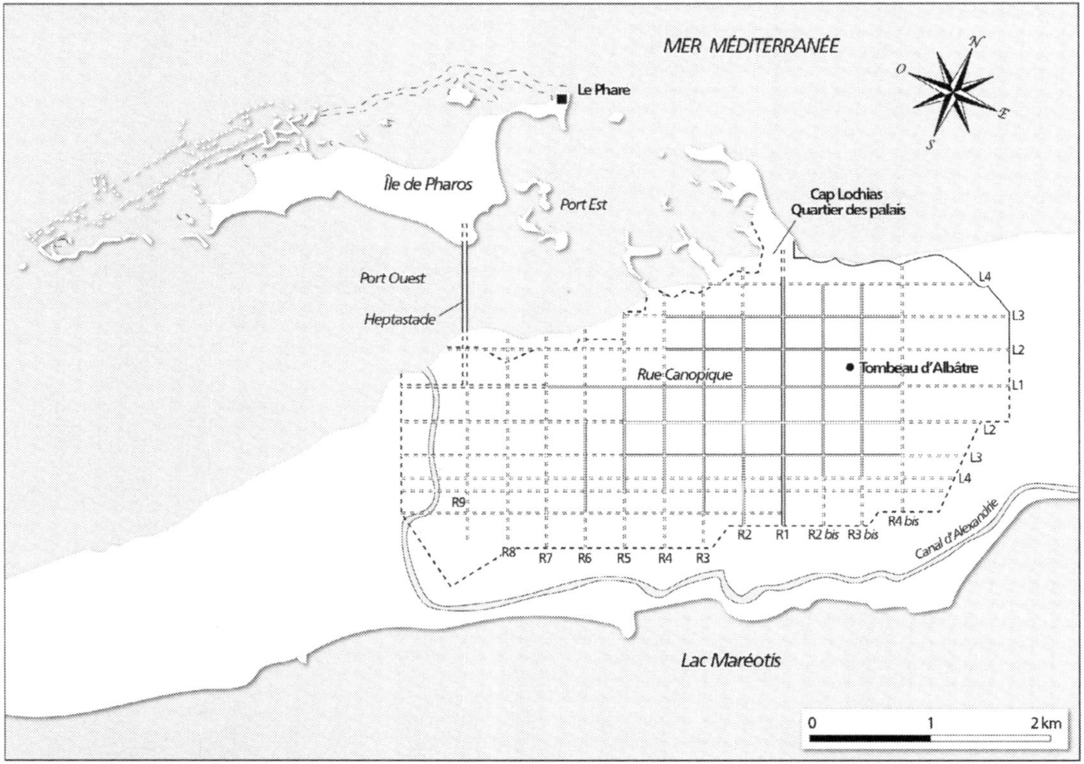

IV

Le linceul de Turin : une provocation à l'intelligence ?

par Pierre DE RIEDMATTEN

Pour beaucoup de nos concitoyens, l'affaire est classée depuis le test au carbone 14 de 1988 qui a daté cet objet entre 1260 et 1390.

Mais ce tissu mystérieux, un sergé de lin de 4,36 mètres × 1,10, tissé en chevrons, continue d'intriguer les chercheurs du monde entier, qui se retrouvent fréquemment dans des congrès, car il reste toujours une « provocation à l'intelligence », comme le disait déjà le pape Jean-Paul II en 1998.

Appelé aussi le « Saint Suaire », et conservé dans la cathédrale de Turin, il continue d'être vénéré par les chrétiens lors des ostensions publiques (plus de deux millions de personnes en 2015).

Plusieurs centaines de milliers d'heures d'études, entreprises surtout depuis 1932, lui ont été consacrées, dans tous les domaines ; en particulier, le STURP[1] *a analysé ce tissu pendant cent vingt heures consécutives au palais royal de Turin en 1978, avec tous les matériels scientifiques existant à cette époque.*

1. Shroud of TUrin Research Project, groupe de 33 chercheurs, américains pour la plupart.

Regardons comment répondre, aussi objectivement que possible, aux trois grandes questions que chacun peut se poser :

– Peut-on expliquer et reproduire l'étonnante empreinte qu'on y observe ?

– Quelle est l'histoire de ce tissu ?

– Quelle personne a-t-il contenue ?

Pourquoi cette empreinte nous interpelle ?

Tout le monde connaît l'image partielle de la figure 1 *bis* : le visage, anatomiquement parfait et d'une grande paix, d'un homme figé dans la mort. Mais ce n'est pas l'image proprement dite telle qu'on peut la voir à Turin ; c'est la photo du négatif du visage, détail de la photo du négatif complet (fig. 1). Or, avec nos appareils argentiques, on regardait seulement les positifs de nos photos, mais jamais les négatifs, trop difficiles à comprendre. Ici, c'est exactement le contraire : l'image réelle, c'est-à-dire le « positif » du corps entier, telle qu'on peut la voir à Turin (fig. 2), comme celle du visage (fig. 2 *bis*), est très difficile à *lire*. Cela va beaucoup mieux quand le tissu est dans la pénombre et éclairé par-derrière, comme lors des (rares) ostensions : on distingue alors le corps d'un homme entièrement nu, de face et de dos, tête-bêche.

Notons déjà que cette *empreinte* n'est pas du tout conforme à l'iconographie traditionnelle du Christ (nudité, pas de couronne d'épines, pas de croix).

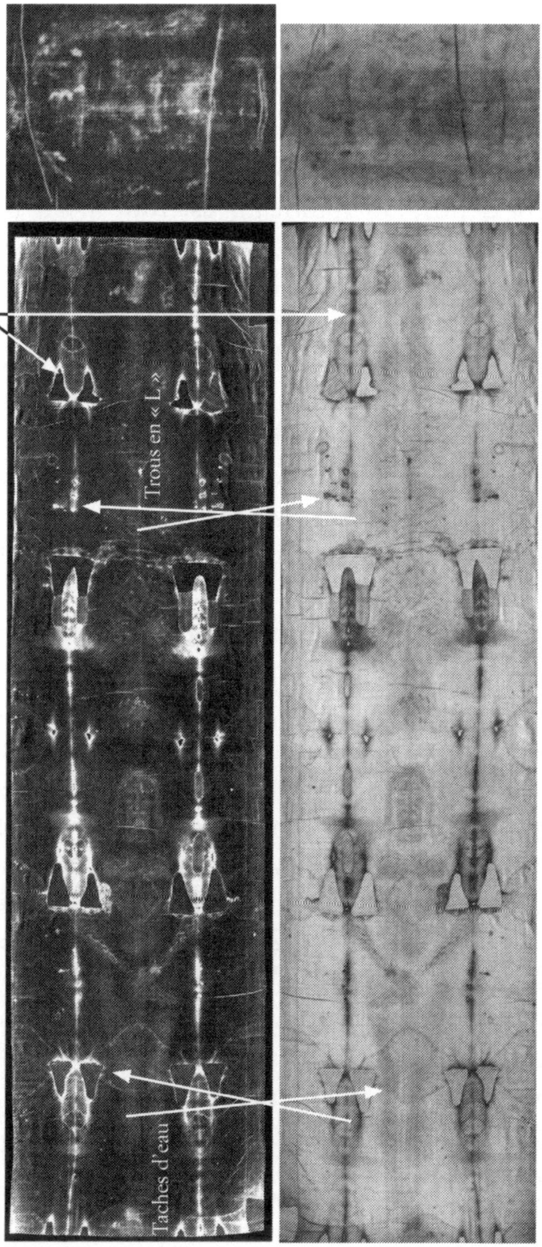

Fig. 1 *bis* – Négatif du Visage

Fig. 2 *bis* – « Positif » du Visage

Fig. 1 – Photo du négatif du Linceul

Fig. 2 – Le Linceul tel qu'on le voit (« Positif »)

L'empreinte comporte, en fait, deux images superposées, très différentes

L'image dite « sanguine » (due au contact corps/tissu lors de la dépose au tombeau) est tout à fait normale, comme un *positif photographique* : les nombreuses taches de sang sont foncées (donc blanches sur le négatif, fig. 1 et 1 *bis*), et elles traversent le tissu. Elles proviennent bien de sang humain (hémoglobine, porphyrine, protéines…). La couleur de certaines taches est due à la bilirubine, substance dont la couleur (jaune-orangé) ne change pas lors d'un traumatisme important, alors que nos taches de sang courantes noircissent très rapidement. D'autres taches contiennent des traces de biliverdine, substance verdâtre produite également par la dégradation du sang, notamment lors d'un traumatisme[2]. On peut y distinguer du sérum, les divers types de sang (veineux et artériel) et leur mode d'écoulement (avant et après la mort), alors que les connaissances sur la circulation sanguine remontent seulement au XVIIe siècle (Harvey, 1628).

L'image dite « corporelle » (celle des chevrons colorés) s'apparente, inexplicablement, à un négatif photographique : en effet, les zones normalement éclairées (nez, barbe…) sont noires (fig. 2 *bis*), et les zones en retrait (oreilles, orbites des yeux…) sont claires ; sur nos photos, c'est exactement le contraire. Cette découverte date de 1898, quand Secundo Pia (avocat à Turin, l'un des premiers photographes amateurs) a pris la toute première photo du Linceul, lors d'une exposition d'art sacré : il

2. Communication du docteur J.-P. Laude à Rochester, *Frontiers in Optics/Laser Science*, 2016.

a alors failli lâcher ses plaques de verre, car il s'est senti « pétrifié » par le réalisme du négatif (fig. 1).

Les caractéristiques de cette image « corporelle » n'ont pas fini de nous surprendre ! Elle ne traverse pas le tissu, et elle est très ténue, n'étant présente que sur 20 à 30 microns (1 micron = 0,001 mm) ; ce n'est pas le cas des peintures du Moyen Age, qui utilisaient du collagène comme liant (colle à base d'os et de peau). Elle n'a aucun contour, en sorte que plus on s'en approche, moins on peut l'observer. Il faut être à plus de 2 mètres pour la distinguer, contrairement aux peintures. Elle n'a aucune trace de pinceau ni aucune trace de pigments ; mais toutes les fibres ont la même couleur (jaune sépia) : c'est seulement leur densité (nombre de fibres colorées par cm^2) qui forme les contrastes de l'image. Elle résiste à tous les solvants. Et elle est thermiquement stable : la chaleur de l'incendie de Chambéry, en 1532 (voir ci-dessous), n'a pas altéré l'image, alors que l'argent recouvrant le coffre de bois a traversé toutes les épaisseurs du tissu ; or l'argent fond à 1 000 °C, et les peintures du Moyen Age ne peuvent pas supporter des températures supérieures à 200 °C.

Elle est inversée de droite à gauche. C'est ainsi la photo du négatif (fig. 1) qui restitue correctement l'anatomie du supplicié.

Enfin, elle est tridimensionnelle : la densité des fibres colorées est inversement proportionnelle à la distance entre le corps et le tissu. Cette intensité relative, mesurée en chaque point, a permis de reconstituer le relief réel de l'homme du Linceul au tombeau, d'abord pour le visage (Paul Gastineau en 1974, fig. 3), puis pour le corps entier (John Jackson et Eric Jumper en 1976, à l'aide du système VP8, destiné à l'étude du relief des planètes). Aucune autre image naturelle ne possède cette information, perpendiculaire à sa surface. Cette caractéristique unique a même permis d'établir l'hologramme du visage réel (Petrus Soons, Etats-Unis, 2005).

Fig. 3

Mais comment l'image corporelle s'est-elle formée ?

Le STURP a conclu que ce n'est en aucun cas une peinture, mais qu'elle provient d'une oxydation acide déshydratante des fibres de lin. Pour mémoire, la thèse de la peinture (Mac Crone, USA) a été définitivement invalidée en 2010 (C. Gavach et J.-B. Rinaudo).

Cette image n'existe pas sous les taches de sang : elle a donc été réalisée après l'image sanguine, mais quand ? De même que l'image sanguine, à laquelle elle est très étroitement associée, elle provient donc du corps du supplicié, et non pas d'un phénomène extérieur. Elle a été réalisée par projection orthogonale vers le tissu plus ou moins tendu, et non par contact direct en tous points : en effet, une extension des formes serait normale si l'on avait enveloppé le corps, notamment la tête.

Bien des idées ont été émises pour expliquer la formation de cette surprenante image. Mais il n'y a que deux familles d'hypothèses possibles :

– émanation de vapeurs ammoniacales dues à la violence du supplice (hypothèse de la vaporographie). Cependant, l'empreinte devrait traverser le tissu, ce qui n'est pas le cas ;

– rayonnement de particules émises par le corps vers le tissu. Mais quelles particules ? Le père J.-B. Rinaudo, biophysicien, a établi un modèle, basé sur la rupture éventuelle des rares noyaux de deutérium du corps (hydrogène « lourd ») ; critiqué par certains, ce modèle permet cependant de répondre à la fois aux caractéristiques de l'image corporelle (par l'émission des protons, d'où faible pénétration dans le lin, oxydation, tridimensionnalité...), et à un écart de datation par le carbone 14 d'environ treize siècles (par l'émission des neutrons vers les atomes d'azote contenus dans le liant du tissu)[3].

Peut-on reproduire cette double image ?

De nombreuses tentatives (souvent saluées par la presse) ont eu lieu, en vue de *démasquer une fois pour toutes la supercherie de cette fausse relique*. Mais, à ce jour, personne n'a jamais pu reproduire cette empreinte avec toutes ses caractéristiques sanguines et corporelles. Plusieurs « artistes » se sont contentés d'essayer de reproduire le Visage, comme Joe Nickell (Etats-Unis, vers

3. Les neutrons auraient pu alors entraîner un enrichissement initial du tissu en carbone 14, d'où le rajeunissement apparent observé en 1988.

1980), qui a entouré un bas-relief avec un linge humide, puis a teinté les parties saillantes avec de l'ocre.

« Même actuellement, aucun de nous ne réaliserait de telles images sans commettre quelque bévue », disait déjà le docteur Barbet.

D'où provient cet objet ? De quand date-t-il ?

Le parcours du Linceul en Europe est parfaitement connu. Il est présenté pour la première fois au public vers la fin de 1356 dans le petit village de Lirey (20 kilomètres au sud de Troyes), par l'épouse de Geoffroy Ier de Charny, mort à la bataille de Poitiers ; ce simple chevalier de Champagne, comme on le croyait encore récemment, était en fait un chef militaire de première importance, porte-oriflamme du roi et siégeant en son Conseil secret. En 1390, le pape d'Avignon, Clément VII, autorise la poursuite des présentations publiques, mais sans cérémonies trop solennelles. Notons, comme l'a montré en 2006 Emmanuel Poulle (membre de l'Institut), que le pape n'a pas suivi le mémoire, tardif, de l'évêque de Troyes (Pierre d'Arcis, 1389) affirmant que son lointain prédécesseur avait identifié le peintre et reçu ses aveux : dans sa bulle officielle (fin mai 1390), Clément VII a en effet supprimé toute allusion à un quelconque faussaire. Il n'existe d'ailleurs aucune trace d'une éventuelle enquête diligentée auparavant.

En raison de la guerre civile et de la folie du roi Charles VI, le Linceul est mis en sécurité en 1418 à Saint-Hippolyte-sur-le-Doubs, hors de France. Il est cédé en 1453, par Marguerite de Charny (petite-fille de Geoffroy Ier), à la famille de Savoie, qui l'installe à Chambéry et fait construire une sainte chapelle pour l'abriter – l'appellation « Saint Suaire » semble remonter à cette date. C'est là qu'il subit un grave incendie, en décembre 1532, qui, heureusement, n'altère pas l'image (voir les traces de brûlures sur les figures 1 et 2). Des rapiècements sont mis en place en 1534 par les clarisses – ils seront supprimés en 2002, pour ne pas laisser « emprisonnés » les débris calcinés de cet incendie.

En 1578, pour éviter à saint Charles Borromée de traverser les Alpes à pied pour venir vénérer le Linceul à Chambéry, en remerciement de la fin de la peste à Milan, le duc de Savoie le transfère à Turin. Il est installé en 1694 dans l'autel reliquaire de Bertola, dans la cathédrale (chapelle dite de Guarini).

En 1983, à la mort d'Umberto II, roi d'Italie en exil, il est définitivement cédé au Vatican. Et en avril 1997, la cathédrale subit un très grave incendie, sans conséquence sur le tissu, qui avait été éloigné peu avant, en raison de travaux, et placé dans un coffre en cristal blindé de 8 cm d'épaisseur ; le Linceul a pu être récupéré juste à temps. Il est maintenant conservé dans un long coffre, sous argon et à l'abri de la lumière. Il n'est montré au public que lors des ostensions (la dernière a eu lieu en 2015).

Mais on ne sait toujours pas à quelle date il est arrivé en France.

Peut-il dater d'avant le XIVe siècle ?

Le test au carbone 14 de 1988, pour lequel des précautions particulières ont été prises (12 mesures, trois tissus témoins), a daté le tissu du Moyen Age (entre 1260 et 1390). Les trois laboratoires (Oxford, Tucson et Zurich) n'ont pas triché, et certains arguments avancés pour contredire cette datation ne sont pas valables : le prélèvement n'a pas été fait dans un coin du tissu supposé sali par la sueur de ceux qui le tenaient lors des ostensions, ni dans une partie retissée au Moyen Age de manière supposée invisible : une étude textile, réalisée en 2010, a montré que l'échantillon prélevé en 1988 provient bien du Linceul.

Mais l'écart de datation entre les trois laboratoires, soit 104 ans, conduit à un niveau de signification de 5 % seulement – ne pas confondre avec le niveau de confiance. Cet écart a été dûment mentionné dans la publication très officielle des résultats[4], mais la presse n'en a pas parlé ; il traduit une absence d'homogénéité des trois échantillons, qui reste inexplicable puisqu'ils ont été prélevés au même endroit. En outre, la date maximum annoncée (1390) est incompatible avec la première exposition publique en 1356.

En dehors du test au carbone 14 de 1988, toutes les autres études confirment une origine très ancienne de cet objet.

Une nouvelle datation, faite par le professeur Giulio Fanti en 2013, par d'autres méthodes (spectroscopies IR et Raman…), a donné des résultats totalement différents, avec une fourchette de +/- 250 ans autour de la période de la naissance du Christ. L'origine des fils examinés reste cependant à valider officiellement.

Pour les spécialistes des textiles anciens, comme G. Vial et Mme M. Flury-Lemberg, ce tissu présente certaines caractéristiques particulières :

– il a été réalisé sur un métier à quatre harnais, existant au Moyen-Orient aux premiers siècles mais introduit beaucoup plus tard en Europe ; il a été tissé avec un fil à torsion en Z, utilisé aux premiers siècles au Moyen-Orient mais pas en Europe ; et son tissage a été très coûteux

4. Revue *Nature*, vol. 337, février 1989.

(plusieurs centaines d'heures), comme s'il était destiné à ensevelir un dignitaire ;

– il ne contient pas de laine (comme dans les prescriptions bibliques), mais un peu de coton *(Herbaceum)*, d'usage ancien au Moyen-Orient ;

– il possède une couture très particulière, entre la bande principale (1,03 mètre) et la bande supérieure (7 cm) – provenant du même rouleau d'étoffe ; ce type de couture n'existe sur aucun tissu ancien venant d'Europe, mais on l'a observé sur des tissus trouvés dans les ruines de Massada (au sud de Qumran), forteresse prise par les Romains en l'an 73.

Les grandes taches d'eau (fig. 1 et 2) ont été attribuées par erreur à l'extinction de l'incendie de Chambéry ; en effet, elles ne correspondent pas du tout au pliage du Linceul à cette époque (1532). Elles peuvent être dues à une conservation beaucoup plus ancienne du tissu, plié en accordéon dans une jarre humide.

Le tissu contient des traces de myrrhe et d'aloès, produits utilisés en Palestine pour l'ensevelissement. Des pollens, prélevés en 1973 et 1978 par Max Frei, criminologue internationalement connu, attestent du passage du Linceul au Moyen-Orient (Jérusalem, mer Morte, Edesse et Constantinople), et bien sûr en Europe. Décédé en 1983, Max Frei n'a pas eu le temps de publier tous ses travaux. Malgré les critiques, d'autres spécialistes (Uri Baruch, Avinoam Danin…) ont trouvé des résultats semblables, notamment des pollens de fleurs qui poussent au printemps dans les vieux murs de Jérusalem. Pour A. Danin, le seul endroit sur terre où poussent trois des plantes identifiées « est une zone comprise entre Jérusalem et Hébron ».

Enfin, des pièces de monnaie, déposées sur les yeux du supplicié et datables des années 30, ont laissé des traces sur le tissu (voir ci-dessous).

Au total, rien ne s'oppose à ce que ce tissu ait été fabriqué au Moyen-Orient (Syrie, Palestine...) au tournant de l'ère chrétienne. Or aucun autre tissu venant d'un homme enseveli en Palestine au Ier siècle n'est parvenu jusqu'à nous, sauf celui découvert en l'an 2000 dans une tombe « étanchée », car l'homme avait la lèpre et la tuberculose ; en effet, chez les juifs, seuls les ossements étaient alors conservés, car tout le reste était détruit un an après l'inhumation.

Pour que ce tissu ait été conservé, il a fallu des circonstances exceptionnelles.

Qu'est devenu le linceul du Christ ?

Les Evangiles (Matthieu, 27 ; Marc, 15 ; Luc, 23 ; et Jean, 20) disent : « Le soir venu, arriva un homme riche d'Arimathie, nommé Joseph ; il alla trouver Pilate et demanda le corps de Jésus. Il l'enveloppa dans un linceul blanc, et le déposa dans un sépulcre où personne n'avait encore été mis. » Marc précise : « Un linceul acheté. » Il ne s'agissait donc pas d'un tissu quelconque.

Les Actes des Apôtres ne parlent pas de ce tissu, qui était impur pour les juifs car taché du sang d'un condamné. S'ils l'ont conservé, aussi discrètement que possible, l'ont-ils emporté avec eux quand, fuyant les premières persécutions, ils sont partis vers le nord ?

En tout cas, plusieurs textes apocryphes laissent supposer que ce tissu n'a pas été détruit. Ainsi, l'évangile aux Hébreux (IIe siècle) précise : « Quand le Seigneur eut donné son suaire au serviteur du prêtre, il se rendit auprès de Jacques et lui apparut. » Et le pape Sylvestre Ier a demandé de dire la messe sur des « nappes d'autel en lin, en souvenir du linceul sacré du Christ » (décret de 325).

Qu'a-t-on vénéré à Edesse, puis à Constantinople ?

Edesse (Sanli-Urfa, dans l'est de la Turquie) a été la première ville à se convertir au christianisme ; en 202, une inondation détruit déjà une « Eglise des chrétiens ». De nombreux philosophes et théologiens chrétiens (Bardesane, saint Ephrem...) y ont séjourné, et la première traduction de la Bible y a été publiée, en syriaque.

Selon Eusèbe de Césarée (*Histoire ecclésiastique*, IVe siècle), le roi Abgar V, contemporain du Christ, lui aurait écrit une lettre pour qu'il vienne le « guérir de son infirmité » ; et le Christ aurait répondu qu'il lui enverrait un de ses disciples, « lorsqu'il aura été élevé ». Le disciple Thadée (Addaï en syriaque) aurait ainsi guéri le roi Abgar de sa lèpre, en apportant à Edesse une image sur un linge ; selon une autre forme de la tradition, Ananias, le serviteur d'Abgar, n'arrivait pas à faire le portrait de Jésus, tellement son visage était lumineux ; voyant cela, « Jésus demanda à se laver, et un suaire lui fut donné. Et quand il se fut lavé, il essuya son visage avec, et, son image y laissant son empreinte, il le donna à Ananias ». (C'est peut-être l'origine de la légende du voile de Véronique, qui ne remonte qu'au XIIe siècle, ce voile n'étant pas mentionné dans les Evangiles.)

Cette image, longtemps cachée, aurait été redécouverte dans une muraille de la ville en 525. Elle aurait été ensuite profondément vénérée à Edesse, car estimée « non faite par une main humaine » (*acheiropoiètè* en grec).

Après un curieux siège par les Byzantins, qui libérèrent 200 prisonniers et donnèrent 12 000 pièces d'or uniquement pour obtenir l'image d'Edesse, elle fut solennellement transférée à Constantinople, le 15 août 944 : « L'empereur reçut avec un faste splendide la sainte toile avec l'image du Christ » (manuscrit de Skylitzès, Bibliothèque nationale, Madrid, fig. 4). L'homélie prononcée à cette occasion précise : « Ce ne sont pas les moyens grâce auxquels la peinture forme les images… qui ont dessiné le resplendissement… il a été empreint par les seules sueurs d'agonie du Prince de la vie, qui ont coulé comme des caillots de sang… Ce sont elles qui ont coloré la réelle empreinte du Christ, car, depuis qu'elles ont coulé, elle a été embellie par les gouttes de sang de son propre côté. »

Fig. 4

Appelée alors le saint Mandylion (*το αγιον μανδυλιον* en grec), cette image d'Edesse a été profondément vénérée à Constantinople, où elle était « considérée comme le plus précieux trésor de la capitale de l'Empire chrétien » (André Grabar). Et les recherches de l'historien Mark Guscin, en 2010, au mont Athos, ont confirmé qu'il s'agissait bien d'un *syndon* (terme utilisé dans les trois évangiles synoptiques pour la sépulture du Christ), sur lequel on voyait non seulement le visage, mais également le corps entier et les taches de sang.

Le *sydoine de NS Jésus-Christ* disparaît en 1204, lors de la IVe croisade. Mais sa présence est signalée à Athènes en 1205, dans une lettre de Théodore Ange au pape Innocent III à propos d'une des reliques pillées à Constantinople, « ce qu'il y avait de plus sacré parmi ces dernières, le linceul où fut enveloppé après sa mort et avant sa résurrection Notre Seigneur Jésus-Christ. Nous savons que ces choses sacrées sont conservées à Venise, en France et autres pays de pillards, le linceul sacré étant à Athènes ». Or, l'un des chefs de la IVe croisade, Othon de la Roche, qui avait emporté cette relique ou l'avait reçue en récompense de sa bravoure lors du sac de Constantinople, devint seigneur d'Athènes. La déposa-t-il dans le monastère, tout proche, de Daphni ?

Peut-on identifier l'image d'Edesse au linceul de Turin ?

Jusque dans un passé récent, cette hypothèse n'était pas retenue.

Mais ce lien est maintenant acquis, sans ambiguïté (voir les photos ci-dessous). En effet, quatre séries de quatre trous en forme de « L » (ou en équerre) sont visibles au niveau des reins, sur le Linceul, symétriquement par rapport à l'axe principal (fig. 1 et 2). Ils sont antérieurs à l'incendie de Chambéry, car ils figurent déjà sur une reproduction datée de 1516, conservée à Lier en Belgique. Et ils figurent également sur une gravure du « Codex Pray » (fig. 5), un manuscrit daté au plus tard de 1195, trouvé à Budapest ; cette gravure représente les linges retrouvés vides lorsque les saintes femmes reviennent au tombeau le dimanche matin pour achever la toilette de Jésus. De tels détails, qui n'ont aucun intérêt artistique, ont nécessairement été observés sur le Linceul (fig. 6). L'atténuation progressive de ces quatre séries de quatre trous (le Linceul était alors dit *tetradiplon*, « plié en quatre ») fait penser à une brûlure accidentelle (encensoir ?).

Fig. 5

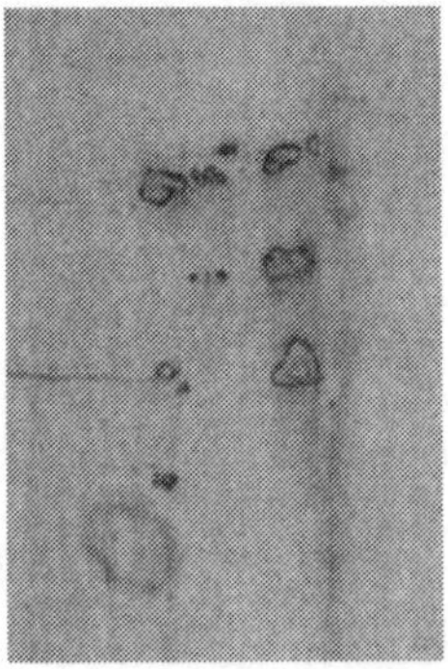

Fig. 6

Une autre gravure de ce manuscrit représente le Christ entièrement nu (ce qui était impensable au XIIe siècle) ; il a les mains croisées comme sur le Linceul, et il n'a que quatre doigts à chaque main, comme l'homme du Linceul (voir ci-dessous).

Comment le Linceul est-il arrivé en France ?

L'hypothèse des Templiers et celle du retour en France d'Othon de la Roche ne sont plus retenues maintenant. Parmi les hypothèses possibles pour l'arrivée du Linceul à Lirey (d'autres sont en cours d'étude), signalons :

– son envoi préalable, par l'empereur Baudouin II, en 1241, à Saint Louis, qui l'aurait placé dans la grande châsse de la Sainte-Chapelle ;

– son arrivée discrète en 1317 à Lirey, grâce aux veuves des derniers ducs d'Athènes, après la chute du duché en 1312.

Qui est l'homme du Linceul ? Est-ce le Jésus-Christ des Evangiles ?

Pour les ethnologues et les anatomistes, l'homme du Linceul est de type syro-palestinien, âgé de 30 à 40 ans ; or saint Luc précise que « Jésus avait environ trente ans au début de sa mission » (Lc, 3, 23). Et sa taille, environ 1,78 mètre, n'est pas incompatible avec celle de juifs du Ier siècle, comme l'ont montré des fouilles près de Jérusalem en 1968. Il a une chevelure avec la raie au milieu, une barbe à deux pointes (courante chez les Sémites), et une natte dans le dos, qui pourrait être un signe d'appartenance à un groupe religieux.

Des traces de pièces de monnaie, seulement visibles avec un fort agrandissement, ont été mises en évidence sur ses paupières ; il s'agit de leptons à l'effigie de l'empereur Tibère César, utilisés couramment en Palestine : *dilepton lituus* sur l'œil droit et *lepton simplum* sur l'œil gauche ; selon le père Filas, ces pièces ont été frappées par Ponce Pilate, uniquement entre les années 29 et 32. Or, le Christ est mort un vendredi 14 Nisan, ce qui est tombé ainsi le 7 avril 30 et le 3 avril 33. Des pièces identiques et présentant la même faute (un K au lieu d'un C dans le mot *Kaisaros* = « de César ») ont été trouvées récemment chez les collectionneurs (la dernière en 1992).

En dehors des Evangiles, peut-on identifier l'homme du Linceul ?

Des traces d'écritures autour du Visage, devinées au début des années 1980, mais quasiment invisibles à l'œil nu, ont été mises en évidence en 1994 en s'affranchissant du bruit de fond optique généré par les chevrons colorés. Comme le montre la fig. 7 (où ces traces d'écritures sont surlignées), on distingue notamment :

– en dessous du Visage, le mot grec ΗΣΟΥ, signifiant « de Jésus » ;

– à droite, de haut en bas, l'inscription ΝΝΑΖΑΡΕΝΝΟΣ, signifiant « Nazaréen » ; et de bas en haut, l'inscription INNECE, peut-être être un morceau de la sentence de mort *(In necem ibis)*.

Selon les paléographes, ce mélange de grec et de latin était utilisé notamment au Ier siècle en Palestine. Il pourrait s'agir des inscriptions légales, faites par le fonctionnaire chargé de préciser le nom, l'origine et le motif de la condamnation du défunt, voire le mois de sa mort (pour venir un an plus tard recueillir les ossements).

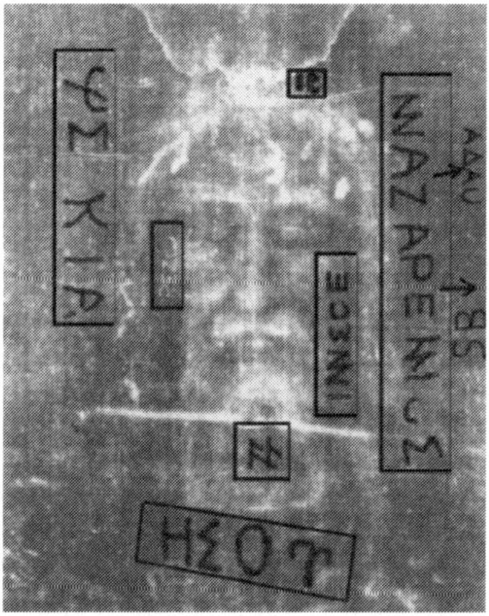

Fig. 7

L'iconographie byzantine apporte également sa contribution à cette identification : à partir de la fin du IVe siècle, le portrait du Christ sans barbe et à la chevelure bouclée, comme par exemple le Bon Pasteur au Vatican, est remplacé progressivement par un visage ressemblant à celui de l'homme du Linceul : type sémite, raie au milieu de cheveux descendant sur les épaules, et longue barbe, souvent à deux pointes.

Paul Vignon a observé, sur le Linceul, une quinzaine de signes particuliers qui n'ont aucun intérêt artistique, mais que les iconographes ont reproduits, comme schématisé sur la fig. 8 ; par exemple :

– un carré et un triangle en haut du nez, et une raie transversale au milieu du front ;

– des yeux accentués et « ouverts », car leur tour, blanc sur le positif, permettait cette interprétation (voir fig. 2 *bis*) ;

– et surtout une importante double mèche de cheveux en haut du front ; les iconographes, qui ne connaissaient pas la circulation physiologique du sang, semblent avoir interprété ainsi la forte coulée de la veine frontale, en forme d'epsilon sur le positif (fig. 2 *bis*), qui a été arrêtée par les joncs de la couronne d'épines (peut-être ceux qui sont encore visibles à Notre-Dame de Paris).

Fig. 8

On retrouve tout ou partie de ces signes sur les icônes anciennes, où le Christ est toujours représenté avec les yeux ouverts (de même que sur les anciennes représentations du voile de Véronique), avec parfois l'inscription « Le saint Mandylion », comme à Chypre (XIIe siècle).

A Daphni (près d'Athènes), la quasi-totalité de ces signes figurent sur l'immense mosaïque du Pantocrator, datant du XIIe siècle (fig. 9).

Fig. 9

Comparaison du Linceul avec les Evangiles

Tout ce qui est dit dans les évangiles de la Passion du Christ se trouve sur l'homme du Linceul, et réciproquement :

– il a reçu des coups sur la figure (Mc 15, 19), et le cartilage de son nez est cassé ;

– il a eu des blessures autour de la tête (Mt 27, 29), faisant penser à un casque d'épines, le *pileus* romain ;

– il a été flagellé (Jn 19, 1) par un fouet identifiable au *flagrum* romain, muni de boules de plomb ou d'osselets de mouton. Cette flagellation, quasi à mort (100 à 120 coups de fouet, 800 cm^2 de peau et de muscles détruits), a entraîné un début de fibrillation cardiaque ;

– il a porté un objet lourd sur l'épaule, identifiable au *patibulum*, poutre transversale des croix (Jn 19, 17) ;

– il avait de la terre sous les genoux et sur le nez, identifiée comme une aragonite qui existe notamment à Jérusalem ;

– il a été crucifié (Jn 19, 18) au niveau des poignets, et non pas dans les paumes, qui ne peuvent pas supporter le poids d'un corps ; cela a entraîné la rétraction du pouce vers l'intérieur (sollicitation du réseau nerveux), ne laissant voir que quatre doigts seulement à chaque main, comme le montre aussi le « Codex Pray » (voir ci-dessus) ;

– il n'a pas eu les jambes brisées (Jn 19, 33) ;

– il était en rigidité cadavérique avant la dépose sur le linceul, en raison de la violence de la flagellation. Or Pilate s'étonna que le Christ soit déjà mort (Mc 15, 44), car les condamnés restaient souvent en croix pendant plusieurs jours ;

– il a reçu un coup de lance au côté (Jn 19, 34), d'où sont sortis du sang et de l'eau (sérum) ; ce coup a été donné *post mortem*, car la blessure (de la largeur d'une lance romaine) ne s'est pas refermée ;

– il n'a pas pu être lavé avant l'ensevelissement (Lc 23, 56) ;

– il n'est pas resté dans ce linceul plus de deux jours (Jn 20, 2). En effet, les caillots de sang ne présentent aucun signe de putréfaction, laquelle commence entre trente et quarante heures ;

– et il a quitté ce linceul sans qu'aucun des caillots de sang ait été arraché ; son corps n'a donc pas pu être volé (Mt 27, 64).

En conclusion

Les recherches sur le linceul de Turin se poursuivent dans le monde entier, car il interroge autant les scientifiques que les historiens. Si on ne sait toujours pas comment il est arrivé en France, les études ont confirmé qu'il a séjourné au Moyen-Orient (Palestine, Edesse, Constantinople) bien avant le XIVe siècle.

Il contient une information incontournable et inexplicable : l'homme enseveli en est sorti moins de quarante heures après y avoir été déposé et sans arracher aucun des nombreux caillots de sang dus à un « supplice indescriptible » (pape Jean-Paul II). Et cet homme est sans doute un Nazaréen d'une trentaine d'années, nommé Jésus, flagellé et crucifié en Palestine au début des années 30. Les chrétiens voient là un témoignage majeur et saisissant de la résurrection du Christ.

Même si les sceptiques continueront à affirmer qu'il s'agit d'une escroquerie, personne n'a jamais pu reproduire l'empreinte qu'on peut y discerner, avec toutes les caractéristiques très complexes de son image « sanguine » et de son image « corporelle ».

Le phénomène physique inconnu qui a produit cette empreinte peut-il avoir faussé le test au carbone 14 de 1988, qui avait daté du Moyen Age « ce tissu bien intriguant[5] » ?

---

5. Professeur C. Ramsey, directeur du laboratoire C 14 d'Oxford. Communiqué du 31 janvier 2008.

Le linceul de Turin restera donc, sans doute encore longtemps, une « provocation à l'intelligence » (Jean-Paul II).

Bibliographie sélective

Barbet, P., *La Passion de N. S. Jésus-Christ selon le chirurgien,* Médiaspaul (15e éd., 2011).

Bouzoud, L., *Le Clan des Achaïens. Scénario pour l'histoire du linceul de Turin,* Savoisy, 2015.

Danin, A., *Botany of the Shroud*, résumé de conférences, 2010.

Dubarle, A.M., « L'homélie de Grégoire le Référendaire pour la réception de l'image d'Edesse », *Revue des études byzantines*, t. 55, 1997.

—, *Histoire ancienne du linceul de Turin*, t. 2, F.-X. de Guibert, 1998.

Fanti, G., *Sindone : primo secolo dopo Christo !*, Segno, 2013.

Filas, F., *La datation du suaire de Turin à partir des monnaies de Ponce Pilate,* juin 1982.

Flury-Lemberg, M., « Die Leinwand des Turiner Grabtuches zum technischen Befund », *Das Münster*, 2001.

Frale, B., *Le Suaire de Jésus de Nazareth*, Bayard, 2011.

—, revue *Aevum*, 86, 2012.

Frei, Max, « Le passé du Saint Suaire à la lumière de la palynologie », IIe Congrès de Turin, octobre 1978.

Gavach, C. et Rinaudo, J.-B., *Le linceul de Jésus enfin authentifié ?*, F.-X. de Guibert, 2010.

Guerreschi, A., « Reconstitution des dommages de Chambéry », IVe Symposium international, Paris, 2002.

Jull, Timothy, *Proceedings of the 20th International Radiocarbon Conferences 2009*, University of Arizona, 2010.

Latendresse, M., « Passage du Linceul par la Sainte-Chapelle de Paris », Cahier MNTV 57, décembre 2017.

Marion, A. et Courage, A. L., *Nouvelles découvertes sur le suaire de Turin,* Albin Michel, 1997.

Poulle, E., « Le linceul de Turin victime d'Ulysse Chevalier », *Revue d'histoire de l'Eglise de France,* Brepols, décembre 2006.

Vial, G., « Le linceul de Turin, étude technique », *Bulletin du CIETA*, 1989.

Vignon, P., *Le Saint Suaire de Turin devant la science, l'archéologie, l'histoire…,* Masson, 1939.

V

Les Vikings en Amérique ?

par Jean Renaud

Les Vikings (au sens large du terme) ont-ils découvert l'Amérique au début du XIe *siècle, bien avant Christophe Colomb en 1492 ? Plusieurs textes médiévaux l'affirment : la plupart font de simples allusions à une nouvelle terre qu'ils nomment* Vínland *(le « Pays du vin »), deux en font leur matière principale. Faut-il en douter ?*

En 1705, le savant islandais Þormóður Torfason (plus connu sous son nom latinisé, Torfæus) publie la première étude complète de l'histoire du *Vínland*, intitulée *Historia Vinlandiæ antiquæ*. Mais il faut attendre plus d'un siècle pour que paraisse un nouvel ouvrage rassemblant et s'efforçant de rendre cohérent tout ce qui a trait à la présence norroise en Amérique du Nord, celui du philologue danois Carl Christian Rafn : *Antiquitates Americanæ*, en 1837. Des traductions partielles ou des résumés en sont publiés dès l'année suivante en plusieurs langues – entre autres en français par Xavier Marmier : *Mémoire sur la découverte de l'Amérique au dixième siècle.* Le sujet suscite un véritable engouement, et celui des Américains ne sera pas des moindres – au point qu'outre-Atlantique on érige bientôt des statues en l'honneur des Vikings, comme celle de Leifr Eiríksson à Boston (Massachusetts) en 1887, et on se lance dans une recherche passionnée de « reliques » vikings qui tourne parfois à la supercherie !

C'est ainsi que la « tour de Newport » (Rhode Island) a longtemps été considérée comme un ancien baptistère édifié vers le XIe siècle par des colons scandinaves, suivant une hypothèse malheureuse émise par Rafn. Il s'agit en réalité d'un moulin à vent en ruine ayant appartenu au gouverneur Benedict Arnold au XVIIe siècle.

La pierre runique de Kensington (Minnesota), trouvée en 1898 par un fermier, Olof Öhman, immigrant suédois, alors qu'il défrichait sa terre relate un voyage d'exploration de « Gots » (Suédois) et de Norvégiens au *Vínland* en 1362. Or la langue n'est pas exactement celle de cette époque-là et plusieurs runes utilisées sont inconnues au Moyen Age et n'apparaissent qu'en Dalécarlie après 1550 (presque deux cents ans plus tard). Il s'agit manifestement d'un faux, habilement réalisé, ce que certains tentent toutefois encore de nier.

Mais on peut citer, parmi beaucoup d'autres découvertes de prétendues inscriptions runiques, la pierre de Popham Beach (Maine) et ses vagues stries glaciaires, le rocher de Dighton (Massachusetts) gravé de pétroglyphes amérindiens, la pierre de Yarmouth (Nouvelle-Ecosse) où on a affaire à tout sauf à des runes, voire d'évidentes contrefaçons comme les trois pierres de Spirit Pond (Maine). Jusqu'à présent, aucune inscription runique irréfutable n'a été mise au jour sur le continent américain.

Ces prétendus vestiges nordiques ont même inspiré les poètes, comme ce mystérieux squelette de guerrier découvert à Fall River (Massachusetts) en 1832 (et détruit lors d'un incendie en 1843) que certains ont alors imaginé être celui d'un Viking. Henry Longfellow a popularisé cette interprétation en lui consacrant un long poème intitulé « The Skeleton in Armor » (« Le squelette en armure ») :

I was a Viking old !
My deeds, though manifold,
No Skald in song has told,
No Saga taught thee !

Et la tour que ce Viking a construite pour y vivre avec sa bien-aimée n'est autre, indique le poète en note, que la tour de Newport…

Quant à la fameuse carte dite « du *Vínland* », c'est une carte du monde sur vélin, découverte reliée avec l'*Historia Tartarorum* (récit d'un voyage chez les Mongols en 1245-1247) dans un petit manuscrit du XVe siècle mis en vente à Genève en 1957. Sur cette carte censée dater d'environ 1440, en haut à gauche figurent sous la forme de deux îles dans l'Atlantique Nord, le Groenland *(Grouelanda)* et le *Vínland (Vinilanda)*, en regard duquel un commentaire indique sa découverte par les compagnons *Byarnus* et *Leiphus*, Bjarni et Leifr *(Vinilanda Insula a Byarno reperta et Leipho sociis)*. Cette carte, désormais propriété de l'université de Yale, a d'emblée suscité la méfiance de nombreux chercheurs qui ont mis en doute son authenticité : il s'agit manifestement d'un faux, réalisé dans la première moitié du XXe siècle sur un authentique vélin.

Des témoignages écrits

En Norvège, une inscription runique évoque le *Vínland* – du moins selon une des deux lectures possibles des runes en question –, celle de la pierre (maintenant disparue) de Hønen, dont le texte, relevé en 1823, a dû être gravé entre 1020 et 1050 : « Partis (en mer) au loin, manquant de vêtements secs et de nourriture, ils parvinrent sur une plaine de glace au *Vínland* [<uinlat> (ou : parcourue de vents froids <uinkalt>)] dans une contrée inhabitée. » Cette pierre a été érigée en mémoire de Norvégiens du Ringerike partis en expédition dans un pays désertique et glacé, où ils ont trouvé la mort. S'il s'agit bien du *Vínland*, c'est le témoignage le plus ancien que nous en ayons.

Autre témoignage du XIe siècle, celui du clerc Adam de Brême : son *Histoire des archevêques de Hambourg (Gesta Hammaburgensis ecclesiæ pontificum)*, qu'il achève de rédiger vers 1075, comporte un chapitre intitulé *Descriptio insularum Aquilonis* dans lequel il décrit « les îles du Nord » et évoque la découverte du *Vínland* : « En outre, il [le roi Sveinn] mentionna encore une île que beaucoup ont découverte dans cet océan et qui s'appelle *Vínland* [*quæ dicitur Winland*] du fait que des vignes sauvages y poussent et donnent un excellent vin. Et il y a abondance de blé qui pousse sans semailles, ce qui n'est pas une affabulation, nous le savons de source danoise très sûre. » Mais Adam de Brême, qui a effectivement séjourné à la cour du roi danois Sveinn Ástríðarson, ne précise pas davantage…

Les *Annales islandaises* pour l'an 1121 indiquent que l'évêque Eiríkr s'embarque à la recherche du *Vínland* [*at leita Vínlands*] : il s'agit de l'évêque du Groenland, Eiríkr Gnúpsson, mais il n'existe aucune autre référence connue sur ce voyage.

Vers 1120, l'érudit islandais Ari Þorgilsson fait aussi une rapide allusion au *Vínland* dans son *Livre des Islandais (Íslendingabók)* quand il évoque ses habitants « que les Groenlandais [les Islandais fixés au Groenland] appellent *skrælingjar* ». Et le *Livre de la colonisation de l'Islande (Landnámabók)*, probablement aussi rédigé au début du XIIe siècle, mais dont il subsiste plusieurs versions plus tardives (comme celle de Sturla Þórðarson, vers 1270-1280), cite aussi le *Vínland.*

En Islande également, un itinéraire destiné aux pèlerins se rendant à Rome et à Jérusalem *(Leiðarvísir og borgaskipan)*, probablement dû au premier abbé de Munkaþverá (mort en 1159), Nikolás Bergþórsson, figure dans un manuscrit d'environ 1300, où il est précédé d'une description du monde dans laquelle on peut lire : « Au sud du Groenland se trouvent le *Helluland* et le *Markland* et de là, il n'y a pas loin jusqu'au *Vínland* dont certains pensent qu'il s'étend depuis l'Afrique. » Mais il peut s'agir d'un ajout ultérieur, car il est peu vraisemblable qu'un Islandais du XIIe siècle imagine le *Vínland* dans le prolongement de l'Afrique.

Snorri Sturluson, pour sa part, historien et homme politique islandais, auteur (vers 1230) de *Heimskringla*, remarquable histoire des rois de Norvège, consacre un très bref chapitre à Leifr Eiríksson dans une des sagas qui la composent, celle d'Óláfr Tryggvason *(Óláfs saga Tryggvasonar)*. Il écrit notamment : « Le roi Óláfr, ce même printemps, envoya aussi Leifr Eiríksson au Groenland pour y proclamer la foi chrétienne, et Leifr s'y rendit cet été-là. En mer il recueillit un équipage naufragé qui dérivait sur une épave et c'est alors qu'il découvrit le Bon *Vínland.* Il atteignit le Groenland à l'automne, accompagné d'un prêtre et de clercs et s'installa à *Brattahlíð* chez Eiríkr, son père. »

On trouve aussi mention du *Vínland* dans d'autres sagas islandaises du XIIIe siècle, comme *Kristni saga* (l'histoire de la christianisation de l'Islande) ou *Eyrbyggja saga*, mais il y en a deux qui racontent en détail les expéditions qui aboutissent à sa découverte et le décrivent.

Les sagas du Vínland

Ces deux textes sont la *Saga d'Eiríkr le Rouge (Eiríks saga rauða)* et la *Saga des Groenlandais (Grœnlendinga saga)*, plus courte et parfois appelée « Dit (ou Récit) des Groenlandais » *(Grœnlendinga þáttr)*. Or, à leur lecture, on se rend vite compte de nombreuses divergences et d'évidentes contradictions ; en outre, le cadre temporel reste vague : l'essai de chronologie proposé ici découle d'une seule date, l'an 1000, celle de la mort du roi norvégien Óláfr Tryggvason à la bataille de *Svǫlðr*.

La *Saga d'Eiríkr* raconte d'abord comment Eiríkr Þorvaldsson, banni d'Islande, découvre le Groenland [en 981 ou 982], puis s'y établit [en 985 ou 986] au sud, sur la côte ouest. Parmi ceux qui le rejoignent et s'y installent, il y a Þorbjǫrn Vífilsson et sa fille, Guðriðr. Le fils d'Eiríkr, Leifr, se rend en Norvège [en 999] ; reçu à la cour du roi Óláfr, il accepte après hésitation d'évangéliser le Groenland. Et c'est au cours du voyage de retour [en l'an 1000] qu'il découvre inopinément le *Vínland* : « Leifr mit le cap au large ; il resta en mer pendant longtemps et découvrit des terres dont il ne soupçonnait pas l'existence. Il y avait là des champs de blé sauvage et il y poussait des pieds de vigne. Il y avait des arbres qu'on appelle *mǫsurr* [peut-être des érables]. Ils emportèrent des échantillons de tout cela, dont des troncs si grands qu'ils servirent à construire des maisons. »

Þorsteinn, le frère de Leifr, décide [en 1001] de se rendre au *Vínland*. Il prend la mer avec un équipage enthousiaste, mais ils sont déroutés, dérivent et rebroussent chemin. Þorsteinn épouse Guðriðr cet automne-là et meurt l'hiver suivant. Þorfinnr Þórðarson, surnommé *Karlsefni*, arrive au Groenland [en 1003] et, l'hiver venu, épouse Guðriðr.

Þorfinnr décide à son tour [en 1004] de partir pour le *Vínland*, conjointement avec Þorvaldr, autre fils d'Eiríkr. Ils ont trois navires et 160 hommes à leur bord. Þorfinnr et Guðriðr (qui fait partie de l'expédition) passent le premier hiver au *Straumfjǫrðr*, le deuxième hiver [1005-1006] plus au sud, à *Hóp*, et le troisième à nouveau au *Straumfjǫrðr*. Au cours de cette expédition ils entrent en contact avec les Amérindiens *(skrælingjar)* et subissent une attaque ; Guðriðr donne naissance au petit Snorri ; Þorvaldr est tué d'une flèche décochée par… un « unipède » *(einfœtingr)*. Ils reviennent au Groenland [au cours de l'été 1008].

La *Saga des Groenlandais*, après une brève introduction, s'attache d'emblée au voyage de Bjarni Herjólfsson, un marchand qui revient de Norvège [en 1001] et qui, après une escale en Islande, décide de poursuivre sa route vers le Groenland pour retrouver son père, qui y a accompagné Eiríkr le Rouge. Mais le temps se dégrade et son navire est dérouté durant de nombreux jours avant qu'une terre n'apparaisse : « Ils virent bientôt que ce pays était plat, couvert de forêts, avec de petites hauteurs. »

Bjarni ne pense pas qu'il s'agisse du Groenland. Il fait voile vers le nord pendant deux jours et découvre une nouvelle terre plate et boisée. Puis il s'en éloigne, poussé par des vents de sud-ouest pendant trois jours, et voit une troisième terre, « élevée, montagneuse, couverte d'un glacier ». Il met à nouveau le cap au large, le vent souffle en tempête et, au bout de quatre jours, il atteint une quatrième terre : c'est la pointe sud du Groenland.

Leifr, le fils d'Eiríkr, finit par convaincre son père de partir en quête de ces nouvelles terres et ils préparent ensemble l'expédition. Mais alors qu'ils sont sur le point d'embarquer [en 1002], le cheval d'Eiríkr trébuche : Eiríkr tombe de selle – signe prémonitoire –, se blesse au pied et renonce à partir. Leifr reprend en sens inverse l'itinéraire de Bjarni et atteint successivement ces trois terres qu'il nomme *Helluland*, *Markland* et *Vínland*. C'est au *Vínland* qu'il fait construire un ensemble de « cabanes » (les *Leifsbúðir*). Il y passe l'hiver et rentre au Groenland – où son père, Eiríkr, meurt l'hiver suivant.

Son frère, Þorvaldr, s'embarque à son tour [en 1004 ou 1005] pour le *Vínland*. Il trouve les *Leifsbúðir*, où il passe l'hiver. Puis il explore la côte occidentale et revient y passer un second hiver. Après quoi, en remontant vers le nord, il découvre un cap qu'il appelle *Kjarlarnes*. Là, lui et ses hommes sont attaqués par des Amérindiens : Þorvaldr est tué au cours de l'escarmouche mais les survivants rentreront au Groenland. Þorsteinn veut aller chercher le corps de son frère Þorvaldr au *Vínland* [en 1007 ou 1008], mais son navire est dérouté et son expédition échoue. Puis une maladie le terrasse.

Þorfinnr *Karlsefni* épouse Guðriðr, la veuve de Þorsteinn, et part pour le *Vínland* [en 1010 ou 1011] avec trois navires, 60 hommes et 5 femmes à bord, et du bétail. Ils passent deux hivers aux *Leifsbúðir*, Guðriðr met au monde un fils, ils ont plusieurs démêlés avec les Amérindiens et rentrent au Groenland.

Enfin [vers 1014] Freydís, fille naturelle d'Eiríkr, organise à son tour une expédition au *Vínland*, où elle passe un hiver mais provoque des rivalités et fait assassiner ses deux associés et leurs hommes, tuant elle-même à la hache les cinq femmes qui les accompagnent. Elle retourne au Groenland en imposant le secret à tous sous peine de mort.

Quel crédit peut-on accorder à ces deux textes probablement rédigés au XIIIe siècle ?

Les sagas de la catégorie dite « des Islandais » *(Íslendingasǫgur)* – auxquelles on les rattache – n'ont guère de valeur scientifique dans la mesure où elles mêlent histoire et fiction, authenticité et illusion d'authenticité. Si au XIXe siècle tous les historiens sont d'avis que les sagas reposent sur des faits (dont la réalité est parfois confirmée par d'autres sources) qui se sont déroulés plusieurs siècles auparavant, mais que la tradition orale a transmis de génération en génération, au XXe siècle ils ne considèrent plus les sagas que comme des compositions purement littéraires, réalisées par des auteurs chrétiens et lettrés, avec tout ce que cela implique. La vérité se situe sans doute entre les deux et varie d'une saga à l'autre, car ce sont des évocations sinon objectives, du moins exclusives du passé viking.

La *Saga des Groenlandais* est conservée dans le *Flateyjarbók*, un manuscrit du XIVe siècle. Son auteur paraît restituer, dans un style assez simple, des traditions dont il a connaissance au sujet des expéditions au *Vínland*. Leifr y est présenté comme la figure dominante dans ce contexte. La *Saga d'Eiríkr* en revanche, qui existe en deux versions assez proches, celles du *Hauksbók* et du *Skálholtsbók*, est manifestement plus élaborée. Son auteur met délibérément à l'honneur le couple Þorfinnr/Guðriðr, réduisant en définitive à leur seul voyage les quatre expéditions successives citées dans la *Saga des Groenlandais*.

Il est vrai que ces sagas reflètent tantôt l'héritage culturel norrois de leurs auteurs – celui de la *Saga d'Eiríkr* présente par exemple une *vǫlva* (magicienne, voyante) se livrant au *sejðr* (rituel magique) –, tantôt d'autres influences, des plus classiques comme celle des *Etymologiæ*, dans lesquelles Isidore de Séville fait référence aux légendaires « Îles Fortunées », jusqu'aux traditions celtiques d'Irlande avec les « Navigations » *(immrama)*, récits de voyages fantastiques vers des pays fabuleux, tels que le voyage de Máel Dúin *(Immram Maele Dúin)* ou celui de saint Brendan *(Navigatio sancti Brendani)*, un des plus anciens textes traduits en islandais. Les « unipèdes », par exemple, font partie de ce merveilleux véhiculé au Moyen Age. Néanmoins, en passant ces sagas au crible, on y découvre une part d'historicité – souvent difficile à cerner et toujours sujette à controverse.

Les deux sagas font état d'une première découverte fortuite des nouvelles terres, ce qui permet d'établir un itinéraire avec des points de repère entre le Groenland et le *Vínland* : notamment le *Helluland* (le « Pays des pierres plates ») qui est probablement l'île de Baffin, et le *Markland* (le « Pays des forêts »), autrement dit le Labrador. Au *Vínland*, trois campements sont cités ; deux dans la *Saga d'Eiríkr* : *Straumfjǫrðr* (le « fjord des Courants ») et *Hóp* (la « Petite Baie » [reliée à la mer par un passage étroit]) ; mais un seul dans la *Saga des Groenlandais* : *Leifsbúðir* (les « Cabanes de Leifr »). *Straumfjǫrðr* est un camp de base dans le nord ; c'est le point de départ et de retour des voyages d'exploration dans différentes directions, servant d'entrepôt temporaire. A une distance considérable au sud, *Hóp* est un camp d'été : c'est à cet endroit que poussent la vigne et le blé. Quant aux *Leifsbúðir*, d'où sont lancées les explorations mais où il est aussi possible de récolter du blé et des raisins, il pourrait s'agir d'une combinaison, sous ce seul vocable, des deux autres sites, mais ce n'est qu'une hypothèse.

Les deux sagas montrent que les expéditions au *Vínland* ont pour but l'exploitation de ses ressources, dont elles donnent un aperçu et au premier rang desquelles figurent le bois, les peaux, le blé et les raisins. La mention appuyée dans ces textes de la vigne et du blé sauvages ne renvoie pas simplement à quelque récit fabuleux – comme le souligne d'ailleurs explicitement Adam de Brême en affirmant que « ce n'est pas une affabulation » –, mais à une réalité qu'il faut plutôt chercher du côté du golfe du Saint-Laurent. Ce qu'ils nomment *hveiti* (blé, froment) correspond vraisemblablement à la zizanie aquatique *(Zizania aquatica)*, qu'on appelle aussi le riz sauvage : il s'agit d'une graminée dont se nourrissaient couramment les Amérindiens. Pour la vigne, il en existe plusieurs espèces, telles que la « vigne américaine » (*Vitis labrusca*, en anglais *fox grapes*) et la « vigne des rivages » (*Vitis riparia*, en anglais *riverbank grapes*). Au XVIe siècle encore, l'explorateur Jacques Cartier, en remontant le Saint-Laurent, s'émerveille de voir, entre autres, du « blé sauuaige, qui a l'espy come seilgle et le grain conme auoyne » et « tant de vygnes chargez de raisins le long dudict fleuve ».

L'idée d'une colonisation n'est explicitement suggérée qu'une seule fois, dans la *Saga des Groenlandais*, lorsque Þorfinnr *Karlsefni* emmène femmes et bétail « car ils avaient l'intention de coloniser le pays s'ils le pouvaient ». Mais le retour au Groenland s'impose à chaque expédition, qui dure d'un à trois ans. D'ailleurs, ce ne sont pas des familles entières qui y participent, mais des hommes (« choisis pour leur taille et leur force »), qui auront leur part des bénéfices – et seulement quelques femmes, dont plusieurs épouses, pour les tâches domestiques.

Les deux sagas évoquent des contacts remplis de curiosité et de méfiance réciproques entre les Groenlandais et les *skrælingjar*. En norrois, ce terme, au sens péjoratif de « malingres », désigne non seulement les Dorsétiens de l'Arctique de l'Est canadien – et du nord-ouest du Groenland comme l'indique l'*Historia Norwegiæ*, une *Histoire de la Norvège* rédigée en latin vers 1170 par un moine norvégien qui les appelle « *Scrælinga* » –, mais aussi les nouveaux arrivants vers le XIIIe siècle, les Thuléens (les Inuits actuels) ; ainsi que les Amérindiens, en l'occurrence ceux de la famille linguistique algonquine qu'ils ont dû rencontrer : au Labrador, les Innus (ou Naskapis) ; à Terre-Neuve les Béothuks, dont les derniers se sont éteints au XIXe siècle ; et sur la rive méridionale du golfe du Saint-Laurent (Nouveau-Brunswick et Nouvelle-Ecosse), les Mi'kmaqs. Ce sont probablement ces derniers que la *Saga d'Eiríkr* décrit à *Hóp*, à bord d'un « grand nombre d'embarcations en peau » *(fjǫldi húðkeipa)* ; on sait que certains tendaient leurs canoës de peaux de caribou dans ces régions-là. Pacifiques pour commencer, ils font du troc ; mais par la suite les échanges dégénèrent en affrontements. Au nord, selon la *Saga des Groenlandais*, les contacts sont hostiles d'emblée. C'est d'ailleurs la raison de l'abandon de la colonisation invoquée dans la *Saga d'Eiríkr* : Þorfinnr *Karlsefni* et ses compagnons comprennent « qu'ils auraient constamment à craindre l'hostilité de ceux qui vivaient là ».

Les données de l'archéologie

Plusieurs découvertes archéologiques faites au Groenland tendent à confirmer les expéditions menées de là vers l'Amérique du Nord.

Un unique morceau d'anthracite a été trouvé, en 1930, au cours des fouilles d'une ancienne ferme viking à l'entrée du fjord Ameralik (en norrois *Lýsufjǫrðr*) qui a pu appartenir à Þorfinnr *Karlsefni* et son épouse Guðriðr, si l'on en croit les sagas. Ce type d'anthracite ne se trouve guère qu'à Rhode Island – et pourrait avoir été rapporté lors de leur voyage au *Vínland.* Cela ne constitue nullement une preuve, mais ce n'est pas impossible. D'autant plus que dans un ancien cimetière tout proche les archéologues ont découvert une pointe de flèche amérindienne en quartzite – peut-être arrivée là avec le corps d'une victime ramenée par ses compagnons pour être inhumée au Groenland.

Et à Ikagait (en norrois *Herjólfsnes*), des cercueils en bois de mélèze ont été mis au jour : le mélèze pousse au Labrador et il était inconnu en Scandinavie à l'époque. Ce qui indiquerait que les Groenlandais ont pu, à l'occasion, aller se fournir en bois au Labrador *(Markland)*, moins éloigné que le *Vínland*, longtemps après leur découverte. D'ailleurs, les *Annales islandaises* mentionnent, en 1347, l'arrivée en Islande d'un navire groenlandais, dérouté par la tempête, qui avait voyagé jusqu'au *Markland* – peut-être pour aller chercher du bois de construction.

Dispersés le long des côtes nord-américaines, divers objets d'origine scandinave ont été mis au jour, comme par exemple un bras de balance en bronze sur l'île d'Ellesmere, un morceau de fer fondu et une coupelle en bronze sur l'île de Devon, une figurine en bois sur l'île de Baffin. Probablement acquis par troc, ils ont dû circuler soit parmi les derniers Dorsétiens ou les premiers Thuléens, soit parmi les Amérindiens, et ils n'indiquent ni où ni quand les contacts ont eu lieu, ni dans quelles circonstances. Découvert sur le site dorsétien de Nanook (au sud-est de l'île de Baffin), outre une cordelette et une pierre à aiguiser, un petit creuset en pierre, grossièrement circulaire (et dont il ne reste qu'une moitié), présente d'abondantes traces de bronze ainsi que des sphérules de verre : il a son équivalent au Rogaland, en Norvège.

Les Vikings travaillaient le métal non ferreux à haute température dans des creusets (habituellement en céramique), mais pas les Dorsétiens ; d'où l'hypothèse que des Groenlandais ont pu séjourner sur ce site du *Helluland*. A Penobscot Bay (Maine), sur un site amérindien, une monnaie en argent frappée sous le règne du roi norvégien Óláfr *kyrri*, vers la fin du XIe siècle, a été découverte en 1957. S'il ne s'agit pas d'une duperie, il serait tentant de l'associer au voyage de l'évêque Eiríkr Gnúpsson au *Vínland* en 1121… si tant est qu'il y soit parvenu.

En réalité, la seule preuve irréfutable de la présence scandinave en Amérique dont dispose l'archéologie à ce jour est le site de L'Anse aux Meadows, découvert puis méticuleusement fouillé par le couple norvégien Helge et Anne Stine Ingstad au cours des années 1960. Il se trouve au fond de la baie des Epaves, à la pointe septentrionale de Terre-Neuve, face au Labrador tout proche sur la rive opposée du détroit de Belle Isle. Les trois principales constructions et leurs dépendances, dont les vestiges ont été mis au jour, sont comparables aux riches fermes d'Islande et du Groenland. Elles sont alignées nord-sud sur une sorte de terrasse naturelle en retrait de la plage, entourée de tourbières et traversée par un ruisseau ; une forge est située à l'écart, de l'autre côté du ruisseau, et à l'origine, la forêt s'étendait jusque-là. L'occupation du site a pu être datée grâce au carbone 14 : entre 990 et 1030, ce qui correspond à la chronologie des sagas.

Les trois longs bâtiments possèdent des murs faits d'une double épaisseur de tourbe avec du sable ou du gravier entre les deux pour drainer l'eau du toit, qui était soutenu par des rangées de poteaux et recouvert de pans de gazon. Ce ne sont pas de simples *búðir* (« cabanes » saisonnières), comme le laisse supposer le nom *Leifsbúðir* (les « Cabanes de Leifr ») dans la *Saga des Groenlandais*, mais de spacieuses habitations, dont la grande pièce commune *(skáli)* est chauffée par un long foyer central. D'après la taille des bancs le long des murs, qui servent aussi de lits, on estime que l'ensemble du site peut accueillir au moins 80 personnes. Les deux plus grandes maisons comportent d'autres pièces *(stofa, eldhús)* ainsi que des remises. A cela s'ajoutent, à proximité, plusieurs petites constructions, dont trois ateliers où un fourneau sert à la fusion du minerai de fer des tourbières.

L'absence de sépultures (païennes ou chrétiennes) corrobore la brièveté de l'occupation du site, tout comme l'accumulation limitée de déchets. Autre particularité : pas d'étable, ni de grange, ni même d'enclos ; les occupants ne pratiquent guère l'élevage et préfèrent la pêche et la chasse. Et parmi le peu d'objets personnels mis au jour – ce qui suggère un abandon définitif planifié du site –, certains attestent la présence de femmes : un volant de fuseau en stéatite, une petite pierre à aiguiser les aiguilles à coudre, une aiguille en os, une épingle de broche en bronze et quelques perles de verre.

En revanche, on a retrouvé quantité de chutes de bois et de copeaux, un ancien bordé, des rivets de fer en très mauvais état, des clous, des scories de forge, autant d'éléments attestant d'une réelle activité de réparation navale.

On a également découvert plusieurs fragments de jaspe ayant servi pour des briquets à percussion, et deux de ces pierres se sont avérées provenir non pas du Groenland ou d'Islande, comme les autres, mais de la baie Notre-Dame, une vaste baie de Terre-Neuve à quelque 200 kilomètres plus au sud, sur la côte est, autour de laquelle vivaient alors de nombreux Béothuks. Et on a trouvé des noix (en anglais *butternuts*) parmi les déchets : ce sont celles du noyer cendré *(Juglans cinerea)*, un arbre qui ne pousse pas à Terre-Neuve, et qu'on ne rencontre pas au-delà de la vallée du Saint-Laurent et du Nouveau-Brunswick. Or c'est aussi la limite de l'extension de la vigne sauvage vers le nord. Ceux qui ont rapporté ces noix à L'Anse aux Meadows ont nécessairement vu des vignes…

Le Vínland

Personne ne doute plus aujourd'hui de la découverte de l'Amérique par les Vikings, mais personne ne sait non plus avec certitude ce à quoi correspond précisément le *Vínland*. Les archéologues ne désespèrent pas de trouver d'autres vestiges en tentant de les localiser grâce à l'imagerie satellite, comme en 2016 à Pointe Rosée, à l'extrême sud de Terre-Neuve.

Sur deux cartes anciennes, authentiques celles-là, figure le *Promontorium Winlandiæ* – mais on ignore d'où vient cette information. La première a été dressée en 1570 par l'Islandais Sigurður Stefánsson. Elle montre, à l'ouest de l'Atlantique Nord, le Groenland rattaché à son extrémité septentrionale à une sorte de continent le long de la côte duquel, en descendant vers le sud, sont indiqués *Helleland*, *Markland*, et enfin *Skrælinge Land* d'où remonte une péninsule : le promontoire en question. La seconde, établie en 1605 par le Danois Hans Poulsen Resen, ne diffère pas considérablement de la précédente, mais elle ne mentionne pas le « pays des *skrælingjar* » et le trait de côte se poursuit au sud du « promontoire du *Vínland* » puis, escamotant l'insularité de Terre-Neuve, dessine aussitôt le golfe du Saint-Laurent, qualifié de *Portus Jacobi Carterii* en référence à l'exploration de Jacques Cartier.

Le *Promontorium Winlandiæ* semble bien correspondre à la péninsule à l'extrémité de laquelle se situe

L'Anse aux Meadows. Est-ce à dire que Terre-Neuve est le *Vínland* ? Il n'y a pas de vignes à Terre-Neuve et les partisans de cette théorie ont avancé deux arguments différents. Les uns ont supposé que le mot *vínber* des sagas ne fait pas référence à des raisins, mais à des baies dont on aurait pu obtenir une boisson légèrement alcoolisée : ce qui est peu vraisemblable car les baies portent des noms spécifiques en norrois et le mot *vínviðr* (« cep de vigne ») figure dans les sagas. Les autres suggèrent que le premier élément du nom composé *Vínland* n'est pas *vín* (avec une voyelle longue), au sens de « vin », mais *vin* (avec une voyelle brève), au sens de « pâturage », « herbage » : ce qui est linguistiquement contestable, car le mot *vin* devrait entrer en composition au génitif et on n'aurait pas *Vinland* mais *Vinjaland* (« le pays des herbages »).

Terre-Neuve n'est donc pas le *Vínland*. Mais quand les navigateurs partis du Groenland, longeant la côte du Labrador, aperçoivent le *Promontorium Winlandiæ* au bout de 2500 kilomètres, celui-ci est l'amer leur annonçant les régions côtières qui encerclent le golfe du Saint-Laurent et que la vigne caractérise le mieux à leurs yeux : le *Vínland*. L'Anse aux Meadows y est à n'en pas douter leur camp de base. Une fois embouqué le détroit de Belle Isle, il leur faut malgré tout parcourir encore quelque 1300 kilomètres avant d'avoir accès aux richesses naturelles du Nouveau-Brunswick ou d'explorer des territoires plus au sud comme la Nouvelle-Ecosse et le Maine.

Pour la nouvelle petite colonie du Groenland – guère plus de 500 personnes au début du XIe siècle –, l'intérêt que représente le *Vínland* ne justifie pas les efforts consentis en hommes et en matériel. Au lieu d'effectuer ces voyages longs et périlleux, limités à la belle saison, vers des terres peuplées d'indigènes imprévisibles et armés, les Groenlandais ont dû juger préférable de conserver leurs liens avec la Scandinavie, d'où ils font venir notamment des métaux, du bois, du blé, du vin et divers autres produits de consommation courante ou de luxe, tandis que l'ivoire de morse et les fourrures constituent leurs principales exportations.

Il n'est pas si étonnant que l'aventure du *Vínland* ait tourné court ; elle est néanmoins restée dans les mémoires.

Bibliographie sélective

Bergþórsson, Páll, *The Wineland Millenium : Saga and Evidence*, Reykjavík, Mál og Menning, 2000.

Boyer, Régis, « Sagas du Vínland », in *Sagas islandaises*, Gallimard, « Bibliothèque de la Pléiade », 1987.

Durand, Frédéric, « L'Anse aux Meadows, porte océane de l'Amérique norroise », in *Proxima Thulé*, vol. 4, Paris, 2000.

Ingstad, Helge et Stine, Anne, *The Norse Discovery of America*, 2 vol., Oslo, Norwegian University Press, 1985.

Wallace, Birgitta, « L'Anse aux Meadows and Vinland : An Abandoned Experiment », *in* James H. Barrett (éd.), *Contact, Continuity and Collapse. The Norse Colonization of the North Atlantic*, Brepols, Turnhout, 2003.

VI

Les Mayas : un effondrement, des effondrements ?

par Eric TALADOIRE

« Nous autres, civilisations, nous savons maintenant que nous sommes mortelles », écrit Paul Valéry en 1919, témoin des ravages de la Première Guerre mondiale. S'il fait de brèves allusions aux civilisations antiques, son propos vise d'abord notre monde. Cette simple phrase a pourtant eu des répercussions inattendues en attirant l'attention publique sur la chute des grandes civilisations, avec son lot d'interprétations catastrophistes.

Dès le milieu du XIXe siècle, les Mayas ont suscité l'attention des chercheurs et des curieux, pour leur maîtrise de l'écriture, au point que Champollion lui-même s'y serait intéressé. L'arbre qui cache la forêt, puisqu'une bonne part de nos connaissances sur les civilisations mésoaméricaines provient en fait des manuscrits aztèques et mixtèques. Toujours est-il que les Mayas restent, aux yeux des amateurs, LA civilisation du Nouveau Monde qui a sauté le pas de l'oral à l'écrit. Il est symptomatique de constater que l'effondrement de cette civilisation n'a pas fait l'objet d'un intérêt majeur avant le milieu du siècle passé. Si les spécialistes du XIXe siècle et du début du XXe s'accordent à y voir une civilisation disparue, les raisons de sa chute ne les préoccupent guère : c'est à leurs yeux un phénomène presque normal. Aujourd'hui, en revanche, la fascination du public et même de la part de nombreux archéologues pour l'effondrement des grandes cités mayas classiques, le collapse, aboutit à une lecture brutale du phénomène, comparable à la chute d'un château de cartes. De multiples hypothèses ont été avancées – épidémies, tremblements de terre, catastrophes naturelles, guerres, révoltes –, sans grand succès. A l'image de Mel Gibson dans son film Apocalypto, *certains articles sensationnalistes y voient même la conséquence de l'intrusion des conquérants espagnols. Une erreur de six siècles ! Ces événements trouvent de nos jours un nouvel éclairage avec les interprétations écologistes catastrophistes inspirées de Jared Diamond, qui tournent autour de l'incapacité humaine à gérer les contraintes du milieu : confrontés à des sécheresses successives, les Mayas n'auraient pas maîtrisé la gestion de leurs pratiques agricoles, d'où des famines. L'explication est jolie, d'actualité, parfois bien argumentée et bien documentée par de solides études de pollen ou de stalagmites. Malheureusement, cela n'explique pas pourquoi les régions les plus sèches sont précisément celles qui survivent le plus longtemps. A trop chercher une explication unique, on tombe dans les généralisations abusives.*

Carte simplifiée de l'aire maya, avec les principaux sites, toutes périodes confondues.

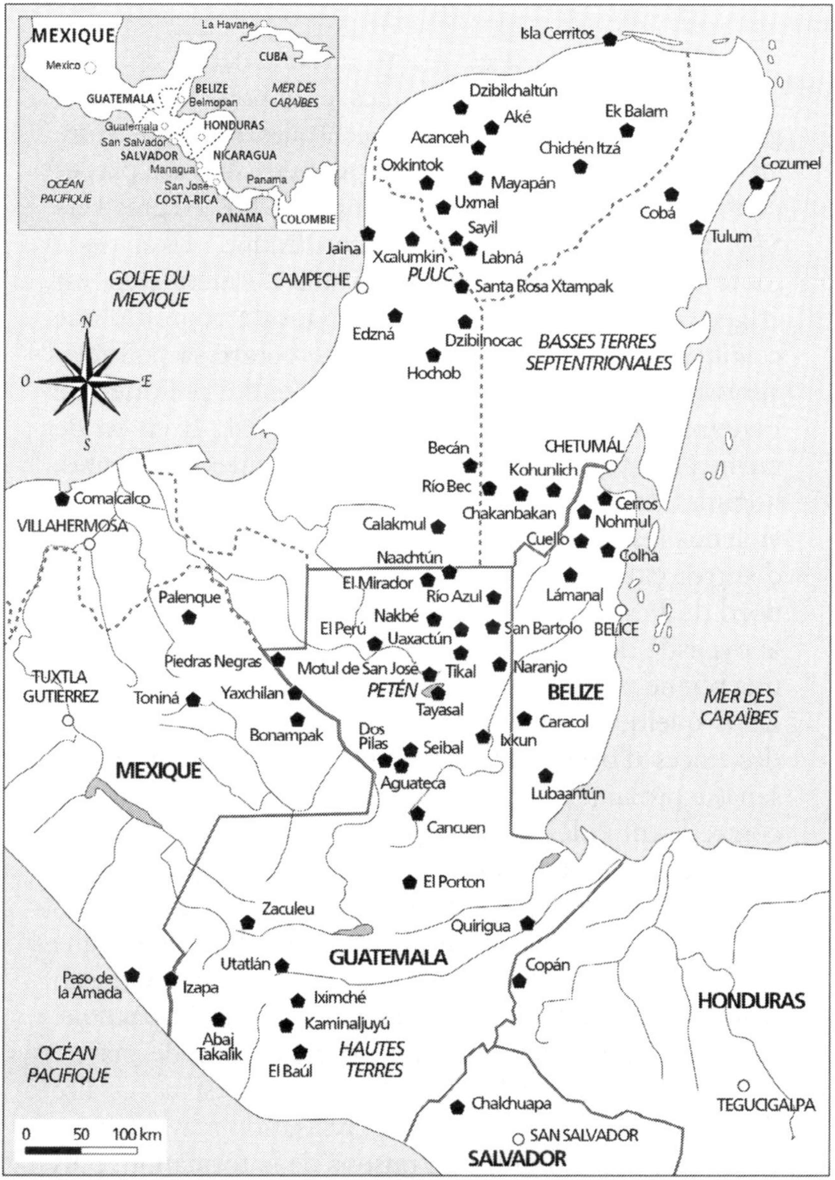

Un lent déclin

L'effondrement est en réalité un lent déclin de deux siècles, ponctué de crises brutales, et qui touche très inégalement les basses terres mayas centrales. Palenque entre en décadence un peu après 800, peut-être épuisée par les conflits et ses défaites, Yaxchilan et Piedras Negras vers 810, victimes de leur hostilité réciproque. Tikal cesse toute activité vers 820, même si une dernière stèle est érigée en 869. Mais c'est sous les coups de boutoir d'une coalition de cités voisines en révolte contre sa politique agressive que Dos Pilas, capitale de l'entité politique de Petexbatun, tombe en combattant en 761. Il en va de même pour Cancuén et Toniná, dont les élites dirigeantes, hommes, femmes, enfants, sont massacrées lors de raids violents, respectivement vers 800 et 910. Simultanément, d'autres cités, Lamanai au Belize ou Naachtun dans le nord du Petén, poursuivent leur existence, tandis que, si la dynastie de Copán, au Honduras, disparaît à son tour, une bonne partie de la population subsiste dans la vallée. Dans quelques cités où toute activité publique a cessé, des traces d'occupation, des offrandes suggèrent la présence à proximité de populations certes réduites, mais qui contredisent l'idée d'une dépopulation massive.

Enfin, les basses terres du nord prospèrent jusqu'à la fin du xe siècle, voire au-delà, autour de capitales comme Uxmal, Dzibilchaltun et Chichén Itzá, tandis que les hautes terres du Guatemala connaissent un regain d'activité qui se poursuit jusqu'à la conquête espagnole. Ces cités ne méritent-elles pas le qualificatif de mayas, pour avoir échappé à l'effondrement ? Il est nécessaire de procéder à une lecture de la civilisation maya dans sa durée pour comprendre les raisons de la formation, puis de la disparition des élites et des dynasties dirigeantes. Autant que leur disparition, en effet impressionnante pour un regard éloigné, il importe de comprendre comment naissent les civilisations, car les deux aspects sont étroitement liés.

Un milieu naturel riche et diversifié

La civilisation maya s'est épanouie en Mésoamérique, l'aire culturelle qui couvre la partie méridionale du Mexique, le Guatemala, le Belize, l'ouest du Honduras et du Salvador, et s'étend jusqu'aux rives pacifiques du Costa Rica et du Nicaragua. On divise l'histoire mésoaméricaine en trois grandes périodes : le Préclassique, de 2500 avant J.-C. à 250 de notre ère, le Classique de 250 à 900/950, et le Postclassique, de 950 à la conquête espagnole. A l'époque de leur splendeur, au Classique récent (600-900), les Mayas occupent toute la partie orientale de la Mésoamérique, 325 000 km^2, les deux tiers de la superficie de la France.

Le territoire maya couvre des milieux naturels très divers. Dans les basses terres centrales du Petén, la forêt tropicale s'étend du Chiapas et du Tabasco (Mexique) à l'ouest jusqu'à la côte caraïbe du Belize et du Honduras à l'est. C'est un vaste plateau calcaire, d'une altitude moyenne de 300 mètres, dont le climat alterne une saison des pluies, de juin à octobre, et une saison sèche, d'octobre à mai. Le Petén, enserré entre les riches bassins fluviaux du Motagua et de l'Usumacinta, a vu l'épanouissement des plus célèbres cités classiques. Leurs constructeurs parlent en majorité la langue chol.

Vers le sud, on monte progressivement vers les hautes terres volcaniques du Guatemala, qui dépassent

2000 mètres d'altitude. Elles abondent en ressources naturelles – jade, obsidienne, pierres dures, sel –, qui font l'objet d'échanges avec les cités du Petén. La richesse des sols des hautes terres a facilité l'installation humaine et permis une prospérité durable. Le découpage en vallées ou petits bassins entraîne une grande diversité que reflète la mosaïque des groupes qui peuplent la région. Au nord du Petén s'étale la péninsule du Yucatán, qui couvre les Etats mexicains du Campeche, du Quintana Roo et du Yucatán, un plateau calcaire poreux, sans rivières, au climat plus sec, couvert d'une végétation xérophile. La rareté de l'eau oblige les habitants à se regrouper autour des points d'eau naturels, les *cenotes*, comme à Chichén Itzá ou à Dzibilchaltun.

Ce découpage en grandes régions recouvre une forte diversité interne qui a permis de multiples adaptations locales, de sorte qu'en dépit des découvertes incessantes, la recherche est loin d'en être achevée. Les récentes photographies par LiDAR qui ont suscité l'attention de la presse internationale nous donnent un instantané de l'occupation humaine de plus de 12000 km² au centre du Petén. On y voit les grands sites, mais surtout un dense réseau d'habitations, de terrasses, de routes, de fortifications. Des régions entières, des dizaines de cités restent inexplorées. La multiplication des fouilles s'accompagne d'un intense travail de déchiffrement des milliers d'inscriptions sur des monuments sculptés, des peintures murales, sur de petits objets. Les Mayas ne sont pas les seuls Mésoaméricains à avoir maîtrisé l'écriture. Mais ils l'ont poussée au plus haut point, avec en particulier un calendrier qui porte sur des milliers d'années. Les inscriptions mayas sont des annales historiques qui rapportent les événements majeurs des dynasties et des dirigeants : naissances, mariages, accessions au trône, victoires, morts. Depuis la conquête espagnole, les efforts entrepris pour les interpréter ont donné lieu à de vives et spectaculaires empoignades entre savants, opposant par exemple le Russe Yuri Knorozov à l'école britannique, en pleine guerre froide, et cette écriture a résisté au déchiffrement plus longtemps qu'aucune autre, ce qui a épaissi le halo de mystère nimbant la civilisation maya. A ce jour, on est parvenu à déchiffrer environ 80 % des textes et à identifier la langue dans laquelle ils doivent être lus, le chol. Mais déchiffrer ne signifie pas lire. L'écriture traduit la pensée, les croyances, la culture. Chaque cité possède un glyphe emblème, bien identifiable. On en dénombre une cinquantaine, mais on ignore encore s'ils renvoient à une famille dirigeante, à un lieu, voire à un élément du paysage. Tous les Français connaissent l'emblème de Paris, l'écusson bleu et rouge, avec trois nefs : de là à le lire comme *Fluctuat nec mergitur*, il y a un grand pas. On commence à peine à déchiffrer d'autres glyphes qui pourraient faire allusion à des activités économiques, comme les fresques du marché de Calakmul. Et, bien entendu, chaque fouille dévoile de nouvelles inscriptions à déchiffrer.

Une occupation ancienne

Le peuplement maya débute réellement vers 1000 avant J.-C., au Belize. Sur le site de Cuello, on a fouillé des fonds de cabane avec des sépultures sous le sol des maisons, une pratique funéraire bien documentée qui est un indice de culte des ancêtres. La cité se dote très tôt d'une première construction publique qui traduit l'émergence d'une élite locale pratiquant les sacrifices humains. Il ne fait aucun doute que les premiers habitants de Cuello sont des Mayas qui occupent le site jusqu'à la fin du Préclassique récent (300 avant J.-C.-250 après J.-C.).

Puis des groupes mayas se sont progressivement installés sur d'autres sites côtiers comme Colha, proche de riches gisements de silex, et dans la forêt, en particulier dans le bassin de Mirador. C'est à Nakbé justement qu'a été découvert le premier temple-pyramide en pierre, daté de 600 avant notre ère. Les occupants du site érigent les premières stèles, ce qui suggère l'émergence d'une famille dirigeante, d'une dynastie. C'est pourtant dans des sites des hautes terres, comme El Portón, dans la vallée de Salama, qu'ont été découvertes les plus anciennes stèles portant une iconographie (400 avant J.-C.). Mais ce sont surtout les peuples mixes-zoques, parfois appelés les Mokaya, qui ont jeté de nombreuses bases de ce qui caractérisera plus tard la civilisation maya. Ils occupent la côte pacifique du Chiapas et du Guatemala. On leur doit en particulier la construction des premiers terrains de jeu de balle à Paso de la Amada, une architecture monumentale et des sculptures à Takalik Abaj, et surtout l'élaboration de l'écriture et du calendrier. C'est du territoire qu'ils occupent que proviennent les plus anciens monuments datés connus, comme la stèle de La Mojarra, avec ses 500 glyphes. On retrouve les Mixes-Zoques à Ceibal, dans le bassin de l'Usumacinta, sous la forme de riches dépôts rituels de haches en pierre verte, datés de 1000 avant J.-C. ou dans le bassin de Mirador, avec les somptueuses peintures murales de San Bartolo, qui représentent des scènes et des personnages, accompagnées d'inscriptions. Leur influence s'étend jusqu'aux confins de la péninsule du Yucatán où ils auraient introduit la pratique du jeu de balle. On ignore encore les modalités de la fusion entre Mayas et Mixes-Zoques, mais le phénomène est probablement à l'origine du premier apogée de la civilisation maya.

L'apogée préclassique

Au Préclassique récent (300 avant J.-C.-250 de notre ère), le bassin de Mirador connaît une activité intense, autour de sa capitale. La cité compte certainement plusieurs milliers d'habitants. Ses temples-pyramides s'élèvent à 70 mètres au-dessus de la canopée, dominant les habitations et les palais. Le complexe architectural d'El Tigre atteint le volume impressionnant de 428680 m^3. On compte par dizaines les sites satellites, comme Tintal ou Nakbé, encore, reliée à la capitale par une impressionnante chaussée d'une dizaine de kilomètres : un investissement surprenant pour un peuple qui n'avait aucun usage de la roue, même s'il en connaissait l'existence, trait qui pour nous demeure énigmatique. Le Préclassique récent marque un premier apogée maya, d'une grande homogénéité, qui se manifeste dans l'architecture, la sculpture, la céramique. Les talus qui bordent les escaliers des pyramides, à Uaxactún, Chakanbakan ou Cerros, sont décorés de masques monumentaux en stuc, représentant des dirigeants ou des créatures surnaturelles. Ce dynamisme, qui traduit une forte croissance démographique, montre l'émergence d'élites dirigeantes qui affirment leur pouvoir par le port de riches vêtements et de parures, la recherche de matériaux exotiques (jade, plumes de quetzal, coquillages marins), la sculpture en bas-relief, la planification urbaine et l'architecture monumentale. Sous leur égide, l'organisation sociale se diversifie, avec l'apparition d'artisans étroitement liés aux élites dirigeantes et de commerçants chargés de se procurer les biens convoités.

Le culte des ancêtres est l'un des fondements de la culture maya. Qu'il s'agisse des familles de paysans, de petits nobles ou du lignage dirigeant, l'ancêtre fondateur est révéré. Il repose sous le sol de la maison, et son culte réunit non seulement ses descendants, mais aussi tous ceux qui sont liés à la famille. Les différenciations sociales permettent l'émergence d'une famille qui impose progressivement sa domination sur la communauté et qui dirige la cité. Le fondateur de la dynastie, parfois un ancêtre mythique, devient l'objet d'un culte public. On lui élève une pyramide, surmontée d'un temple où est célébrée sa mémoire. Le représentant de la dynastie, l'*Ajaw,* réside dans un palais avec sa famille, entouré de ses guerriers, ses prêtres et ses serviteurs. Revêtu des atours du pouvoir, des symboles solaires ou terrestres qui justifient sa puissance, il est représenté sur les monuments sculptés, sur les crêtes faîtières qui couronnent les temples à Tikal, sur les fresques à Bonampak, accompagné de créatures qui symbolisent ses prédécesseurs. Même si son pouvoir est héréditaire et absolu, il n'est en réalité que le représentant de la dynastie, ce qui lui impose de lourdes obligations. Pour son peuple, il doit assumer la survie et la protection de la communauté, mener les guerriers à la victoire, verser son sang dans l'autosacrifice, comme on le voit sur les panneaux de Yaxchilan.

L'effondrement préclassique

Vers le IIe siècle, la prospère cité de Mirador s'effondre brutalement, victime d'un conflit avec d'autres entités voisines, dont Tikal. On a trouvé des traces de combats, murs édifiés à la hâte, armes, ou destructions délibérées. Une partie de la population est probablement emmenée chez les vainqueurs, d'autres trouvent refuge parmi des entités proches, comme Naachtun, dont la croissance débute justement vers 150 de notre ère. Aux yeux de nombreux archéologues, cet effondrement préfigure celui des cités classiques.

Outre Tikal et Naachtun, de nouvelles cités émergent. Des indices de cette nouvelle prospérité existent jusque dans la métropole du Mexique central, Teotihuacan, à plus de 1 000 kilomètres. Les fouilles de la pyramide de la Lune prouvent l'existence d'échanges avec les lointaines cités mayas : on y a trouvé des objets en jade, des animaux exotiques comme des jaguars et même trois dignitaires sacrifiés, originaires d'une cité dont on ignore l'identité. On sait par ailleurs que des gens originaires de Teotihuacan s'installent à Tikal, en particulier dans le quartier du *Mundo Perdido*, où l'on trouve également des céramiques importées, de l'obsidienne verte, mais aussi des sculptures et même la forme architecturale symptomatique de la métropole, en *talud-tablero* (un talus surmonté d'un panneau en relief).

Ces échanges culminent par l'intrusion à Tikal d'une expédition de Teotihuacan dirigée par un personnage connu sous le nom de Siyaj K'ak' (Grenouille Fumante). Des guerriers de la métropole mexicaine pénètrent dans Tikal le 16 janvier 378, avec l'appui d'une véritable cinquième colonne, leur colonie du *Mundo Perdido*. Le dirigeant de Tikal meurt le lendemain. Siyaj K'ak' s'octroie la régence. Il place sur le trône Yax Nuun Ayiin I (Nez Busqué), le fils né à Tikal d'un certain Propulseur Hibou au statut encore mal défini. Sur la stèle 31, érigée en 445 à la gloire de la nouvelle dynastie par Siyaj Chan K'awiil (Ciel d'Orage), Yax Nuun Ayiin étale ostensiblement ses origines. Il figure sur la face de la stèle, entouré sur les deux côtés de ses protecteurs, revêtus de leur tenue de guerriers de Teotihuacan : le bouclier à l'image du dieu de l'Orage et le propulseur. Siyaj K'ak' entame une politique agressive à l'égard des voisins immédiats. Uaxactun, Rio

Azul tombent sous la coupe de Tikal, dont l'influence s'étend jusqu'à la lointaine cité de Copán. Là aussi, une nouvelle dynastie s'installe, sous l'égide du dirigeant Yax K'uk Mo', qui revendique ouvertement ses origines étrangères.

Ces troubles marquent le début d'un conflit qui va opposer pendant plusieurs siècles la dynastie de Tikal à celle de Calakmul, la dynastie du serpent, Kaan. Les batailles et les affrontements sont constants et violents. D'abord sur la défensive, Calakmul pratique une politique d'alliances destinée à cerner Tikal. Par des manœuvres diplomatiques, des alliances matrimoniales, la dynastie Kaan parvient à attirer dans son orbite des alliés comme Caracol, Naranjo et même l'entité du Petexbatun, où règne pourtant une dynastie originaire de Tikal. En 562, Tikal connaît une défaite retentissante qui aboutit à l'effacement durable de sa dynastie. L'activité de la cité s'arrête, on ne construit plus, on n'érige plus de stèles, un phénomène connu comme le hiatus. Tikal met cent trente ans à s'en remettre, jusqu'à sa victoire finale, en 692, et à la capture de Patte de Jaguar, le dirigeant de Calakmul. Il serait audacieux d'y voir un deuxième effondrement. Du moins cela prouve-t-il la fragilité du pouvoir dynastique.

L'apogée maya classique

L'hégémonie des deux rivales, Tikal et Calakmul, en sort de toute manière sérieusement affaiblie, au plus grand bénéfice d'une multitude de concurrentes, Caracol, Naranjo, Palenque, Yaxchilan, Piedras Negras et tant d'autres. Les véritables bénéficiaires de ce conflit sont les dynasties locales, qui profitent de l'épuisement des belligérants pour acquérir indépendance et prospérité.

Sous le contrôle de sa dynastie, chaque cité rivalise avec ses voisines. Chaque nouvelle entité élève des temples-pyramides, des palais, on érige des stèles à la gloire du dirigeant local, dans une véritable compétition de prestige. L'exemple le plus célèbre de ces dirigeants est Pakal, à Palenque, dont le tombeau qu'il fait construire de son vivant repose dans une crypte sous la pyramide des Inscriptions. Pakal a pris grand soin de faire représenter ses propres ancêtres dans la crypte et dans les bas-reliefs qui ornent le temple.

Il serait erroné d'interpréter le pouvoir du dirigeant comme une autocratie. Par un système complexe d'alliances, de clientélisme, la dynastie regroupe à ses côtés une population qui partage avec elle des croyances, des rituels, des intérêts. Il serait difficile d'interpréter autrement la fidélité de la population de Dos Pilas, qui fait corps avec ses gouvernants lors des conflits qui aboutissent à la destruction de la cité et à la migration des survivants vers Aguateca, puis Punta de Chimino, où ils tentent de poursuivre leur existence.

La population s'accroît, les conflits aussi. Le monde maya du Classique récent (600-840) connaît un état de guerre endémique. Des cités succombent, d'autres profitent du vide pour se développer. Dans des régions auparavant peu peuplées ou moins fertiles, des populations s'installent. Dans la région de Rio Bec, des familles nobles vivent dans des résidences surmontées de tours, dont les façades sont parfois décorées de masques du monstre terrestre. Dans le Puuc, région sèche et aride, la colonisation tardive est étroitement liée à la maîtrise de techniques d'emmagasinage de l'eau dans de vastes citernes souterraines, les *chultuns,* qui contiennent des dizaines de mètres cubes du précieux liquide. Ce contrôle du ravitaillement en eau facilite l'émergence de cités comme Uxmal,

Oxkintok, Sayil ou Xcalumkin. Si l'on connaît l'existence de quelques dirigeants locaux, par des monuments sculptés à leur effigie, l'existence de dynasties semble céder la place à de nouvelles formes d'autorité, autour d'un groupe constitué d'une aristocratie, probablement moins sensible au risque de personnalisation du pouvoir.

La fragilité des dynasties

C'est en période de prospérité que la puissance d'une dynastie présente de multiples avantages. A travers les rituels, les manifestations publiques, les victoires qui engrangent butin et victimes sacrificielles, le lignage protège la communauté. Mais les dirigeants mayas qui exigent constamment plus de leurs sujets pour leur politique de prestige ne sont guère préparés à une gestion des ressources. Sauf dans quelques régions comme le Belize, où l'on enregistre des travaux agricoles sous la forme de terrasses, à Caracol par exemple, les pratiques agraires continuent sous la forme des brûlis. Le système atteint ses limites, accentué par la croissance démographique.

On présente souvent le milieu forestier tropical comme fragile et dangereux, peuplé d'animaux redoutables, jaguars, serpents venimeux, sauriens. La réalité est plus prosaïque. La forêt tropicale abonde en ressources naturelles, fruits, gibier. Les véritables dangers proviennent plutôt des insectes, des moustiques et autres parasites. Plus que la forêt, c'est au contraire la déforestation qui est lourde de conséquences. Le moindre facteur de perturbation peut avoir des conséquences dramatiques : une sécheresse, ou à l'inverse des typhons ou des cyclones, une invasion d'insectes ravageurs, une guerre perdue entraînent une perte de confiance des habitants dans les capacités surnaturelles du dirigeant. L'effondrement maya classique est avant tout la disparition du pouvoir dynastique et de tout ce qui l'entoure ou le symbolise. Les constructions s'arrêtent, on n'érige plus de monuments à la gloire des dynastes, pis, on martèle leurs portraits et même ceux des ancêtres. Les populations abandonnent les cités, les dynasties s'éteignent. Il est symptomatique que ce soient précisément les cités où existe un pouvoir partagé, plus aristocratique, qui parviennent à subsister plus longtemps.

Dans ce contexte, si le déclin et l'effondrement sont bien un phénomène global et impressionnant, les trajectoires de chaque cité restent individuelles. Nombreux sont les dirigeants morts au combat ou qui sont capturés, puis sacrifiés. Certaines dynasties tombent par simple paralysie, d'autres ne sont pas en mesure de se renouveler. Les conflits s'exacerbent dans une fuite en avant : les familles dirigeantes de Cancuén ou Toniná sont victimes de raids violents, de massacres. Dans d'autres cas, enfin, l'épuisement des terres, des catastrophes naturelles entraînent la fuite des populations et l'arrêt des activités. L'effondrement maya classique est une réaction en chaîne, plutôt comparable à la chute d'un alignement de dominos.

L'effondrement touche d'abord les cités soumises à un pouvoir dynastique, mais fragilise l'ensemble. Dans quelques recoins du Petén, au Belize par exemple, peut-être épargnés par des catastrophes naturelles ou mieux gérés, notamment pour ce qui touche à la production agricole, quelques cités parviennent à subsister. Sur les marges occidentales des basses terres, des Mayas mexicanisés appelés Putuns ou Chontales font preuve d'un nouveau dynamisme. Certains ont peut-être participé à la chute de quelques cités ou profité de leur affaiblissement.

Ils colonisent des villes comme Ceibal, vers 830, donnant un éphémère regain de prestige à la cité déclinante, jusqu'en 889.

Il en va de même dans les basses terres septentrionales, où les cités du Puuc et Chichén Itzá, sous la coupe de pouvoirs partagés entre grandes familles nobles, un système connu sous le nom de *multepal*, parviennent à se maintenir, du moins durant un bon siècle, jusque vers l'an mille. On ne peut ignorer non plus leur insertion dans de nouveaux réseaux d'échanges. L'apparition de traits culturels originaires du Mexique central, comme le culte du serpent à plumes, les râteliers de crânes, les grands halls à colonnades, souvent considérés comme les signes d'une invasion ou d'une intrusion toltèque, marque l'intégration de ces cités dans de nouveaux réseaux d'échanges.

Les recherches récentes de Rafael Cobos confirment que Chichén Itzá est bien une capitale maya, dans la continuité des cités traditionnelles. On y retrouve les pratiques antérieures, la construction de pyramides superposées à la manière des poupées gigognes, comme cela vient d'être révélé, ou l'érection de monuments porteurs d'inscriptions. C'est d'ailleurs dans les basses terres du Nord que se produisent des innovations majeures comme l'utilisation du papier d'écorce pour fabriquer des livres, les codex. Il importe de signaler qu'aux trois codex déjà connus, ceux de Dresde, de Paris et de Madrid, s'en ajoute désormais un quatrième, le codex dit Groslier, dont l'authenticité vient d'être attestée. La cité s'organise en un ensemble de quartiers juxtaposés qui traduisent l'existence d'un pouvoir partagé. Chaque quartier possède son temple-pyramide, son terrain de jeu de balle, son hall à colonnades, indice de la coexistence de groupes d'origines différentes. Chichén Itzá est une cité prospère qui dispose de ports comme Isla Cerritos pour le commerce côtier et son rayonnement s'exerce bien au-delà de sa zone d'influence directe. On enregistre des éléments architecturaux caractéristiques de la cité et des preuves d'échanges jusque dans le nord du Belize, à Nohmul par exemple. Chichén Itzá est aussi un lieu de pèlerinage où affluent les marchandises exotiques, métaux précieux, jade des hautes terres et même la turquoise en provenance du Mexique central.

De même, les hautes terres du Guatemala voient l'émergence de nouvelles entités, comme Zaculeu, où se manifeste le même phénomène d'internationalisation, avec là aussi l'apparition de traits importés des civilisations du Mexique, comme le culte du serpent à plumes ou les pyramides jumelles. La division de nombreuses cités en deux moitiés, voire en quartiers, confirme l'existence d'un pouvoir partagé. Souvent, les deux moitiés d'une cité sont unies par un terrain de jeu de balle, éventuel lieu d'affrontement ou de résolution des conflits entre les familles nobles. De véritables Etats expansionnistes, les royaumes quiché ou cakchiquel, autour de leurs capitales respectives, Qumaarkaj et Iximché, se développent jusqu'à l'arrivée des Espagnols.

De nouveaux conflits

Les vieilles habitudes ont la vie dure. Si les Quichés et les Cakchiquels se lancent dans des conquêtes couronnées de succès, au Yucatán, la guerre met aux prises des cités rivales qui s'opposent continûment. Les Cocom, les Xiu d'Uxmal et les Itzás de Chichén s'affrontent dans des conflits constants, comme en témoignent les peintures murales qui dépeignent des guerriers en armes. Chichén Itzá, malgré sa puissance, montre la même fragilité que les cités classiques. La ville finit par tomber à son tour sous les coups des Cocoms, qui fondent en 1221 la cité de Mayapan. On retrouve dans cette nouvelle entité presque tous les traits caractéristiques de Chichén Itzá, mais sans le même prestige ou la monumentalité, avec un habitat beaucoup plus concentré, protégé par des murailles. La nouvelle incarnation de la civilisation maya poursuit son existence presque jusqu'à la conquête espagnole. La péninsule du Yucatán sombre à son tour dans une décadence qui ne signifie cependant pas un dépeuplement, car sa longue et difficile conquête par les Espagnols de Montejo démontre l'existence d'une population encore nombreuse et combative.

Et les Itzás ? Fuyant la domination de leurs rivaux, ils migrent vers le cœur du Petén, où, à faible distance des ruines de Tikal et des autres grandes cités classiques, ils fondent une nouvelle capitale sur les bords du lac Petén Itzá, Tayasal. On y retrouve, sous une forme plus fruste, presque toutes les caractéristiques des cités mayas, temples, palais, monuments sculptés. Cortés, dans sa traversée du Petén lors de son expédition punitive contre son ancien lieutenant rebelle Cristobal de Olid, passe à proximité sans s'en rendre compte. Ce n'est qu'en 1694, près de deux siècles après la conquête du Mexique, que Tayasal capitule de son plein gré. La civilisation maya a vécu son dernier effondrement, qui ne signifie pas la disparition des Mayas : ils sont encore plus de 6 millions de nos jours, bien vivants et fiers de leurs traditions. Ce ne sont certes plus les prestigieuses cités classiques, leurs monuments ou leurs inscriptions, les riches céramiques polychromes ou les pierres finement travaillées, mais des croyances et des rites, des pratiques agricoles, un habitat qui rappelle les vieux fonds de cabane de Cuello. Cela ne leur enlève pas pour autant leur identité.

Bibliographie sélective

Cobos, Rafael, *Arqueología en Chichén Itzá. Nuevas explicaciones,* Merida, Universidad Autónoma de Yucatán, 2016.

Demarest, Arthur, *Les Mayas : grandeur et chute d'une civilisation,* Tallandier, 2007.

Diamond, Jared, *Effondrement. Comment les sociétés décident de leur disparition ou de leur survie,* Gallimard, coll. « Folio Essais », 2009.

Hansen, Richard D., « Les premières villes : urbanisation et formation d'Etats dans les basses terres », *in* N. Grube (éd.), *Les Mayas, art et civilisation,* Cologne, Koenemann, 2000, p. 50-65.

Michelet, Dominique (éd.), *Maya. De l'aube au crépuscule. Collections nationales du Guatemala*, musée du quai Branly, Somogy, éditions d'Art, 2011.

—, *Mayas. Révélation d'un temps sans fin*, musée du quai Branly, 2014.

VII

Sébastien de Portugal, mort ou vivant ?

par Yves-Marie Bercé

Le retour merveilleux d'un prince disparu, la renaissance d'une cause perdue, la survie d'un héros revenant d'une mort apparente, toutes ces légendes étaient des réponses aux grands malheurs d'une nation, d'un peuple ou d'un royaume. D'illustres personnages semblent échapper au tombeau et viennent revendiquer une couronne en perdition, venger une défaite, sauvegarder un pays. Leur apparition fabuleuse est attendue par les vaincus et les victimes. En bravant l'invraisemblance de leur survie, ils suscitent l'indignation des vainqueurs et des incrédules. Les exemples historiques ne manquent pas de dénonciations de tels imposteurs : faux Darius, faux Alexandre, Frédéric Barberousse veillant dans une grotte au salut de l'Empire, prétendu Baudouin de Constantinople, fausses Jeanne d'Arc, nouvel Edouard VI, etc. La légende de l'éternel retour du grand roi évanoui dépasse parfois l'espace d'une vie, d'une seule génération, pour prendre figure de caractère intemporel. La mélancolie du souverain martyr, l'attente du réveil du jeune prince immolé se confondent dans l'imaginaire d'une nation avec la longue résignation aux épreuves. Le retour du héros au-delà de la mort ressemble au sacrifice et à la résurrection du Christ. Toutefois, cette espérance n'est pas propre à la foi chrétienne, puisqu'en dehors de cette cosmogonie viennent à se lever des prophètes politiques et hommes providentiels, des rois des derniers jours, un imam caché, un messie ultime. Les croyances de leurs fidèles sont invincibles, irrépressibles, chevillées dans l'âme humaine. Telle fut l'aventure posthume du roi Sébastien de Portugal.

La disparition du roi au combat

Les marins et marchands de ce royaume s'étaient très tôt lancés sur les océans. Ils construisaient le premier empire européen implanté dans tous les continents, depuis les côtes africaines et brésiliennes jusqu'aux îles du Japon. Tout près de la métropole, ils achetaient des blés et des sucres dans les ports du Maroc. Ils étaient de ce fait amenés à s'impliquer dans les conflits internes de l'Empire chérifien et à participer à ses querelles dynastiques. Ce fut ainsi qu'en 1578 le roi Sébastien, âgé de 24 ans, entreprit de soutenir par les armes un des prétendants au trône disputé du Maroc. Son armée de près de 20 000 hommes, dit-on, débarqua aux ports de Tanger et d'Arzila (Assilah, Azayla), place fortifiée tenue par les Portugais depuis 1471. Au lieu-dit Ksar el-Kébir, sur la route du port de Larache, le 4 août 1578, Sébastien et son allié marocain affrontèrent le prétendant. La troupe portugaise, inférieure en nombre aux flots de cavaliers et d'archers indigènes, laissa des milliers de morts et de prisonniers qui seraient mis à rançon. La bataille fut dite des « Trois Rois », car y avaient péri les deux prétendants marocains et le roi Sébastien. Dans la mêlée il fut sans doute méconnu, tué obscurément et enseveli sous des cadavres d'hommes et de chevaux. Un troisième prince marocain, survivant et victorieux, l'émir Abd al-Malik al-Nasir, dit plus tard al-Mansour (le Victorieux), fit rechercher sa dépouille. Un cadavre défiguré et déjà corrompu sembla correspondre aux traits du roi, des cheveux roux, une armure de prix, une place au cœur des combats. Le nouveau sultan fit recueillir le corps dans un cercueil de bois précieux avec les marques d'honneur dignes de son rang. De leur côté, les barons portugais qui avaient pu fuir et trouver refuge dans les forteresses côtières avaient envoyé à Lisbonne la nouvelle de la catastrophe et de la disparition du roi dans la tourmente.

L'hypothèse affreuse de la mort du roi et de la vacance du trône ne fut pas envisagée dans l'instant. Toutefois, le conseil en charge du gouvernement pendant l'absence royale dut se résoudre à organiser la transmission du pouvoir. Sébastien n'ayant ni femme ni enfants, la couronne revenait à un oncle paternel. C'était un prélat sexagénaire, le cardinal Henri de Portugal. Il se résigna à se laisser couronner le 28 août 1578.

Du fait de son grand âge et de sa dignité ecclésiastique, la vacance reviendrait bientôt. De fait, le cardinal-roi mourut en janvier 1580. Le plus proche héritier se trouvait alors être Philippe II, roi d'Espagne, fils d'Isabelle de Portugal. Son droit à l'union personnelle des deux couronnes était incontestable, mais il signifiait la perte de souveraineté du vieux royaume atlantique ; son territoire et son empire ultramarin seraient soumis à son voisin, adversaire pluriséculaire et redoutable rival sur les mers. Un petit-fils illégitime du roi Manuel, Dom Antoine, commandeur de Malte, fit alors valoir sa filiation. Il trouva immédiatement des partisans nombreux et enthousiastes ; il reçut le soutien d'émissaires et de subsides du roi de France. Il réussit à régner à Lisbonne pendant les trois mois de l'été 1580, mais ses maigres troupes ne purent résister à l'armée du roi Philippe. Celui-ci, fort de sa légitimité et de ses moyens militaires, vint s'établir à Lisbonne. Devant l'assemblée des Cortes, ou états généraux, en avril 1581, il jura de respecter les coutumes du royaume et fut reconnu sous le titre de Philippe Ier de Portugal.

Philippe veilla à ce que le cercueil supposé de Sébastien fût transporté de Ceuta à Lisbonne en décembre 1582 et inhumé solennellement dans l'église des Hiéronymites de Belèm, lieu de sépulcre des anciens rois. En vérité, les cérémonies du voyage funèbre et des funérailles avaient été considérées par nombre de Lisboètes comme des mascarades qui ne servaient que la gloire du sultan marocain et la légitimité du roi espagnol. La dépouille relevée sur le champ de bataille était, disait-on, celle d'un mercenaire suisse à la peau blanche et aux cheveux roux à la ressemblance du roi. Ce pauvre soldat montagnard allait désormais reposer pour l'éternité entre les tombeaux des nobles rois de Portugal.

Les rumeurs de survie et l'apparition de prétendants

Au long de ces années tragiques, l'opinion portugaise n'accorda aucune confiance à la version de la mort de Sébastien au combat et resta assurée de la proximité de son retour. Une anecdote particulière confortait la croyance. Dans la nuit même de la bataille, sous les murs de la citadelle d'Arzila, un groupe de cavaliers avait demandé l'entrée. Les sentinelles n'auraient consenti à ouvrir les portes à ces rescapés que sur leur affirmation que le roi blessé se trouvait parmi eux. Ce personnage mystérieux, dissimulé sous un manteau, réfugié dans Arzila, fut dans la suite cité comme « l'encapuchonné d'Arzila ». Peut-être les cavaliers en fuite avaient-ils menti pour obtenir l'ouverture des portes. En tout cas, ce récit fut un argument majeur du survivantisme. Une autre rumeur évoquait des médecins appelés secrètement pendant l'hiver 1579 pour soigner un énigmatique chevalier blessé caché dans la montagne. Aux Açores, un maréchal-ferrant, faisant le prophète, avait annoncé le retour de Sébastien pour mars 1580 ; les habitants de ces îles soutinrent effectivement la cause du roi Antoine jusqu'à l'été 1582. Ces aventures étaient racontées partout par les marchands portugais présents dans les ports et par les partisans du roi Antoine réfugiés à Paris ou à Amsterdam. Elles étaient commentées dans les chancelleries, à Rome, où le pape se désolait des querelles entre princes catholiques, et à Paris, où le roi de France, opposé aux desseins espagnols, faisait valoir, sans trop y croire, des droits remontant au XIIe siècle.

L'apparition de prétendants à l'identité du roi évanoui intervint à l'approche du septième anniversaire de la bataille. Ce délai correspondait à la durée d'une pénitence de sept ans que le roi malheureux se serait imposée. Ces prétendants excipaient d'une supposée ressemblance, s'appuyaient sur des souvenirs de témoins, compagnons du souverain, courtisans, prêtres, serviteurs. Accablé par la défaite de son armée, Sébastien aurait choisi l'obscurité, l'éloignement et la solitude d'un ermitage de montagne ou de désert. Enfin l'état de déshérence du royaume et l'excès d'épreuves de son peuple le décidaient maintenant à sortir de l'ombre et à venir réclamer sa couronne.

Le premier prétendant en juin 1584 fut un orphelin, fils d'un potier de village. Il avait été recueilli dans un couvent carmélite. Le peu d'instruction qu'il y avait reçue le fit se fantasmer en roi Sébastien revenu d'errances solitaires en Afrique. Les juges s'étonnèrent de sa franchise et de sa naïveté ; ils se limitèrent à l'exposer au pilori et à l'envoyer aux galères.

L'année suivante parut un autre orphelin, fils d'un maçon venu des Açores. Lui aussi avait un peu de culture, ayant été novice franciscain. Il fut remarqué pour sa réelle ressemblance avec Sébastien. En quelques semaines il réunit dans la petite ville d'Ericeira, port de pêche non loin de l'embouchure du Tage, des subsides et près d'un millier d'hommes en armes, assez pour alarmer les juges de la capitale. Il annonçait son projet d'entrer dans Lisbonne le jour de la Saint-Jean (24 juin). Il fallut en toute hâte monter une expédition militaire de 400 hommes pour disperser sa troupe le 11 juin et s'emparer de lui. Le procès fut rapide. Il eut la main coupée et fut pendu le 16 juin, ainsi qu'une vingtaine de ses partisans. Pour l'exemple, son corps fut mis en quartiers exposés dans les lieux de son entreprise.

A l'été 1595, la rumeur de survie ressurgit dans un couvent espagnol, à Madrigal de las Altas Torres, près de Valladolid. Dans cette maison résidait une princesse rêveuse, Anne d'Autriche, nièce de Philippe II, fille illégitime du vainqueur de Lépante. Son confesseur, un religieux portugais augustin, prédicateur renommé, l'avait persuadée de la survie de Sébastien. Elle imaginait de l'épouser et d'aller avec lui conquérir la Terre sainte. En attendant son retour, il serait proclamé à Lisbonne et représenté par un sosie. Pour roi par procuration, le complot avait choisi un serviteur du couvent, intelligent et charmant, pâtissier de son métier, nommé Gabriel de Espinosa. L'intrigue révélée par maladresse se termina mal. Le beau prétendant de Madrigal et le fameux prédicateur finirent à la potence le 1er août 1595. Le corps du prétendant fut démembré et sa tête exposée dans une cage. La princesse triste fut enfermée dans un couvent d'Avila. Elle retrouva sa liberté et ses dignités en 1598, après la mort de Philippe II.

L'histoire du Sébastien de Venise

Un seul supposé Sébastien connut une réputation européenne assez durable pour vraiment inquiéter les autorités de Lisbonne et de Madrid. On entendit d'abord parler de lui en octobre 1598, vingt ans après la bataille. C'était à Venise, *emporium* de la Méditerranée, carrefour de négoces et de nouvelles, où parmi d'autres marchands se trouvait une communauté portugaise notable. Il était abrité dans l'île de Murano, dans la résidence d'un prélat dominicain, archevêque de Spalato (Split), dans la Dalmatie vénitienne. Il se faisait appeler *« o cavaleiro da Cruz »*, se présentant comme un gentilhomme obligé par des malheurs à de grands voyages en Ethiopie, en Perse, à Londres et à Paris. Il avait effectivement voyagé et parlait avec éloquence. A des familiers, il confiait qu'il était bel et bien le roi disparu, *« o verdadeiro rey Dom Sebastiao »*. Ses revendications firent tant de bruit que l'ambassadeur du roi d'Espagne s'en plaignit. Les autorités vénitiennes jugèrent prudent de le faire arrêter le 24 novembre 1598. Vingt-cinq mois durant, le prétendant fut maintenu prisonnier sous les plombs et soumis à près de trente interrogatoires. Il faut dire que la république de Venise n'avait jamais entretenu de bons rapports avec l'Espagne. Les magistrats de la Sérénissime prêtaient donc une oreille favorable aux plaidoyers de dignitaires portugais en exil venus défendre le cas du prétendant. En même temps, les gouvernants vénitiens s'interdisaient de défier la puissance espagnole. Se bornant à une attitude de prudence, le tribunal compétent, celui des Sages de Terre Ferme, ne se prononça donc pas sur la vérité du cas, ni ne chercha non plus à soutenir une cause nuisible aux Espagnols. Il ordonna simplement l'expulsion du trublion hors du territoire vénitien. Sans autre forme de procès, le prétendant fut libéré au soir du 15 décembre 1600. Il fut accueilli aussitôt par des notables sébastianistes qui l'attendaient, réunis dans une auberge de Padoue. Ils avaient l'intention de le faire passer à Marseille, où il serait sous la protection du roi de France. La rencontre fut, dit-on, solennelle et émouvante. La conviction des exilés portugais fut renforcée par la sincérité du personnage. Sans doute résultait-elle plus de son éloquence que de l'évidence des preuves. En effet, le prétendant avait les cheveux plus noirs que roux et la peau sombre. C'était, disait-il, l'influence de son long séjour sous le soleil d'Afrique. Il ne parlait pas bien le portugais, maladresse qui, à l'entendre, résultait de sa solitude, éloigné de ses compatriotes, privé de l'usage de sa langue maternelle.

Ses partisans crurent possible de lui faire traverser la Toscane pour gagner un port français. Ils anticipèrent joyeusement ce succès et la fausse nouvelle de son arrivée put ainsi circuler pendant des mois. Il est vrai que le grand-duc Ferdinand de Médicis n'était pas, lui non plus, un allié de l'Espagne. Il était oncle de la nouvelle reine de France et attaché à cette illustre alliance ; il ne manquait donc pas de raisons de soutenir le prétendant. Le roi Henri IV et le pape Clément VIII acceptaient la revendication de ce dernier ; ils tentèrent vraiment de l'appuyer auprès du grand-duc de Toscane. Par précaution, celui-ci avait fait arrêter le prétendant le 28 décembre, dès son arrivée à Florence, et le faisait garder dans la prison du Bargello. Ferdinand hésita pendant plus de trois mois. Hélas, la force des garnisons espagnoles dans les présides de la côte toscane le ramena à une humble neutralité. En conséquence, le Sébastien de Venise fut, le 28 avril 1601, livré à ses ennemis dans le préside espagnol d'Orbetello et aussitôt transféré à Naples.

Les circonstances du passage du prétendant à Naples furent en leur temps l'objet de relations opposées : les procès-verbaux accablants des autorités espagnoles contrastaient avec les récits héroïques et lamentables des partisans sébastianistes. Dans la version espagnole, il fut par dérision promené à travers les rues en habits d'arlequin monté sur un âne. Le comte de Lemos, vice-roi de Naples, l'interrogea soigneusement et rapporta à Madrid que tout simplement le malheureux n'avait pas son entendement. En même temps, il faisait enquêter et obtenait des témoins et parents établissant que l'imposteur était un marchand calabrais, nommé Marco Tullio Catizone, originaire des environs de Catanzaro. Il semble bien que telle était la triste vérité.

Dans le récit apologétique, au contraire, le prisonnier ne perd pas sa fierté. Lorsqu'il est mené devant le vice-roi, il l'interpelle et le fait ressouvenir d'épisodes que seul le roi Sébastien aurait pu connaître. Le comte, troublé, abasourdi, semble admettre dans son for intérieur la véracité de ses dires. La raison d'Etat l'oblige à le maintenir dans les fers, mais il veille à ce qu'il soit traité avec un honneur tout à fait insolite pour un vulgaire escroc. Il se trouve que le comte mourut effectivement peu après. Il se serait alors repenti de son injustice.

L'homme avait été à la fin de mai 1601 mis dans une galère à destination de Cadix. Les récits sébastianistes confirment encore la dignité du captif dans ce voyage. Bien qu'attaché à un banc, il n'était pas soumis à la rame, il portait un costume et un chapeau convenables, son noble maintien inspirait le respect aux gardes-chiourme et aux galériens. En Espagne, pendant plus d'un an, il resta enchaîné dans une galère ancrée dans le port de Sanlùcar de Barrameda, où l'on venait le voir par curiosité, compassion ou solidarité. Hélas encore, en janvier 1603, le bruit de complots de dominicains portugais pour le faire évader conduisit les autorités de Madrid à reprendre son procès. Le 22 avril, sous la torture, il avoua son imposture. Le 23 septembre, sur la place publique de Sanlùcar, le bourreau lui coupa le poing et le pendit. Son dernier procès et son supplice ne furent guère connus. L'éclat de sa revendication avait commencé à l'automne 1598 ; ses chances de succès avaient alors été réelles ; elles avaient impressionné l'opinion européenne de décembre 1600 à mai 1601.

Contexte du sébastianisme

Somme toute, les prétendants avaient été deux orphelins fantasmant leur origine, puis deux aventuriers plus ou moins engagés dans une conviction délirante. Chaque fois, leurs tuteurs avaient été des religieux porteurs d'une espérance politique, surtout des dominicains, dont l'ordre s'était résolument engagé dans la défense de la Couronne portugaise.

Les carrières de ces prétendants recélaient des traits christiques, évidents pour les contemporains. C'était le sacrifice du roi martyr s'il était tombé au combat, et s'il avait survécu son temps de pénitence au désert. Dans le cas du Sébastien de Venise, la visite de ses partisans le 15 décembre 1600 mettant le doigt sur ses cicatrices évoquait la reconnaissance du Christ ressuscité. Sa promenade patibulaire ensuite dans les rues de Naples fut expressément comparée à l'entrée de Jésus à Jérusalem et surtout à son humilité subissant les outrages sur le chemin de la croix.

La fermeté du prétendant dans les épreuves et dans les prisons avait étonné, de même, le nombre de ses partisans, résolus contre toute évidence, n'était pas moins surprenant. La postérité s'est passionnée pour l'étrangeté de tels comportements. Le genre littéraire de la petite histoire qui collecte les curiosités du passé offre nombre de récits d'impostures célèbres. Sa version conventionnelle oppose la naïveté de braves gens et les beaux discours d'aventuriers abusant d'un désarroi politique. Cette image de l'imposteur rusé et menteur reste insuffisante. En fait, dans une telle conjoncture psychologique, la psychopathie particulière d'un individu s'accorde avec l'espérance du plus grand nombre. Le prétendant est un délirant ; persuadé de son identité, il assume son rôle jusque dans les moments les plus tragiques, il défie les invraisemblances, subit les humiliations, supporte les tortures, brave la mort. Il est ce qu'il prétend être, absurdement, désespérément. Il attire des soi-disant témoins qui le reconnaissent, confirment ses dires, soutiennent son entreprise.

L'afflux de partisans qui rallient sa cause traduit un autre trait de psychologie collective, la contagiosité des convictions, l'aptitude d'une communauté politique à partager ses leurres les plus déraisonnables. Ainsi entendue, l'histoire des imposteurs ne peut se réduire à des contes de tromperies fameuses. Elle doit prendre rang dans une anthropologie politique qui recense les avatars des Etats, les types de crises et d'impasses du droit public.

La formation du sébastianisme, à la fin du XVIe siècle, en cette époque plutôt qu'à une autre, supposait certaines conditions : l'état particulier des institutions et aussi les modes de perception des personnes en ce temps. Au plan des institutions, il s'agit de la version monarchique de la souveraineté où le destin du peuple se confond avec celui de son roi et se trouve lié à son identité.

Au plan de la reconnaissance des individus, qu'ils fussent notables ou misérables, on ne pouvait aux temps modernes se fier qu'aux familiarités de l'habitat et du voisinage. Les traits précis d'un visage et d'un corps étaient improbables. Aucune image ou de rares portraits, aucun document ou de vagues signalements ne garantissaient l'identification d'un individu et l'information sur son sort. Les voyages étaient longs, les nouvelles clairsemées. La longue absence d'un voyageur, d'un marchand ou d'un pèlerin, d'un soldat ou d'un marin laissait ses proches dans l'incertitude. Ainsi les juges ecclésiastiques des officialités étaient-ils confrontés à des cas douloureux de femmes esseulées, privées de nouvelles de leur mari parti sur les routes ou sur la mer depuis longtemps. Ne pouvant prouver leur veuvage, disposer de leurs biens, envisager un remariage, il leur fallait chercher des témoignages d'anciens amis, compagnons susceptibles de faire le récit de la mort du disparu.

Célèbres exemples de survivantisme

Les lettrés des années 1600 savaient évoquer, ailleurs qu'au Portugal, d'autres exemples d'identités incertaines. Elles pouvaient embarrasser de banales querelles d'héritages ou même parfois s'élever jusqu'à la contestation de la dévolution d'une couronne. Dans la suite des temps, deux épisodes de cette sorte sont devenus très célèbres.

En Russie, pendant les mêmes décennies autour de 1600, dans l'incertitude de la succession d'Ivan IV et la menace d'incursions polonaises à l'ouest, avait surgi la prétention d'un fils d'Ivan le Terrible, le tsarévitch Dimitri, qu'on croyait mort accidentellement et qui disait revenir d'un long exil. Des vraisemblances d'âge, physionomie, caractère, gestuelle, jouaient en sa faveur, renforcées par son intelligence et son charme. En effet, il put être acclamé, couronné et régner presque un an de juin 1605 à mai 1606, avant d'être assassiné, victime d'une conjuration de grands boyards. Le pape Clément VIII, qui en espérait un rapprochement de l'Eglise orthodoxe, avait été tenté de reconnaître sa légitimité, tant l'aventure aurait été désirable. « Ce sera un autre Sébastien », avoua-t-il avec une clairvoyance désabusée. L'histoire politique de la Russie fut jalonnée d'autres exemples de prétendus tsars *(samosnavets)* se donnant pour échappés à la mort, le plus célèbre étant Pierre III, époux malheureux de Catherine, revenant sous l'apparence du Cosaque Pougatchev.

En France, deux siècles après Sébastien, le triste sort de Louis XVII, enfant martyr, inconscient de sa royauté, suscita un autre épisode de survivantisme. La rupture révolutionnaire avait fait naître l'espérance du retour d'un prince miraculé. Le tragique prestige de la disparition de l'enfant royal emprisonné au Temple vint frapper l'imagination d'enfants isolés, trouvés, abandonnés ou orphelins, adolescents obsédés par leur malheur. Les similitudes d'âge et de déréliction leur offraient un modèle d'identification. L'analyse des carrières des principaux « faux Louis XVII » montre effectivement leur profonde et intime conviction, bien loin de la ruse mystifiante qu'on leur attribue communément. Elle révèle plutôt leur trouble de personnalité. Leur sombre acharnement dans la revendication assure l'authenticité de leur délire.

La légende sébastianiste ne s'était pas arrêtée avec la mise à mort du dernier prétendant. La révolte du Portugal en 1640, l'avènement du roi Jean IV de Bragance, restaurant une dynastie nationale, semblèrent réaliser le retour du roi perdu. Des prédicateurs jésuites y virent un écho, un nouveau relais de l'espérance sébastianiste, inlassable, impérissable, prenant désormais figure de millénarisme.

Le père Antonio Vieira, visiteur de la province jésuite du Brésil, fut le plus fameux interprète de l'attente du roi sauveur. Ce monarque à venir annoncerait un jour l'avènement du Cinquième Empire et la conversion des païens. Le thème de l'éternel retour n'aurait jamais de fin.

La dépouille supposée de Sébastien avait été pieusement recueillie par Philippe, roi d'Espagne et roi de Portugal. Il l'avait fait ensevelir dans la basilique de Belèm, nécropole des rois de Portugal. La tombe édifiée en 1582 portait une inscription latine, lourde d'ambiguïté. L'identité du corps qui reposait là, celle du roi évanoui en Afrique, était présentée au conditionnel, *« si vera fama est »*. Une seconde version de l'épitaphe fut composée en 1682 ; elle poursuivait l'équivoque en confondant volontairement la survie légendaire du roi et sa vie éternelle. Les décennies passaient, la légende demeurait, comme si les prélats rédacteurs de ces textes voulaient eux aussi donner des ailes au mythe d'une survivance hors du temps ordinaire. Bien au-delà de la possibilité de survie à la bataille, elle ancrait l'attente du roi perdu dans une nostalgie politique intemporelle, propre au Portugal et même étendue plus tard à l'empire du Brésil, dont les annales sont ponctuées de révoltes populaires malheureuses.

Bibliographie sélective

Bercé, Yves-Marie, *Le Roi caché. Sauveurs et imposteurs. Mythes politiques populaires dans l'Europe moderne*, Fayard, 1990.

Berthier, Pierre, *La Bataille de l'oued el-Makhazen, dite bataille des Trois Rois (4 août 1578),* CNRS éditions, 1985.

VIII

Shakespeare et ses doubles

par Dominique Goy-Blanquet

Shakespeare a-t-il vraiment écrit l'œuvre qui porte son nom ? Les sceptiques se rejoignent tous sur un point : une conviction intime leur dit que le petit provincial inculte, fils de gantier ignorant du monde et des usages de la Cour, n'a pas pu écrire cette œuvre magistrale. Mais tous diffèrent quant à son véritable auteur. Si leurs candidats sont légion, les arguments qu'avancent ces « anti-stratfordiens » ne varient guère. Faute de documents probants, ils font parler en faveur de leurs hypothèses le silence des sources : aucun manuscrit ne subsiste des œuvres de Shakespeare, il n'a pas fait d'études supérieures, ni voyagé à l'étranger. Les seuls documents biographiques existants ne font pas allusion à sa carrière littéraire, ne traitent que de questions matérielles, la plupart sordides et mercantiles. Il a disparu des radars pendant plusieurs années, entre son départ de Stratford-upon-Avon, sa ville natale, et les premiers échos de sa présence à Londres. Son testament ne mentionne pas de livres.

« Je » est-il un autre ?

S'il est une énigme entourant l'identité de l'auteur, c'est qu'elle soit apparue si tard, et qu'elle ait la vie aussi dure. Personne du temps de Shakespeare n'a émis le moindre doute sur la paternité de son œuvre. Rappelons ici quelques-uns des témoignages mémorables le concernant. Le premier qui signale sa présence à Londres, et le plus aigre, *Greene's Groatsworth of Wit* (1592), dénonce l'intrusion parmi les poètes d'un corbeau parvenu, un *« Johannes fac totum »* qui se croit capable de tourner un vers blanc aussi bien qu'eux et pense être le seul « Shake-scene » du pays. Une anecdote coquine rapportée par un membre des Inns of Court, les écoles de droit londoniennes, le montre en rivalité amoureuse avec le principal acteur de sa troupe, Richard Burbage, déclarant que *« William the Conqueror came before Richard III »* (« Guillaume le Conquérant a précédé Richard III »). Les Inns, qui ont produit les premières œuvres du théâtre élisabéthain, accueilleront bientôt celles de Shakespeare dans leurs salles de banquet. Francis Meres, dans *Palladis Tamia* (*Le Manteau de Pallas*, 1598) cite Shakespeare comme le meilleur auteur anglais de comédies et de tragédies. L'érudit Gabriel Harvey (1552-1631) note en marge d'un livre que « la jeunesse se délecte du *Venus et Adonis* de Shakespeare, mais [que] sa *Lucrèce*, et sa tragédie de *Hamlet, prince de Danemark*, ont tout ce qu'il faut pour plaire aux plus sagaces ». Les étudiants de Cambridge apprécient également ses poèmes et placent *« sweet Mr Shakespeare »* au-dessus de Chaucer ou Spenser dans une satire de la vie universitaire. Dans ses *Remaines Concerning Britain* (1605), l'historien William Camden le nomme parmi les principaux auteurs contemporains.

Quelques pièces ont paru du vivant de Shakespeare en format in-quarto, dont certaines seulement portent son nom. En 1623, sept ans après sa mort, deux anciens camarades de théâtre, Heminges et Condell, rassemblent ses œuvres dans un volume in-folio pour les mettre à l'abri « des copies volées et subreptices », en y joignant des poèmes d'hommage par des auteurs réputés. Tous ces témoignages ainsi que les précédents sont éliminés comme non probants par les anti-stratfordiens. Diana Price ne propose pas de candidat au titre, mais elle fixe dans *Shakespeare's Unorthodox Biography* (2001) les critères d'un témoignage fiable, autrement dit personnel et relié à une activité ou des intérêts littéraires, *« a personal literary paper trail »*, et affirme n'en avoir trouvé aucun prouvant que l'homme de Stratford était bien l'auteur des pièces qu'on lui prête. Celui de Leonard Digges semble pourtant obéir aux critères requis : beau-fils d'un ami proche et voisin de Shakespeare, il compare du vivant du poète les sonnets de Lope de Vega à ceux de *« our Will Shakespeare »*, et lui dédie deux poèmes, dont l'un inclus dans l'in-folio posthume. Ben Jonson, dans le même in-folio, dédie à la mémoire de *« my beloved, the author, Mr. William Shakespeare »* un poème où il le nomme *« sweet swan of Avon »*, associant clairement le « cygne » auteur de l'œuvre à sa ville natale. A cette preuve pourrait-on croire imparable, les « oxfordiens » objectent que l'allusion désigne en réalité le comte d'Oxford, jadis propriétaire d'un manoir donnant sur l'Avon, sans préciser qu'il l'avait vendu en 1581. Comme le souligne avec humour Thomas Pendleton dans une *Shakespeare Newsletter*, ce cygne-là s'était envolé quarante-deux ans avant le poème de Jonson.

Pourquoi le véritable auteur se serait-il dissimulé derrière un prête-nom ? Pour des raisons politiques variant selon les candidats, ou parce que écrire pour le théâtre était une activité indigne d'un aristocrate, à moins que l'acteur Shakespeare ne lui ait volé ses pièces. Il faut rappeler ici que la littérature était un passe-temps naguère réservé aux membres de la noblesse et à leurs protégés. Les auteurs dramatiques se distinguent en étant les premiers à faire commerce de leur plume, ce qui ne leur vaut guère de considération. Leurs textes sont la propriété de la compagnie théâtrale qui en a passé commande, eux-mêmes s'occupent rarement d'en superviser la publication. Si Shakespeare a fait fortune en écrivant, c'est parce qu'il était actionnaire du Globe. La popularité du théâtre obligeait à un renouvellement rapide du répertoire, les collaborations étaient fréquentes, les piratages aussi. En un temps où il n'existait pas de *copyright*, faire imprimer les textes originaux était la seule façon de les protéger.

Les écrivains et amateurs qui ont connu Shakespeare le disent très apprécié du public, sans faire de lui le génie auquel les siècles suivants voueront un véritable culte. Paradoxalement, c'est cette vénération qui sera à l'origine des doutes concernant son identité. La biographie littéraire telle que nous la comprenons aujourd'hui ne naît qu'à la fin du XVIIIe siècle. Concernant le « divin Shakespeare », le « Barde », comme l'appellent alors ses thuriféraires, elle provoque une chasse aux documents, anecdotes et souvenirs relatifs à sa carrière. On cherche aussi des indices dans les œuvres, à commencer par la seule où l'auteur emploie le « je », les *Sonnets*, qu'il semble signer discrètement en fin de séquence par ses jeux de mots grivois sur *« will »*, à la fois l'abrégé de son prénom et le terme argotique désignant le sexe masculin, mais aussi la volonté, le désir, la luxure. Le poète William Wordsworth (1770-1850) a montré la voie aux détectives en déclarant qu'avec cette clé, Shakespeare nous a ouvert son cœur, *« with this key/ Shakespeare unlocked his heart ».*

Mais ces *Sonnets* sont-ils vraiment autobiographiques ? Rien n'est moins sûr. On connaît les conventions d'usage du pétrarquisme. Les artisans du vers s'appliquent à travailler la forme, et la sincérité affichée du sentiment fait partie de l'exercice, ainsi chez Du Bellay : « J'ai oublié l'art de pétrarquiser/ Je veux d'amour franchement deviser. » Si Dante, Pétrarque semblent s'inspirer d'une aventure personnelle, les sonnets d'un Thomas Wyatt adoptent un ton larmoyant étranger à sa forte nature : l'amoureux éconduit y prend les postures habituelles de la souffrance infligée par la froideur de sa dame. Le comte de Surrey expérimente de nouveaux schémas de rimes et met l'accent sur le distique déclamatoire final qui deviendra la marque du sonnet shakespearien. Sir Philip Sidney dédie la séquence *Astrophel and Stella* non à sa muse, mais à son épouse. Spenser, au lieu de s'adresser à une étoile hors d'atteinte, célèbre le matin de ses noces dans un *Epithalame*. Comme eux, Shakespeare dialogue avec ses prédécesseurs. Peut-être ouvre-t-il son cœur, à moins qu'il n'essaie une variation inédite en substituant à la belle lointaine un jeune homme blond trop éloigné de lui par la naissance et une femme brune trop généreuse de ses charmes. Ses comédies ne se privent pas de moquer les amoureux rimailleurs et leurs mauvais vers. Le traducteur François-Victor Hugo a résumé avec esprit les contraintes imposées au sonnettiste, qui doit sans relâche courir après son mètre et sa maîtresse, « avec cette condition de toujours manquer la belle et de ne jamais manquer la rime ».

L'ère du soupçon

Le poème de Wordsworth est le prélude à une véritable enquête de personnalité. Dans l'esprit des enquêteurs, Shakespeare ne pouvait connaître que ce qu'il avait vécu ou expérimenté. Ils sont généralement déçus par leurs rares trouvailles, quelques documents administratifs ou procéduriers qui s'accordent mal avec leur image du plus grand poète de l'humanité. Là où les justificatifs manquent, certains n'hésitent pas à en fabriquer, souligne James Shapiro. Malgré une quête acharnée, à la fin du XVIIIe siècle, les érudits et collectionneurs n'ont encore trouvé aucun document holographe reliant Shakespeare à l'œuvre dramatique, lorsqu'en décembre 1794, William Henry Ireland, clerc de notaire, déniche une pleine malle de documents et de livres dans la demeure d'un gentilhomme campagnard. Le lien rêvé est enfin établi par une lettre où la reine Elizabeth remercie Shakespeare de ses « jolis vers » et l'attend à Hampton Court avec ses meilleurs acteurs pour la divertir. Quelques mois plus tard, Ireland découvre un manuscrit de *King Lear*. L'enthousiasme à Londres confine au délire.

Mais apparaissent en même temps les premiers experts, dont Edmund Malone, qui rend trois mois plus tard un verdict sans appel : l'orthographe, la langue, le vocabulaire des documents sont truffés d'anachronismes. Ireland confesse qu'il les a forgés en les parant de sceaux volés à son étude. Tout est faux, y compris le portrait d'un jeune Jacobéen qu'il a maquillé pour le faire ressembler à l'effigie ornant le tombeau du poète dans l'église de Stratford, et le catalogue d'un millier de volumes collectés chez les bouquinistes, enrichis d'annotations signées Shakespeare, pour lui constituer une bibliothèque. Mais le pli est pris, conclut Shapiro, le portrait recomposé du « bon mari, sujet loyal, protestant dévot et homme de lettres complet » établit un précédent pour les candidatures à venir, qui se révéleront « tout aussi enracinées dans le fantasme, la projection et l'anachronisme ». Quant à Malone, il introduit d'autres dérives en cherchant dans les pièces des correspondances topiques, centrées pour la plupart sur la cour d'Elizabeth. Il y détecte aussi les sentiments personnels de l'auteur, telle la jalousie du mari trompé au sonnet 93, reprise dans *Othello*, qui vaudra à la veuve du poète de ne figurer dans son testament que par le don d'un lit de piètre qualité, *« my second-best bed »*. Dérive plus périlleuse encore, les pièces démontrent sa connaissance du droit, de la fauconnerie, de la navigation, des mœurs de la Cour… Ce profilage forcé va bientôt produire l'effet inverse.

Schlegel, puis Wordsworth invitent à lire dans les *Sonnets* les confessions de Shakespeare. Coleridge entend le poète parler par la voix de Prospero. Outre-Atlantique, le philosophe Emerson prend le relais et soutient les recherches d'une enseignante autodidacte, Delia Bacon. Impossible selon elle qu'un « acteur de troisième ordre, stupide et ignorant », soit l'auteur des pièces qu'on lui attribue : elles sont l'œuvre d'un collectif clandestin dirigé par sir Francis Bacon, conseiller juridique de la reine et futur chancelier de Jacques Ier, qui entreprend là un combat républicain contre le despotisme royal. Comme Hawthorne et Whitman, Emerson admire sa lecture politique des œuvres, sans tout à fait partager ses convictions. Un autre ami de Delia, Samuel Morse, lui inspire un vif engouement pour les codes secrets, les indices dissimulés dans les textes. Certaine que les lettres de Francis Bacon contiennent des instructions chiffrées, elle se rend en Angleterre dans l'espoir d'y dénicher les manuscrits disparus, se fait enfermer la nuit dans l'église de Stratford où est enterré Shakespeare, mais renonce pour finir à ouvrir sa tombe. En 1857, elle publie à Londres *The Philosophy of the Plays of Shakespeare Unfolded* (« La philosophie des pièces de Shakespeare dévoilée »), avant de sombrer dans la folie. Son ouvrage suscite des réactions divergentes. Si les pièces sont écrites à plusieurs, elles ne sauraient permettre une lecture autobiographique. Les dévots du divin Shakespeare, eux, refusent de croire qu'il ait pu s'associer à des auteurs médiocres. Les scissions commencent en même temps que l'ère du décryptage.

Après avoir longtemps chevauché en tête, Bacon est supplanté par Edward de Vere, comte d'Oxford, malgré un handicap sérieux : la mort du comte en 1604, alors qu'il restait encore la moitié des pièces à écrire. La parution d'un ouvrage de Charlton Ogburn a redonné tant de vigueur à la thèse oxfordienne qu'en 1987, trois juges de la Cour suprême des Etats-Unis président des débats conclus par un vote où « l'homme de Stratford » l'emporte de justesse sur le comte. A Londres, où la thèse d'Ogburn est officiellement soumise à un tribunal, le jugement prononcé entre les parties adverses tranche en faveur de Shakespeare. Pourtant, dernièrement, le film *Anonymous : Was Shakespeare a Fraud ?* (2011) soutenait avec fracas la candidature d'Oxford. Le film est présenté en ligne comme une enquête sur l'authenticité des œuvres et le climat politique de l'époque. A l'occasion de sa sortie aux Etats-Unis, Sony Pictures distribue des plans de cours aux professeurs de littérature et d'histoire visant à les « informer de la controverse », afin d'« encourager les étudiants à penser par eux-mêmes ». En toute objectivité, bien sûr : le natif de Stratford, un médiocre batteur de planches, s'empare de l'œuvre du comte – un fils caché d'Elizabeth –, lequel écrit pour un public d'amis car il veut délivrer la Cour des ministres de la reine. Ceux-ci, les infâmes Cecil, sont haïs par le peuple, qui reconnaît sous la bosse de Richard III le méchant bossu Robert Cecil, et se rue à l'assaut du palais après le spectacle. Ici le cinéaste déploie ses dons d'invention : la pièce donnée en prélude à la rébellion du comte d'Essex en 1601 n'était pas *Richard III* mais *Richard II*, et bien que jouée à la demande des conjurés, elle n'a pas été écrite pour l'occasion ; les Londoniens ne se sont pas soulevés ; comme ils étaient restés sagement chez eux, les Cecil n'ont pas fait tirer sur la foule à coups de canon. Et ils n'ont pas non plus incendié le Globe, qui a brûlé dix ans plus tard, lors d'un tir d'artifice pendant une représentation d'*Henry VIII*.

Les autres thèses anti-stratfordiennes ne sont pas moins farfelues : Bacon, lui aussi fils clandestin de la reine Elizabeth, entendait démontrer par ses pièces ses droits à la couronne. Mais sans se faire connaître ! Sir Henry Neville, emprisonné à la Tour après son soutien à la rébellion d'Essex, y aurait écrit *Hamlet* pour se justifier. Marlowe a pu survivre à la rixe qui l'avait laissé pour mort. Le patronyme Shakespeare pourrait venir d'un surnom donné à la Cour au comte d'Oxford, *Spear-shaker*, à moins qu'il ne soit la traduction anglaise d'un patronyme italien ou français, Crollalanza, Branle-lance. Les thèses des sceptiques, tous candidats confondus, dénoncent les « stratfordiens » comme étant farouchement attachés à la défense d'un *establishment* prospère. En fait, il n'existe pas de parti stratfordien constitué, mais des chercheurs aux quatre coins du monde qui estiment jusqu'à preuve du contraire que les documents existants sont aussi fiables et plus fournis que ceux concernant n'importe quel auteur dramatique élisabéthain, des universitaires qui ont dû répondre aux questions d'étudiants ou de proches ébranlés par ce qu'ils entendaient autour d'eux. J'ai encore souvenir de parents inquiets voulant s'assurer que leur fille n'allait pas perdre son temps à étudier un imposteur pendant son année de licence. Avait-il vraiment existé ? J'ai pu leur certifier que oui, son certificat de baptême daté du 26 avril 1564 le confirme. Mais la véritable énigme porte sur la possibilité d'une œuvre qui semble embrasser tout l'esprit humain, rappelle Peter Brook : « Bacon, Marlowe, Oxford, etc. L'absurdité de tout cela ne nous sert à rien. On change le nom, c'est tout. Le mystère reste entier. »

Vrai ou faux ?

Freud, qui a fondé sa thèse de l'Œdipe sur l'homme de Stratford, se convertit à la cause oxfordienne en lisant l'essai d'un certain Thomas Looney, *Shakespeare Identified in Edward De Vere Seventeenth Earl of Oxford* (1920). Les anti-stratfordiens citent volontiers la liste d'écrivains illustres et d'artistes prestigieux dans leurs rangs, Emerson, Hawthorne, préfacier de Delia Bacon, Walt Whitman, Henry James, Mark Twain, sans préciser qu'ils soutiennent chacun des prétendants différents ou se contentent d'exprimer des doutes sur l'identité de l'auteur. Doutes plus surprenants quand ils sont le fait d'acteurs familiers des textes, Orson Welles, John Gielgud, Vanessa Redgrave, qui tenait le rôle d'Elizabeth dans le film *Anonymous*, Mark Rylance, l'ancien directeur du Globe, Derek Jacobi…

Quand la légende paraît plus séduisante que la terne vérité des faits, on préfère généralement imprimer la légende. En 2016, l'agitation suscitée par le quadricentenaire du poète a réveillé le grand serpent de l'Avon. Ainsi l'a-t-on vu ressurgir un peu partout en France dans les médias, des plus sérieux aux plus frivoles, émissions sur les chaînes Histoire ou Arte, articles dans *Le Monde*, *Le Magazine littéraire*, parés de titres à sensation, « L'énigme shakespearienne », « Shakespeare mis à nu », « Le célèbre "Barde de Stratford" n'est pas celui qu'on croit », « Shakespeare, un pur spectre ». Selon deux ouvrages publiés conjointement, *John Florio, alias Shakespeare*, de Lamberto Tassinari, et *Shakespeare, le choix du spectre*, de Daniel Bougnoux, les pièces attribuées au « médiocre » homme de Stratford sont en réalité l'œuvre du linguiste John Florio, bien introduit dans l'aristocratie britannique, et auteur d'un dictionnaire anglo-italien. Il suffirait de secouer ce dictionnaire pour en faire tomber l'essentiel des mots qui composent l'œuvre théâtrale. Constatant un « dénivelé abyssal » entre le bourgeois enrichi de Stratford et l'œuvre qu'on lui attribue abusivement, Bougnoux, grand spécialiste d'Aragon, grand amateur de Shakespeare, juge urgent de le doter « d'une éducation, d'une surface sociale et d'un visage enfin dignes de son œuvre ». Mais si Florio était bien un érudit hors pair, et sa traduction des *Essais* de Montaigne admirable, on chercherait en vain dans ses écrits la moindre image ou les fulgurances de Shakespeare, la moindre trace d'un intérêt pour le théâtre, d'une connaissance du métier. François Laroque et moi-même savions d'avance qu'il était impossible d'en finir avec la légende, mais il nous a paru alors nécessaire de rectifier quelques contre-vérités en publiant sans tarder un état des lieux de la querelle dans *Shakespeare, combien de prétendants ?* Sans ébranler beaucoup les floristes, qui reviennent à la charge depuis peu avec un nouvel argument, relayé cette fois encore par *Le Monde* : la présence de deux mots, « Planet Sol », dans *Troïlus et Cressida* « prouve » que Shakespeare était un géo-héliocentriste averti, qui ne pouvait être autre que John Florio, alors que l'expression apparaît dans divers écrits antérieurs, et qu'une autre pièce, *Cymbeline*, exprime une vision copernicienne du monde.

Les anti-stratfordiens se plaignent souvent que le monde académique traite leurs ouvrages par le mépris, bien que nombre de chercheurs scrupuleux, Scott McCrea, Irvin Matus, Thomas Pendleton et d'autres, aient pris la peine d'étudier leurs théories, sans jamais ébranler leur intime conviction. Ils soulignent aussi, cette fois à juste titre, que les biographies de Shakespeare sont truffées de « peut-être », « sans doute » et autres « probablement ». Il est exact qu'on n'a retrouvé aucun bulletin scolaire prouvant qu'il a bien été élève de l'école de Stratford. Mais que le fils du maire de l'époque ait été dûment scolarisé, c'est plus que probable. Que le niveau des études ait été médiocre, et responsable du « peu de latin » de Shakespeare, c'est faux. L'école secondaire de Stratford appliquait le modèle établi par Erasme et le doyen John Colet pour Saint Paul's School, dont la première règle était l'étude approfondie de la grammaire et des auteurs latins sous la férule de maîtres compétents. Parmi les enseignants de Stratford, on compte un poète suffisamment réputé pour être cité dans le *Palladis Tamia*. Les nombreuses références à Ovide dans le *corpus* des pièces shakespeariennes, par exemple, montrent une connaissance intime des *Métamorphoses*, à la fois dans l'original et dans la traduction.

Exact aussi, aucun manuscrit des pièces n'a été retrouvé. Mais on n'en a pas retrouvé non plus d'autres dramaturges anglais de l'époque. Les textes, nous l'avons vu, ne leur appartenaient plus dès lors qu'ils avaient été rémunérés, et leurs brouillons confiés à un copiste. Les copies coûtant cher, l'usage était de les diviser en donnant à chaque acteur la partie qui lui revenait, d'où l'équivalent anglais du mot rôle, *part*. Assembler l'œuvre complète d'un auteur dans un volume au format luxueux, c'était presque sans précédent.

Le seul à s'y être risqué auparavant, Ben Jonson, s'était attiré des railleries pour sa vanité. Sans l'initiative de Heminges et Condell, non seulement les manuscrits mais une bonne partie des pièces de Shakespeare n'auraient pas survécu. Celles de Thomas Nashe (1567-1601) ont presque toutes disparu, et il en reste assez peu de l'énorme production du dramaturge Thomas Dekker (1572-1632).

Exact encore, les documents biographiques sont surtout des pièces comptables ou juridiques. L'auteur, quelle que soit son identité, n'a pas laissé de journal intime, ni de correspondance, préfaces ou conseils aux acteurs en dehors de ceux que Hamlet dicte aux comédiens d'Elseneur. Ces instructions, comme la répétition des artisans du *Songe d'une nuit d'été*, sont-elles le reflet de ses opinions personnelles sur le métier, peut-être, sans doute... Si l'on s'avance prudemment sur le terrain des indices livrés par l'œuvre, on peut en déduire au moins la certitude que le dramaturge connaissait bien son domaine, et qu'il a compris très vite comment varier la focale de ses scènes, utiliser le plateau en éperon pour mettre le public dans son jeu, exploiter au mieux les talents de ses interprètes, chant, mime, récitatif, soliloque, escrime, acrobaties...

Parmi les pièces indéniablement authentiques, le testament de Shakespeare a fait couler beaucoup d'encre. Signé le 25 mars 1616, moins d'un mois avant son décès, il constitue la principale source d'information sur sa vie, l'étendue de sa fortune, ses relations familiales et professionnelles. Mais il ne mentionne aucun livre, preuve selon les anti-stratfordiens que ce ne pouvait être le testament d'un écrivain. D'après Shapiro, ces assertions prouvent surtout leur ignorance des conventions testamentaires de l'époque : lorsque le gendre de Shakespeare fait enregistrer le testament aux bureaux de l'archevêché de Canterbury à Londres, la liste des documents fournis signale « un inventaire des effets domestiques du testateur » qui pouvait inclure sa bibliothèque. De toute façon, l'absence de livres n'a rien d'exceptionnel, confirme l'historien Roger Chartier. Souvent ils ne figurent pas dans les inventaires, même ceux des biens d'étudiants, de pasteurs ou d'écrivains reconnus. Les testaments de l'illustre théologien Richard Hooker ou du poète Samuel Daniel n'en comportent pas non plus.

Le nom de Shakespeare est orthographié d'une demi-douzaine de manières différentes. Faut-il en conclure que selon qu'il s'écrit avec ou sans tiret, Shake-spear, il désigne des individus différents, le natif de Stratford et le signataire des in-quartos ? Là encore, il ne s'agit pas d'un cas isolé. On peut citer l'exemple de Marlowe, Merlin, Marlin, Marley, ou les vingt-six variantes du nom de Philip Henslowe, propriétaire du Rose Theatre, qu'on voit dans *Shakespeare in Love* aux prises avec des gratte-papier nécessiteux.

Entre autres hypothèses, aucun contemporain n'atteignant à l'excellence de Shakespeare, ses pièces devaient être le produit de collaborations. C'est en partie vrai. Pour certaines, les collaborations sont avérées, et elles ne faisaient pas mystère à l'époque. La signature n'avait pas non plus la valeur qu'on lui prête aujourd'hui. Les œuvres très populaires de Thomas Kyd (1558-1594) ont paru anonymement, seule sa traduction de la *Cornélie* de Robert Garnier pour le cercle érudit de Sidney porte son nom. Certaines pièces imprimées sont attribuées parfois avec désinvolture, selon la notoriété d'un auteur et l'espoir qu'il fasse vendre. La couverture de l'anthologie *The Passionate Pilgrim* annonce *« by W. Shakespeare »* alors qu'elle contient seulement cinq poèmes de lui. Son nom n'apparaît pas sur les premiers in-quartos, mais sur des rééditions à partir de 1598, où il commence à être connu. L'usage de composer à plusieurs mains était courant, pour répondre à la forte demande du public ou pour toute autre raison imposant l'urgence. Après passage chez le censeur, la pièce d'Anthony Munday et Henry Chettle, *Sir Thomas More*, écrite vers 1596, est révisée après la mort de la reine par au moins trois auteurs différents, dont Shakespeare.

Les voix du silence

Trait commun à ces divers arguments, chaque fois l'absence de preuve constitue une preuve en soi. Tout a été dit déjà sur le fonctionnement propre aux théories du complot. Qu'il s'agisse de démasquer Corneille derrière Molière, Bacon, Oxford ou Florio derrière Shakespeare, la démarche est la même. Laurent Joffrin l'a rappelé dans un récent éditorial de *Libération* : appliquée à toute sorte d'événements, elle « consiste à se concentrer sur des détails étranges, troublants, inattendus, qu'on énumère dans un procédé d'accumulation, pour suggérer avec force sous-entendus que l'histoire "officielle" n'est pas la vraie et qu'il y a une manipulation derrière les scènes rapportées par les médias *"mainstream"* ». Ainsi le raisonnement complotiste élimine tous les éléments de preuve fournis par la thèse dite officielle, sans préciser l'origine ni la méthode de la manipulation, et dénonce les contradicteurs comme autant de suppôts de la censure ou de la pensée unique : « S'il y a tant de contradicteurs, cela démontre que le complot est bien plus étendu qu'on ne croit. » Ajoutons à cela que la parole des sages et des savants s'est dépréciée depuis qu'ils sont descendus de leurs chaires pour se répandre à la télévision, que les experts de tout poil ne font pas le poids contre l'autorité des réseaux sociaux.

Si complot il y eut organisé de son temps autour de l'homme de Stratford, il faudrait imaginer un secret connu de plusieurs centaines de personnes, et gardé si farouchement que rien n'aurait filtré pendant plus de deux siècles, dans une ville provinciale comme Stratford, dans le petit monde du théâtre, des comtes d'Essex et de Southampton, des mécènes ou amis et leurs domestiques, celui de Cambridge, le Londres des éditeurs et imprimeurs, la Cour où le *Master of the Revels*, officier de la maison royale en charge des Menus Plaisirs, fait office de censeur, ou encore les écoles de droit qui ont commandé des représentations spéciales d'œuvres signées Shakespeare. Pourquoi se faisaient-ils tous complices d'une telle fraude ? Quel pouvait être leur intérêt commun à taire la vérité ? Les sceptiques ne le disent pas.

Pendant la guerre civile, en 1647, les théâtres sont fermés depuis cinq ans lorsque paraît l'in-folio des pièces de Beaumont et Fletcher. Les signataires de la dédicace, survivants de la troupe des King's Men, évoquent la parution des œuvres de *« that sweet swan of Avon, William Shakespeare »*. On a dû oublier de les prévenir qu'ils se trompaient de cygne. Si Oxford était l'auteur de ces œuvres, pourquoi les puritains de Cromwell auraient-ils voulu en dissimuler la paternité aristocratique alors qu'ils reprochaient à Charles Ier de perdre son temps avec du Shakespeare au lieu de lire la Bible, on ne sait trop. Et dans le cas d'Oxford, interroge Pendleton, pourquoi le fait d'écrire pour le théâtre serait-il si pendable alors que les témoignages contemporains l'accusent ouvertement de tous les vices ?

Ces objections et bien d'autres ont déjà été maintes fois énumérées, mais les complotistes font preuve d'une ingéniosité étourdissante quand on les leur soumet. Que certains candidats comme Marlowe ou Oxford soient morts trop tôt, par exemple, ne suffit pas à décourager leurs supporters : la mystérieuse rixe de Deptford où

Marlowe aurait trouvé la mort en 1593 était organisée pour l'exfiltrer en vue de nouvelles missions d'espionnage. Oxford a laissé des scénarios que d'autres ont complétés, en y ajoutant des allusions topiques. La méthode de l'anti-stratfordien Lamberto Tassinari, résume Lois Potter, biographe de Shakespeare, « c'est pile je gagne face tu perds » : si l'auteur manifeste des connaissances de l'Italie, c'est qu'il est italien, comme Florio, mais s'il prend le Rialto pour un square, c'est qu'il fait exprès des erreurs pour dissimuler sa véritable identité. Si ses personnages attendent la marée pour se rendre en bateau de Vérone à Milan, c'est qu'ils ont emprunté des canaux qui le permettaient à l'époque. Leurs adversaires, souvent plus raisonnables, moins fervents, finissent par se lasser de rétablir les faits, et sont à leur tour dénoncés comme complices de ce vaste complot. Scott McCrea ne se faisait guère d'illusions quand il a assorti son ouvrage exhaustif du sous-titre *The End of the Authorship Question* en 2005 : aucune preuve ne peut convaincre un vrai croyant, car rien ne peut invalider son idée fixe.

Bibliographie sélective

Brook, Peter, *Avec Shakespeare*, Actes Sud, 1998.

Déprats, Jean-Michel, *Shakespeare*, PUF, coll. « Que sais-je ? », 2016.

Goy-Blanquet, Dominique et Laroque, François (éd.), avec Roger Chartier, Lois Potter, James Shapiro *et al.*, *Shakespeare, combien de prétendants ?*, éditions Thierry Marchaisse, coll. « Octets », 2016.

Joffrin, Laurent, *Libération*, 4 juin 2018.

McCrea, Scott, *The Case for Shakespeare : The End of the Authorship Question*, Westport, Conn., Praeger, 2005.

Pendleton, Thomas, « Irvin Matus's *Shakespeare, IN FACT* », *The Shakespeare Newsletter*, été 1994.

Regnault, François, « Et si c'était X qui avait écrit les œuvres de Y », *Une mémoire. Nouveaux écrits sur le théâtre*, Riveneuve/ Archimbaud, 2018.

Schoenbaum, Samuel, *William Shakespeare*, Flammarion, 1996, trad. A.-D. Balmès de *William Shakespeare : A Compact Documentary Life*, Oxford University Press, 1987.

Voir aussi le débat entre Alan Nelson et Diana Price à l'adresse :
http://shakespeare-authorship.com/?page=nelsonresponse

L'inventaire des polémiques sur le site de David Kathman et Terry Ross :
https://shakespeareauthorship.com

Et les anti-stratfordiens cités :

Bacon, Delia, *The Philosophy of the Plays of Shakespeare Unfolded*, Londres, 1857.

Bougnoux, Daniel, *Shakespeare, le choix du spectre*, Impressions nouvelles, 2016.

Freud, Sigmund, « Correspondance pour Londres », in *Correspondances de Freud*, éd. Stéphane Michaud, Presses de la Sorbonne nouvelle, 2008.

Looney, Thomas, *Shakespeare Identified in Edward De Vere Seventeenth Earl of Oxford*, Londres, 1920.

Ogburn, Charlton, *The Mysterious William Shakespeare : the Myth and the Reality,* New York, 1984.

Price, Diana, *Shakespeare's Unorthodox Biography*, Wesport, Conn., 2001.

Tassinari, Lamberto, *John Florio alias Shakespeare*, trad. Michel Vaïs, Le Bord de l'eau, 2016.

Twain, Mark, *Shakespeare or not Shakespeare ?*, Castor astral, 2016, trad. Thierry Gillybœuf de *Is Shakespeare Dead ? From my Autobiography*, New York, 1909.

Whitman, Walt, « Shakspere's Cipher », *The Cosmopolitan*, octobre 1887.

IX

Pâques. L'île mystérieuse

par Anne Pons

Une île minuscule de 165 km², perdue dans l'immensité du Grand Océan, à plus de 4 000 kilomètres de toute terre habitée. La plus éloignée des cinq archipels de la Polynésie française, agglomération éparse dont Bougainville disait : « Autant d'îles inabordables qui ne méritent pas qu'on perde son temps à les visiter. » Une île volcanique, boisée ou dénudée selon les siècles et dont les mystérieuses statues géantes sont les seules gardiennes (Pierre Loti). *Jusqu'au* XVIIIe *siècle, les Européens qui sillonnent le Pacifique Sud, Portugais, Espagnols et Hollandais, passent au large de Rapa Nui sans même soupçonner son existence. Ils tracent leur route vers le sud, convaincus de l'existence d'un continent austral riche et peuplé, la* Terra Australis incognita, *censé équilibrer l'ensemble des terres situées au nord de l'équateur. Observant les Instructions, ignorant qu'il s'agit d'une chimère, lançant leurs somptueux navires qui jaugeaient jusqu'à 1 000 tonneaux à l'assaut du néant, alors que l'Antarctique, situé à 15 000 kilomètres au sud, ne serait découvert qu'en 1821.*

« Nous voyageons partout où il y a de l'argent à gagner »

Lorsqu'un jour de 1722, le capitaine hollandais Jacob Roggeveen aperçoit par hasard une côte inconnue, il ignore que sa future découverte suscitera des débats passionnés et que les experts n'auront jamais fini de décrypter ses mystères. Né à Middleburg en 1683 d'un père érudit, féru de traités de navigation, de géographie et d'astronomie, Jacob a déjà une longue carrière derrière lui, notamment comme « seigneur du Conseil de la Justice » à Batavia (aujourd'hui Jakarta) quand il décide de rentrer dans sa ville natale. En dépit de ses 62 ans, il souhaite monter une expédition pour l'hémisphère austral en hommage à son père qui n'avait jamais pris la mer faute de moyens financiers. A Middleburg, la VOC, Compagnie néerlandaise des Indes occidentales *(Vereen Oostindische Compagnie)*, détient le monopole d'un commerce florissant avec les Indes, c'est-à-dire tout l'Extrême-Orient. En atteste dès 1639 cette déclaration à l'emporte-pièce : « Nous les bourgeois d'Amsterdam, nous voyageons partout où il y a de l'argent à gagner, sur toutes les mers et le long de tous les rivages. » Ce sont donc les marchands que la VOC tient en grande estime, et non les capitaines, *shippers* qui ne sont que des exécutants, à l'inverse de leurs homologues anglais ou français. Fermement décidé à participer au voyage, Jan, le frère de Jacob, négociant prospère au service de la Compagnie, se fait l'ardent avocat de son entreprise. A eux deux, ils obtiennent le consentement de la Compagnie et les fonds nécessaires. Même si Roggeveen avait déjà averti la VOC que seule la glace régnait dans le Grand Sud, qui sait s'il ne trouverait pas l'hypothétique continent ? Trois vaisseaux sont mis à sa disposition, dont l'un placé sous les ordres du navigateur allemand Karl Friedrich Behrens. Ils appareillent le 1er août 1721, avec des vivres secs et vivants, des moutons, du bois de chauffe, du fromage de Hollande et des barriques de vin. Editée en hollandais, puis en allemand aux dépens de la Compagnie, la relation due à la plume de Jacob sera traduite en français par Behrens sous le titre *Histoire de l'expédition de trois vaisseaux aux terres australes* en 1739. Les citations sur lesquelles s'appuie cet article proviennent d'une traduction plus récente, publiée en 1809 par Bancarel dans la *Collection abrégée des voyages anciens et modernes autour du monde*.

« Nous l'appelâmes l'île de Pâques »

A défaut du continent austral, Roggeveen découvre une île bien réelle, Rapa Nui. « C'était le 6 avril (le 14 selon Etienne Taillemite, le calendrier julien accusant un retard par rapport à notre calendrier grégorien), jour anniversaire de la résurrection de Jésus-Christ, et nous l'appelâmes *l'île de Pâques (Paasch-Eyland).* » Tout comme les noms des saints, des marins et des savants envahissent peu à peu les mappemondes, « les navigateurs écrivent la grande page blanche du Pacifique », selon la belle formule de Michel de Certeau. Mais ce jour-là, la page est noire et le Pacifique en colère. Le ciel s'enténèbre, la tempête sévit et les vaisseaux doivent rester à l'ancre une nuit entière. A la pointe du jour, un insulaire se porte à leur rencontre et accepte sans façon de monter à bord : « On lui donna du corail et d'autres brimborions pour se parer, et il pendit tout cela à son cou avec du poisson sec. Son teint était d'une couleur rembrunie, ses oreilles très longues pendaient sur ses épaules. Il était d'une physionomie heureuse, plein de gaieté et de vivacité et accompagnait ses discours de beaucoup de gestes, sans doute afin de se faire mieux comprendre. » En dépit de ces termes optimistes, l'homme est beaucoup moins confiant qu'il n'y paraît. Il refuse de boire et de manger, le son de la cloche l'effraie et il ressent une peur bleue en surprenant le reflet de son visage dans un miroir. Cependant, dès qu'il entend la musique des violons, sensible aux modulations de ces sons étrangers, il chante et danse avec entrain : « La symphonie lui inspira beaucoup de gaieté, et chaque fois qu'on le prenait par la main, il se mettait à sauter avec les marins comme un enfant. » Bien que les Hollandais n'aient pas pour mission de « faire du chrétien », ils sont enchantés de constater que l'homme a le sens de la pudeur : « Il semble éprouver quelque honte de sa nudité surtout à côté de nos vêtements. Il se montre heureux et très satisfait quand nous lui attachons un morceau de toile autour de la taille comme pour cacher ses parties. » Mais voilà qu'à son grand déplaisir, on l'oblige à retourner auprès des siens pour témoigner de l'accueil amical qui lui a été réservé.

Au lendemain, les navires mouillent dans une baie du nord-est de l'île, aujourd'hui nommée baie de Lapérouse, quand ils voient approcher des pirogues emplies d'insulaires qui leur proposent « des poules et des racines apprêtées à leur manière ». « Parti sans doute par mégarde », un fusil tue d'une seule balle un malheureux qui revenait vers eux avec un supplément de volailles. « Par mégarde » ! Les nouvelles transmises aux autorités par les journaux de bord doivent masquer les erreurs des capitaines et les combats sanglants de façon à donner une image idéale de la grandeur des nations. L'affaire s'envenime lorsque Roggeveen débarque avec 150 hommes.

Des hordes leur barrent le passage, si bien qu'affolés par les tentatives de larcin et de jets de pierres, les Hollandais déchargent leurs mousquets et tuent une douzaine de Pascuans.

Sauvages affables ou guerriers vociférants, femmes nues consentantes ou forcées, quiproquos suivis d'affrontements violents, volées de flèches empoisonnées, de lances et de harpons ou tirs au fusil… : « primitifs » et « civilisés » se sont longtemps côtoyés sans se comprendre. Manquaient-ils d'intelligence, les officiers de marine ? Leurs préventions culturelles les rendaient-ils sourds et aveugles ? Une fois cessées les hostilités, ils demeurent étonnés de voir que les échanges amicaux avec les « sauvages » se rétablissent rapidement, sans rancune…

En précurseur des Lumières, Roggeveen observe les idées et les coutumes des Pascuans, qu'il évalue à 5 000 personnes environ. Les naturels montent à bord sans être déroutés par les moutons installés à demeure, bien qu'ils n'en aient jamais vu de leur vie. Il note aussi qu'ils tirent entièrement leur subsistance du produit de la terre : « Tout y était planté, semé et labouré. » Mais ce qui l'intrigue par-dessus tout ce sont d'abord les moaï, ces statues géantes qui semblent le défier : « Il paraissait que ces pauvres gens se fiaient pour leur sûreté à la protection de leurs idoles. Ces statues étaient toutes de pierre, ayant la figure d'un homme avec de longues oreilles ; leur tête était ornée d'une couronne, le tout proportionné selon les règles de l'art, ce qui nous remplit d'étonnement, car nous ne pouvions comprendre comment des indigènes sans solides épars et sans cordages furent capables de les dresser. » Roggeveen entend rester sur place pour approfondir la question quand survient une tempête qui met ses navires en péril et l'oblige à quitter l'île. Puis les guerres en Europe vont suspendre l'exploration du Pacifique pendant près de cinquante ans, jusqu'au 15 novembre 1770, où « l'isla San Carlos » est annexée par les Espagnols. Seules traces du bref passage de Felipe Gonzalez de Haedo, leur capitaine : les trois croix qu'il fit dresser au sommet d'un volcan, et le vague projet d'établir une mission.

Les navigateurs des Lumières : James Cook et Lapérouse

Rien ne prédestinait le petit James Cook, né en 1728 d'un modeste paysan du Yorkshire, à devenir le plus illustre explorateur de l'Angleterre du XVIIIe siècle. Après des débuts comme commis d'épicerie dans un port de pêche, il ne songe plus qu'à prendre la mer. A peine éclatées les hostilités qui précèdent la guerre de Sept Ans, il se retrouve en Amérique du Nord (l'un des fronts de la guerre), où il établit la cartographie des côtes du Labrador. La perfection de son travail lui vaut d'être remarqué par les lords de l'Amirauté et les savants de la Royal Society, qui convainquent le roi George III de lui donner le commandement d'une première circumnavigation conduite sous les auspices de la science et de l'humanisme (1768-1771). Il repartira deux fois (1772-1775 et 1776-1780) et mourra assassiné sur une plage d'Hawaï au cours de son troisième voyage.

Promu *commander* à l'occasion de son deuxième voyage, il part équipé de l'horloge marine K1 copiée sur la fameuse H-4 de Harrison, qui permettait de calculer en mer la longitude pour la première fois. C'est le début de l'hydrographie scientifique et les cartes du Pacifique Sud établies de sa main sont si précises qu'elles sont encore fiables de nos jours. Une pléiade de savants renommés, dont les Allemands Johann Forster et son fils Georg, l'accompagnent, ainsi que l'astronome William Wales. Participent également à l'opération des illustrateurs talentueux, tel le peintre William Hodges, et un interprète du nom de Mahine, qui parle la langue polynésienne, parfaitement accessible aux Pascuans. Ses impressions se résumeront par une formule lapidaire : « Les gens sont bons, le pays est mauvais. » Les Instructions lui enjoignent de s'approcher au plus près du pôle austral pour mettre un point final au problème du continent fantôme dont Cook lui-même commençait à douter qu'il existât. Le *Resolution,* charbonnier d'une solidité à toute épreuve, réarmé pour l'occasion, ayant perdu dans les brumes son vaisseau de conserve l'*Adventure,* s'élance seul vers le sud et s'enfonce dans les glaces. Trois mois plus tard, la mer se fige et n'offre plus une seule brèche par laquelle se faufiler. La température tombe en chute libre, le brouillard, la tempête entrent dans la danse et des symptômes de scorbut et de fièvres catarrhales se répandent. Cook, qui juge « téméraire et dangereux » de persévérer, décide de remonter vers Tahiti pour ravitailler ses marins. Son acharnement, sa ténacité le poussent alors à relever un dernier défi. Il repique sur la banquise et subit un échec définitif : « Moi dont la seule ambition est de descendre vers le sud plus loin qu'aucun homme ne l'a jamais fait, j'avoue que je ne suis pas fâché de rencontrer cet obstacle. C'est pour nous la fin des souffrances sans nom qui accompagnent toute navigation dans les régions polaires méridionales. » Il remet cap au nord, mais refuse de rentrer en Angleterre par le plus court chemin (le cap de Bonne-Espérance). « Ce voyage ne peut être comparé à aucun autre, déclare-t-il à ses marins, les instructions des lords ne se limitent pas à la découverte du continent austral. Nous devons partir à la recherche d'*Easter Island* dont la situation est si mal connue que l'on peine à la localiser. »

L'île de la déception

Le 11 mars 1774, la vigie aperçoit du haut de son perchoir une terre volcanique et désolée, mais la perspective de sentir le sol sous leurs pieds réconforte les troupes. C'est bien l'île de Pâques, reconnaissable aux statues colossales décrites dans le voyage de Roggeveen. Le 13, Cook descend à terre avec quelques-uns de ses hommes et cherche à s'informer des denrées disponibles. Boire enfin, manger en suffisance des vivres frais ! Son espoir fait long feu : « Il n'y a pas d'autre île dans la mer qui offre moins de rafraîchissements et de commodités que celle-ci. » S'il veut éviter la progression du scorbut, il n'a guère d'autre choix que de repartir au plus vite. Malgré la brièveté du séjour, les journaux de bord multiplient les observations précises sur les habitants, la végétation et les moaï, ces gigantesques statues « à peine ébauchées, couronnées d'un lourd chapiteau dans le style égyptien et dont la grossièreté de facture annonce l'enfance des arts ». Marquaient-elles l'emplacement de sépultures ou servaient-elles à effrayer les envahisseurs ? Elles sont construites en très grandes pierres de taille et « leur travail n'est pas inférieur à celui de plusieurs ouvrages de maçonnerie simple que nous avons en Angleterre ». Combien de bras ont-ils été nécessaires, combien de morts peut-être, pour soulever des pierres d'une taille et d'un poids pareils et les redresser sans aucun moyen mécanique ? Certaines sont brisées, d'autres, renversées. Un cataclysme aurait-il interrompu le travail des sculpteurs de pierre ? Ils notent la faible densité de l'habitat.

Reinhold Forster exécute des croquis qui, gravés et publiés, feront sensation dans les salons et dans les cabinets de curiosités européens. Suivons pas à pas ces savants de l'*Enlightenment* anglais, cartographes, dessinateurs, botanistes ou géologues, qui arpentent des terres inconnues. Ce qu'affirmait l'un des auteurs du voyage de Roggeveen en 1722 ne correspond plus à la réalité qu'ils ont sous les yeux, comme si l'île, une fois retournée à sa solitude et ses mystères, arborait des masques différents siècle après siècle. En fait de géants, les insulaires sont des êtres frêles, qui n'atteignent pas 6 pieds de haut. Très hospitaliers, ils échangent le peu qu'ils ont, patates douces, bananes et cannes à sucre, contre des clous, des miroirs et des pièces d'étoffe, mais ils n'ont aucun superflu dont ils puissent disposer en faveur des étrangers de passage. Leur sens du négoce est tel qu'il leur arrive de proposer leurs femmes aux marins, qui forniquent avec elles à l'ombre des moaï en échange d'une chemise (sous l'œil réprobateur et puritain de Cook et de ses officiers). Ce sont tous de fieffés voleurs : « Nous eûmes beaucoup de peine à garder nos chapeaux sur nos têtes et quant à ce qui était dans nos poches, il était presque impossible de le conserver, même quand ils venaient de nous le vendre. » Malgré les multiples larcins, un seul coup de fusil fut tiré durant tout le séjour.

« Le Roi le veult »

« Incomparable » : le mot est appliqué par Louis XVI à James Cook, son idole, dont il avait lu en anglais les *Relations de voyages autour du monde*. Conscient de la prééminence britannique et du retard de la France dans le domaine des explorations, et malgré l'état désastreux des finances au lendemain de la guerre d'Indépendance américaine, le souverain consent à sacrifier plus d'un million de livres à « la plus illustre expédition navale jamais projetée en France ». A sa tête Lapérouse, marin qui s'était couvert de gloire en battant les Anglais dans la baie d'Hudson, connu pour son humanisme et son sens du devoir. Dans l'esprit du roi, qui corrige de sa main le mémoire de Fleurieu, directeur des Ports et Arsenaux, et rédige lui-même le reste des Instructions, ce voyage doit compléter les observations de Cook. Une équipe scientifique de premier plan, les astronomes Dagelet et Monge, le botaniste La Martinière, le peintre Duché de Vancy, Collignon, le jardinier du Jardin du roi à Paris, pour ne citer qu'eux, participent à l'expédition. Rejoignons le chef d'escadre lors de son arrivée à l'île de Pâques le 8 avril 1786, après une longue escale de trois semaines au Chili, où la remise en état de *La Boussole* et de *L'Astrolabe* lui a fait perdre un temps précieux. Le 9, les deux frégates longent la côte de l'île pour ancrer dans la baie de Cook, escortés par des Indiens qui n'hésitent pas à les suivre à la nage contre vents et marées. Ces derniers finissent par monter à bord, vêtus de leurs seuls tatouages et sans la moindre arme, « avec des airs enjoués qui [me] donnèrent la meilleure impression de leur caractère ». Et de leur accorder sa confiance : « Il n'y a personne qui, ayant lu les relations des derniers voyageurs, puisse prendre les Indiens de la mer du Sud pour des sauvages ; ils ont au contraire fait de très grands progrès dans la civilisation. » Malgré sa bienveillance envers les insulaires, Lapérouse découvrira avant de mourir tragiquement que l'idée de bon sauvage n'est qu'un rêve écorné par la réalité, un mythe pour philosophes en chambre.

Contrairement à Cook et à ses marins, les Français débarquent en parfaite santé, avec des provisions pour plusieurs mois. Les savants parcourent quelque 7 kilomètres « avec ceux qui s'en sentent la force ». Collignon cherche un coin fertile pour y planter graines, choux, carottes, maïs et citrouilles. Comblés de présents – il leur est également confié des cochons, des boucs, des chèvres et des brebis –, les natifs applaudissent, tout en chapardant ce qui se trouve « à portée de [leur] main », aussi bien mouchoirs que chapeaux. Lapérouse ferme les yeux et s'évertue à leur trouver des excuses : « Il est certain que ces peuples n'ont pas sur le vol les mêmes idées que nous, ils n'y attachent vraisemblablement aucune honte », écrit-il. Chapeau, si l'on ose dire après qu'on lui a dérobé son tricorne ! Les femmes contribuent aux friponneries de leur mari, du moins celles qui consentent à marchander leurs appas, car il en est d'autres que l'on force à s'offrir et qui tremblent de peur. Comment Bougainville avait-il pu se tromper à ce point, se demande-t-il, lui qui avait parlé de paradis à propos de rencontres sexuelles d'une telle cruauté ? « Ils faisaient violence à des jeunes filles de treize à quatorze ans pour les entraîner auprès de nous, dans l'espoir d'en recevoir le salaire ; la répugnance de ces jeunes Indiennes était preuve que l'on violait à leur égard les lois du pays. Aucun Français n'a usé du droit barbare qu'on lui donnait ; et s'il y a eu quelques moments donnés à la nature, le désir et le consentement étaient réciproques. » De Cook, Lapérouse parle avec sa franchise coutumière. Tout en reconnaissant qu'il « a payé de son sang toutes les lumières que nous avons aujourd'hui sur ces peuples », il lui adresse quelques critiques : « J'ose croire qu'il n'a pas bien vu cette île. » Il se serait mépris sur l'époque des moaï : « Loin de témoigner de l'activité d'un peuple à jamais disparu, ces bustes pourraient être l'ouvrage de la génération actuelle. » Enfin, les dessins de Hodges ne rendent que très imparfaitement la réalité et

Johann Forster se trompe en évaluant le nombre d'habitants. Mais le temps presse, et ils doivent repartir pour compenser le retard pris au Chili. Ils ne sont restés à terre que vingt-quatre heures…

« *Une civilisation en train de disparaître* » (Pierre Loti)

En 1805, une goélette américaine débarque sur l'île et s'empare d'une vingtaine d'hommes, de femmes et d'enfants qui sont déportés comme esclaves vers les îles Juan Fernandez, au large du Chili. Mais le pire reste à venir. Des brigands péruviens abordent en 1862 et enlèvent 1 100 insulaires, la moitié de la population, pour exploiter les gisements de guano dans les îles Chincha, proches du littoral sud-américain. La plupart meurent rapidement en exil, et parmi eux les principaux chefs et les prêtres, seuls capables de déchiffrer le rongo-rongo, écriture façonnée sur des tablettes de bois (les bois parlants), découvertes en 1864, dont ne subsistent aujourd'hui qu'une vingtaine d'exemplaires et qui résiste jusqu'à présent à toute tentative d'élucidation. Après l'intervention énergique des autorités françaises et britanniques pour mettre fin à ces procédés, une centaine de captifs, dont quinze seulement survécurent, revirent leur pays natal ; porteurs de maladies infectieuses, tuberculose, variole et dysenterie, ils contaminèrent leurs compatriotes. C'est dans cette atmosphère délétère que la mission des Sacrés-Cœurs de Jésus et de Marie s'implanta dans l'île sous la houlette du frère convers Eugène Eyraud, qui convertit les rescapés au catholicisme. Toute trace de vénération à l'égard de leurs chefs religieux, les Hommes-Oiseaux, et aux anciens dieux disparaît.

Telle est la situation lorsque, le 3 janvier 1872, la frégate *La Flore* fait escale à l'île de Pâques quatre jours durant pour effectuer des relevés hydrographiques. A son bord, un aspirant de marine âgé de 22 ans, Julien Viaud, dont le génie léguera à la postérité un récit à la fois précis, clairvoyant et teinté de fantastique. Visage aux joues d'enfant, yeux éberlués, visière de sa casquette plate au ras des sourcils, il est loin d'avoir la prestance qui sera la sienne sous le nom de Pierre Loti. Mais ce qui le rend différent de ses prédécesseurs est « l'usage du monde » qu'il inaugure, prémonitoire de sa vie future : un ardent désir de communiquer avec les indigènes, hommes et femmes, la faculté de se mettre dans la peau, voire dans le vêtement de ses interlocuteurs, ce qui ne l'empêche pas de les craindre : « On ne sait jamais, affirme-t-il, quel degré de férocité peut atteindre un sauvage, naturellement doux, quand il est poussé par quelque passion inconnue aux hommes civilisés. » Rapidement, l'âme des anciens hommes de Rapa Nui pénètre la sienne, et pas seulement l'âme des habitants, hommes et femmes, mais aussi celle « des hautes statues monstrueuses » dont il multiplie les portraits : « Elles n'ont point d'yeux et cependant, elles ont l'air de regarder et de penser. » Ses talents de dessinateur, ses qualités de visionnaire n'échappent ni à l'amiral de Lapelin ni au commandant de la frégate, qui lui accordent l'autorisation de descendre à terre plus souvent qu'à son tour.

Le 5 janvier, à 8 heures, l'amiral informe Julien qu'il a reçu l'ordre de rapporter en France « une idole remplissant certaines conditions de taille et de physionomie ». Cette statue exceptionnelle se trouve sur le volcan-carrière de Rano Raraku, dans la partie est de l'île où Viaud a déjà repéré des dizaines de moaï dressés et des centaines de figures inachevées. Dès le matin, *La Flore* est en pleine ébullition. A midi, la chaloupe prévue pour l'enlèvement ploie sous le poids des palans et des chariots. Une centaine de matelots montent à bord sous la conduite d'un lieutenant, prétendument artiste. Tout est prévu pour donner un côté grandiose et martial à l'affaire; les hommes devront marcher en rangs, au pas et au son des clairons, mais une fois débarqués, ils sont entourés de filles à demi nues, ce qui nuit au bon ordre de la cérémonie. Néanmoins, ils achèvent leur tâche. Bousculées par les leviers, les statues tombent à terre pêle-mêle et se renversent; on choisit la dernière retournée, trop lourde à rapporter « sans savoir encore laquelle aurait l'honneur de se voir couper la tête pour aller figurer au Louvre », écrit Viaud (elle sera transportée sur *La Flore* et apportée au musée de l'Homme à Paris, puis transférée en 2005 au musée du quai Branly). Horrifié, il parle de massacre et qualifie la scène de « lèse-sauvagerie ».

Sauver l'oubli, expliquer le passé

D'autres sont venus. Nombre de savants, comme Thor Heyerdahl ou Alfred Métraux, qui resta cinq mois sur l'île (1934-1935), dont il dit qu'elle lui aura causé « infiniment plus de travail que des années de séjour dans quelque terre bénie de l'ethnographie ». Des travaux salutaires au cœur desquels était tapi un double danger : susciter le rush des touristes persuadés que Rapa Nui était encore sauvage et isolée et qu'ils n'en viennent à la défigurer. Loti l'avait vu, qui regrettait que le monde soit déjà trop exploré : « Autrefois, quand les distances étaient plus grandes et les mers plus inconnues. » L'appauvrissement de la biodiversité, l'épuisement des ressources naturelles, l'envahissement des produits dérivés et des gadgets mercantiles, la prolifération des iPads, des T-shirts ou des mugs de simili-porcelaine l'ont emporté sur le mystère et la beauté. Alarmés par l'afflux croissant des visiteurs (près de 120 000 touristes chaque année) et les déprédations, les Pascuans ont réagi dès 2009, en manifestant sur le tarmac de leur aéroport pour obtenir un quota. Au mois d'août 2018, ils ont été entendus par le gouvernement chilien : désormais, la durée des séjours autorisés pour les étrangers est passée de quatre-vingt-dix à trente jours…

Efforts mineurs et bien tardifs pour préserver les reliefs d'une civilisation fascinante, unique exemple d'une culture dont les témoignages sont disponibles et éloquents, impressionnants et inexplicables. Si l'on s'accorde à peu près sur l'origine polynésienne de la population, ces Matamua venus aux VIIe, IXe ou XIIe siècles, on ne sait pas trop, des îles Marquises ou des Tuamotu, les spécialistes divergent sur un apport péruvien plus tardif, qui expliquerait le type inca caractérisant les moaï. Surtout, comment ces derniers, près d'un millier dont certains atteignent une hauteur de 10 mètres et un poids de 80 tonnes, taillés dans le tuf du volcan Rano Raraku et installés sur près de 300 terrasses tournant le dos à la mer, ont-ils été sculptés puis transportés et érigés parfois à une vingtaine de kilomètres de la carrière ? Les théories se sont multipliées, se répartissant schématiquement en deux camps : soit les blocs, transportés en l'état, ont été sculptés sur place, recevant leurs yeux de corail blanc et de tuf rouge, et coiffés du lourd et fameux *pukao* ; soit le travail a été effectué sur le lieu de découpe, *pukao* compris, et le transport a eu lieu ensuite. Dans les deux cas demeure l'énigme de leur acheminement. Longtemps il a été admis que des rondins de bois sur lesquels les figures étaient couchées ont permis leur acheminement, quelques dizaines d'hommes tirant sur des cordages. En 2008, les savants américains

Terry Hunt et Carl Lipo procédèrent à des expériences destinées à montrer que le transport s'était effectué par simple traction des mégalithes debout sur le sol, selon le principe du réfrigérateur tiré à hue et à dia par dodelinage lors des déménagements…

Un « écocide » ?

L'usage du bois dans ces opérations est conforté par le constat que l'île aurait été soumise, avant l'arrivée des Européens, à une déforestation intensive due en partie à l'excès de consommation de bois pour dresser les moaï, mais aussi et surtout aux pratiques alimentaires – avec la fabrication de bateaux de pêche, les activités culinaires et de chauffage. En sorte que la terre pascuane se serait trouvé épuisée par la surexploitation humaine. Telle est du moins l'hypothèse de Jared Diamond. D'autres spécialistes insistent sur les ravages dévastateurs opérés par la multiplication vertigineuse des rats amenés par les colons sur les fruits des végétaux, essentiellement des palmiers géants empêchés de se reproduire. Enfin, sous l'effet de prélèvements excessifs, la faune, en particulier ornithologique, se serait progressivement éteinte. Cette conjonction dévastatrice de facteurs dont il est impossible de faire la part précise et qu'on a pu qualifier d'« écocide » aurait privé peu à peu les insulaires de ressources et précipité l'effondrement de la civilisation et de la population pascuanes, réduite à guère plus de 100 personnes vers 1880, que l'intervention européenne aurait encore aggravé. Il faudrait tenir compte aussi, dans ce processus désastreux, d'une terrible sécheresse provoquée peut-être vers 1600 par un paroxysme du phénomène El Niño, entraînant une famine, des guerres de clans, dont témoigneraient les pointes d'obsidienne retrouvées sur l'île, et l'abandon des cultes traditionnels, qui n'avaient pas réussi à conjurer la catastrophe ; d'où les nombreuses statues renversées ou demeurées inachevées, comme si les ancêtres divinisés qu'elles étaient censées représenter s'étaient révélés impuissants. Mais alors, si la catastrophe avait été à ce point complète, comment des indigènes auraient-ils procuré aux découvreurs européens, qui ont relevé la présence sur l'île d'une véritable agriculture et n'ont pas constaté que la population fût plus misérable qu'ailleurs en Polynésie, des bananes, des patates douces et même des poulets ? Nicolas Cauwe, anti-catastrophiste, estime donc que les Rapanui ont su s'adapter aux transformations de leur environnement. On le voit, les questions posées par Roggeveen voilà trois cents ans demeurent largement sans réponses assurées, ce qui a suscité les fantasmes habituels, faisant même appel aux extraterrestres, et continuent de nimber l'île et son passé d'une aura de mystère.

Ainsi l'île de Pâques vous propose encore un séjour parmi ses secrets insolubles. A défaut de faire le voyage, découvrez les nombreux ouvrages qui ressuscitent le peu que nous savons de ce paradis perdu. Il y a là une fortune colossale dans un coffre dont aucun serrurier n'arrivera plus à nous révéler les mystères.

Bibliographie sélective

Cauwe, Nicolas, *Ile de Pâques. Le grand tabou*, Versant Sud, 2011.

Diamond, Jared, *Effondrement. Comment les sociétés décident de leur disparition ou de leur survie,* Gallimard, coll. « Folio Essais », 2009.

Loti, Pierre, *L'Ile de Pâques. Journal d'un aspirant de* La Flore*,* éditions Pierre-Olivier Combelles, 1988.

Orliac, Catherine et Michel, *L'Ile de Pâques. Des dieux regardent les étoiles,* Gallimard, coll. « Découvertes », 2004.

Pons, Anne, *Lapérouse*, Gallimard, coll. « Folio biographies », 2010.

—, *James Cook. Le compas et la fleur*, Perrin, 2015.

Taillemite, Etienne, *Les Découvreurs du Pacifique, Bougainville, Cook, Lapérouse,* Gallimard, 1987 et 2007.

Tcherkézoff, Serge, *Tahiti, 1768. Jeunes filles en pleurs*, Au vent des îles, 2010.

Collectif, *L'Ile de Pâques,* Actes Sud/Musée Champollion, Figeac, Musée Fenaille, Rodez/ Muséum d'histoire naturelle de Toulouse, 2018.

X

La « Comtesse des ténèbres »

par Jean-Christian PETITFILS

Le 7 février 1807, vers minuit, à Hildburghausen, capitale d'un de ces huit minuscules duchés saxons de Thuringe qui avaient refusé de se fondre dans le royaume de Saxe, une élégante voiture pénétrait tous rideaux fermés sous le porche de l'auberge Zum Englischen Hof *(« A la Cour d'Angleterre »), à l'angle de la place du Marché. Comme la propriétaire, Frau Marquardt, l'avait promis au commissaire de la Cour, le sénateur Johann Carl Andreä, les deux lanternes de l'entrée étaient restées allumées, et le portier s'était retiré. Du véhicule sortirent un cocher en livrée galonnée, puis une jeune femme et un homme, drapés dans de longs manteaux d'hiver. Le lendemain, les membres du personnel de l'hôtel furent avertis qu'un couple de nobles étrangers avait loué une suite et qu'ils devaient impérativement s'abstenir d'en observer les fenêtres. Ainsi commence, tel un conte romantique, cette étrange histoire auréolée de mystères qui n'a cessé depuis deux siècles de passionner historiens, chercheurs et nouvellistes.*

De Hildburghausen au manoir d'Eishausen

Certes, en ces temps troublés de guerre où la Prusse et son allié le royaume de Saxe venaient d'être vaincus par les armées napoléoniennes, il n'était pas rare de rencontrer des émigrés à la recherche d'un asile discret dans cette région isolée de Thuringe[1]. Pour autant, les précautions prises par ces voyageurs paraissaient excessives et quelque peu bizarres. On ne tarda pas à jaser. Qui donc étaient ces nouveaux locataires ? Que craignaient-ils ? Que fuyaient-ils ? Comme on n'avait exigé d'eux ni passeport ni laissez-passer, personne ne douta qu'ils étaient protégés par la duchesse Charlotte de Saxe-Hildburghausen, sœur de la reine Louise de Prusse.

Impossible de les apercevoir ! Les rideaux de leurs huit fenêtres, au second étage, demeuraient obstinément fermés. Cependant, on ne tarda pas à apprendre que l'homme recevait des lettres au nom de son cocher-valet de chambre, Philippe Scharre, ou à celui de Louis-Charles Vavel de Versay, qu'on appela bientôt dans le pays le « Comte ».

Un soir, les deux voyageurs sortirent en ville pour une courte promenade. On put enfin les observer. L'homme, la quarantaine, était grand, avec un visage rond agrémenté de favoris blonds, le regard ferme et sévère. La femme paraissait plus jeune ; malheureusement ses traits disparaissaient sous une épaisse voilette de mousseline verte.

Six mois après leur arrivée, mécontents d'avoir été épiés par des domestiques indiscrets, ils changèrent de résidence et s'établirent au troisième étage du Pavillon

1. De 1806 à 1810, ces petits Etats avaient été progressivement incorporés dans la Confédération du Rhin, placée sous la protection de Napoléon, tout en conservant en principe leur souveraineté.

ducal, sur la même place du Marché. Peu après, un début d'incendie s'étant déclaré dans l'imprimerie du rez-de-chaussée, le sénateur Andreä – toujours lui – procura aux inconnus un logement aux confins de la ville, chez une honorable dame du pays, veuve du conseiller Radefeld. Celle-ci, peu empressée à recevoir des étrangers qui excitaient la curiosité générale, n'accepta que sur les instances personnelles de la souveraine : « Le malheur anonyme mérite plus que tout autre la sympathie », lui aurait dit la duchesse Charlotte. La maison, d'allure bourgeoise, donnait sur un parc ceint d'une haute muraille.

Là encore, la consigne était impérative : un silence claustral était requis. Hormis bien sûr Scharre, vieux Suisse peu bavard, nul ne devait voir la jeune dame à l'heure de sa promenade en voiture, pas plus la cuisinière Johanna Weber, cantonnée à ses fourneaux, que la propriétaire ou ses enfants. Si l'on osait faire allusion à elle en présence du comte, celui-ci détournait aussitôt la conversation.

En dehors de ce sujet tabou, Mme Radefeld s'entretenait assez librement avec lui. Cet homme fin et cultivé, hostile à Napoléon, affichait des sentiments royalistes. On saura par elle qu'il parlait l'allemand avec un léger accent étranger. Piquée cependant de curiosité, la dame Radefeld colla plusieurs fois l'oreille à la porte de la chambre de la dame. Elle entendit le comte lui faire des lectures en une langue qui lui parut être le français. Parfois, la nuit, elle percevait des sanglots traversant la cloison.

Une étrange vie de château

Les mois passèrent. Le 30 septembre 1810, les émigrés et leur serviteur s'installèrent au château d'Eishausen, propriété ducale à 7 kilomètres au sud de Hildburghausen, sur la route de Cobourg. Cette grande bâtisse cubique sans caractère de trois étages, avec vingt-six fenêtres sur ses deux façades principales, agrémentée d'un jardin ombragé, était en assez mauvais état. Suivant le bail de location signé la veille par le sénateur Andreä, il était convenu que les huisseries et les volets endommagés seraient refaits aux frais de l'administration ducale. Le comte se réserva l'appartement face au village, la dame celui donnant sur la campagne.

C'est en ce lieu, idéal pour les amateurs de solitude, avec, disait-on, un passage souterrain débouchant dans un bois tout proche, que « le Comte et la Comtesse des ténèbres », comme les surnommeront les historiens allemands, menèrent pendant près de trente ans une existence paisible, totalement érémitique.

Ils vivaient sur un grand pied. Les beaux meubles, les vins, les liqueurs, les robes arrivaient de Francfort-sur-le-Main. Chaque matin à 10 heures, le taciturne Scharre, dans son éternelle livrée galonnée d'argent, ses cheveux de neige coiffés d'un tricorne, sortait la calèche ou la voiture et conduisait ses maîtres en promenade dans la campagne, allant jusqu'à la barrière de péage de Rodach, à la frontière du duché de Saxe-Cobourg, ou aux abords boisés de Hildburghausen. Le reste du temps – pour autant qu'on le sache –, l'inconnue le passait à broder, à lire ou à jouer de l'orgue à manivelle, du moins au début. Elle recevait des journaux allemands comme le *Leipziger Modezeitung*, ou français, tels *Cécile* et le *Journal des dames*, revue illustrée.

Le comte la servait à table avec un grand respect, après avoir pris les plats que le valet lui passait. Lorsqu'elle sortait dans la prairie voisine – jamais plus d'une heure –, séparée de la propriété par un petit pont, elle était toujours voilée et vêtue « à la dernière mode de Paris ».

Pour rentrer, elle faisait de loin un signe avec un mouchoir attaché à une petite badine. Scharre venait alors lui ouvrir la grille et se retirait sans se retourner. Jusqu'à cet instant, le comte demeurait sur le qui-vive à la fenêtre, pistolet à la main. Il avait fait ajouter aux haies protégeant la prairie des palissades de huit pieds de haut. Peut-être multipliait-il à l'excès les précautions, mais de l'avis de ceux qui l'avaient approché, il n'était pas un maniaque ou un hypocondriaque.

Ernst Kühner, le fils du pasteur luthérien d'Eishausen, qui observa un jour la comtesse à la lorgnette, la décrivait comme une femme brune d'une grande beauté, au charme mélancolique. « Elle se trouvait alors à l'une des fenêtres du château et son châle était négligemment rejeté sur ses épaules. Elle s'amusait dans l'instant où je l'observais à jeter quelque aliment à un jeune chat qui se trouvait sous sa fenêtre. Il me semble voir encore avec quelle grâce la charmante comtesse brisait ce gâteau puis essuyait délicatement le bout de ses doigts avec son mouchoir. »

L'atmosphère dans ce château de la Belle au bois dormant était à la fois mystérieuse et étouffante. Au premier étage vivait le concierge, nommé Handschuch. « J'avais neuf ans, conte Ernst Kühner (né en 1804), lorsque je fus chargé un jour d'une commission pour ce concierge. Je me rappelle que ce fut bien timidement et sur la pointe des pieds que je gravis les marches du perron du château. Au moment où je me disposais à saisir le cordon de la sonnette, le concierge me prévint en ouvrant tout doucement la porte pour me faire entrer sans bruit dans sa demeure. Ce vieux bonhomme avec son vêtement couleur chocolat, moitié veste, moitié redingote, garni du haut en bas de boutons de cuivre de la largeur d'un thaler, me fit présent à cette occasion d'un vieux livre d'images, mais il me parla constamment à voix basse. Aussi, quand je fus hors de cette espèce de château enchanté, éprouvai-je un sentiment de satisfaction. »

En 1817, Philippe Scharre mourut d'hydropisie. Dévoué serviteur, il n'avait jamais fait la moindre confidence sur la dame, pas même à sa maîtresse la cuisinière Johanna Weber, dont il avait eu deux enfants. Pour s'occuper des chevaux et du jardin, le comte avait engagé un ménage discret d'Eishausen, les Schmidt, qui ne furent pas autorisés à s'approcher de l'inconnue, ni même à pénétrer à l'intérieur du château, sauf dans les dernières années.

Johanna Weber, toujours consignée à l'office, ne vit la comtesse qu'à deux reprises, dans des circonstances exceptionnelles. La première fois, le comte, malade et alité, la sonna en pleine nuit et lui dit en désignant la personne à son chevet : « Si je meurs, vous prendrez soin de cette dame... », puis il lui fit signe de se retirer. La seconde, pendant l'hiver de 1830-1831, l'inconnue vint la trouver, affolée et en pleurs : « Le monsieur *(der Herr)* est tombé malade subitement. Aidez-moi à lui préparer un breuvage. » Le comte s'étant rétabli, elle n'eut plus jamais l'occasion d'entendre sa voix. C'était, confia-t-elle, une femme très belle. Quand le comte parlait d'elle aux domestiques, il l'appelait « Sa Grâce » *(Ihre Gnaden)*, comme s'il s'agissait d'une princesse allemande ou autrichienne. « On dirait Marie-Antoinette jeune », déclara Fischer, l'apprenti de la librairie Kesserling de Hildburghausen, entré par inadvertance dans sa chambre avec un paquet de journaux et qui avait été vite repoussé dans le corridor par le comte.

Les portraits de la fille de Marie-Thérèse d'Autriche étaient en effet fort répandus à l'époque. Le conseiller von Bibra, de Meiningen, qui l'aperçut alors qu'elle n'avait pas eu le temps d'ajuster son éternelle voilette, fut

« profondément troublé » lui aussi par la ressemblance avec la femme de Louis XVI, qu'il avait vue autrefois à Versailles. Brune aux yeux bleus, « elle avait son port de tête », révéla-t-il.

Le comte entretenait une volumineuse correspondance avec le pasteur Heinrich Kühner, ancien précepteur des enfants de la duchesse. Une amitié était née. Etrange amitié pourtant ! Jamais ils n'échangèrent la moindre parole. Jamais le comte n'assista au moindre office religieux. Lorsqu'ils se croisaient sur les chemins, ils se bornaient à un profond salut. Mais, durant quinze années, plusieurs fois par semaine, ils s'envoyaient des billets traitant des sujets les plus divers. La servante qui assurait la liaison et apportait le lait au château avait ordre de ne pas laisser ceux du comte aux mains du pasteur. A deux reprises, cependant, celui-ci observa que le cachet très usé qui les scellait portait trois fleurs de lis, les armes de France.

Le comte, qui avait été fait citoyen d'honneur de Hildburghausen en raison de sa générosité envers les œuvres de bienfaisance du pays, ne fut pas inquiété par les autorités ducales, même après le décès de la duchesse Charlotte en 1818 et l'avènement huit ans plus tard de la dynastie des Saxe-Meiningen. En 1820, tout en conservant le manoir d'Eishausen, il avait acheté un grand chalet près de la ville, au milieu d'un joli parc boisé, le jardin de la Montagne, d'où la vue s'étendait jusqu'aux cimes bleutées des collines de Thuringe. C'est là, dans ce paysage plein de charme et de quiétude, que « Sa Grâce » fit ses dernières promenades.

La mort de la comtesse

Le 25 novembre 1837, à 10 heures du soir, elle s'éteignit à Eishausen. Aucun médecin, aucun prêtre ou pasteur ne fut appelé à son chevet. Trois jours plus tard, à 6 heures du matin, les domestiques du château assistèrent à l'ensevelissement, qui eut lieu sur une pente du jardin de la Montagne. Quelques instants avant la descente au caveau, sur ordre du comte, qui n'était pas présent, Johann Schmidt ouvrit le cercueil. Alors, dans la nuit encore grise, à la lueur vacillante de quelques torches, l'assistance put brièvement contempler le pâle visage de la morte. Un visage resté plus de trente ans à l'abri des regards indiscrets !

Interrogé sur sa compagne, le comte ne voulut rien révéler : « Ce n'était pas ma femme. Personne sur la terre ne parviendra à m'arracher ce secret que j'emporterai dans la tombe ! » « Je suis comme les religieuses, écrira-t-il à la veuve du pasteur, quand elles se mettent à parler, elles parlent trop. » Aux autorités civiles et religieuses qui insistèrent, il finit par déclarer la défunte sous le nom de « Sophie Botta, célibataire, d'ascendance bourgeoise, originaire de Westphalie, âgée de 58 ans ». D'« ascendance bourgeoise » ? Il existait bien à la cour de Vienne une famille Botta Adorno, mais elle était noble et d'origine lombarde. L'un de ses membres, le marquis von Botta, ancien major général de l'armée, avait été ambassadeur à Saint-Pétersbourg et La Haye au temps de l'impératrice Marie-Thérèse.

La disparition de la comtesse affecta grandement le comte, qui se retrouva seul dans son immense manoir. A la veuve du pasteur il laissa encore échapper quelques confidences. « Mon état d'âme est de plus en plus pénible à supporter ; ce n'est pas une vie conjugale qui a été détruite, mais l'union d'un frère et d'une sœur étroitement attachés l'un à l'autre qui a été brisée [...]. Les biens de la succession ont été entassés hier dans une chambre. Il s'y trouve bien des objets précieux provenant du temps passé – des robes de soie, des châles qui n'ont pour la plupart jamais été portés –, un petit sac contenant dix ou douze ducats et quelques douzaines de couronnes. Elle n'a jamais eu au cours de trente années l'occasion de dépenser un sou. Elle ne marquait son linge qu'au crayon et, ne connaissant personne, n'écrivait à personne. »

Une autre fois, il lui adressa la copie d'une lettre que « Sophie » lui avait écrite dans un allemand maladroit à l'occasion de son anniversaire : « Lisez, madame, la lettre ci-jointe avec beaucoup d'indulgence pour le style et l'orthographe. *Elle parlait parfaitement le français*, était adroite avec son aiguille et, durant les premières années, jouait parfois du piano. » Datée du 22 septembre 1808, la lettre rend un son étrange : « Cher et bon Ludwig [...], Que le Ciel vous bénisse pour tout ce que vous avez fait et faites encore pour moi. [...] Pardonnez-moi pour tout ce dont je puis me rendre parfois fautive [...]. Je sais que *ma position était terrible* et je vous remercie toujours. Gardez-moi votre affection, cher Ludwig. Je demeure sous la protection de la Sainte Vierge et la vôtre. Votre pauvre Sophie jusqu'à la mort. »

Cette lettre prouve qu'elle n'était nullement séquestrée par un amant maniaque ou un mari jaloux, comme d'aucuns l'ont suggéré. Une phrase reste mystérieuse : « Je sais que ma position était terrible... » De quel danger ce noble protecteur l'avait-il donc tirée ? Le fait pour le comte de dire « qu'elle parlait parfaitement le français » suggère en tout cas qu'elle n'était pas de cette nationalité.

Après sa disparition, le comte, fatigué et goutteux, demeura à Eishausen, bien qu'il eût laissé entendre que rien ne l'empêchait désormais de retourner dans le monde. Il restreignit son train de vie, vendit la prairie et diminua ses dons. Au docteur Hohnbaum, son dernier confident, il raconta qu'il avait été membre d'une légation étrangère à Paris puis qu'il avait fait un voyage à Vienne : « Imaginez-vous qu'à cette époque la dame était déjà auprès de moi. Il me fallait constamment voyager avec les courriers, je ne pouvais pas la quitter ; elle était obligée de m'accompagner et cependant *personne ne devait connaître son existence*... J'ai voulu vous appeler pour la soigner, mais elle ne l'a pas voulu, elle aurait dû vous imposer des conditions préalables qui la gênaient. » Sa « position était terrible » ; « personne ne devait connaître son existence... » : que cachent ces phrases ?

Le vieux solitaire s'éteignit le 8 avril 1845, après avoir brûlé quantité de papiers. Lors de l'inventaire du château on trouva de beaux meubles, des bijoux, une bibliothèque bien garnie et un passeport établissant que l'inconnu s'appelait Leonardus Cornelius Van der Valk (d'où le pseudonyme aux mêmes initiales de Louis-Charles Vavel de Versay). Hollandais, catholique, né le 22 septembre 1769, il avait fait ses études à Cologne puis à Göttingen, avait servi en 1797 dans les armées de la Révolution en tant que lieutenant et avait été prisonnier des Anglais. Libéré l'année suivante, il était devenu secrétaire puis chargé d'affaires de la légation des Pays-Bas à Paris, où il se lia d'amitié avec Rouget de L'Isle et Benjamin Constant. Démissionnaire en février 1799 à la suite d'un bel héritage, il confia alors la gestion de sa fortune à son oncle, le banquier Petrus Franziscus Laarman, et partit pour l'Allemagne, d'où il se fit envoyer chaque année entre 10000 et 12000 florins (une somme fort appréciable).

En 1803, on le retrouve en compagnie de l'inconnue à Ingelfingen, capitale de la principauté de Hohenlohe. Il occupait un appartement dans la grande maison à colonnes du pharmacien Raimbold. La jeune femme dissimulait ses traits derrière des lunettes sombres. Là encore, ceux qui l'entrevirent lui trouvèrent une ressemblance avec la reine martyre. En mars 1804, le couple s'enfuit lors de l'enlèvement du duc d'Enghien à Ettenheim, en territoire badois, par un détachement de gendarmes et de dragons du Premier Consul. Van der Valk avait sans doute été averti par Charlotte de Rohan-Rochefort, la fiancée du duc (peut-être son épouse morganatique), avec laquelle il était en correspondance. L'année suivante, il se trouvait à Vienne, où il rencontra l'empereur Alexandre Ier. On a vu, enfin, son arrivée à Hildburgausen en 1807.

La succession du comte revint à sa famille néerlandaise. Personne, malgré deux avis publiés dans la presse par le tribunal du bailliage, n'ayant réclamé celle de Sophie Botta, on vendit aux enchères ses effets. On découvrit dans ses armoires des bagues, des croix en or ainsi que de nombreuses chemises fines, brodées des lis de France. Les mêmes armes se trouvaient sur un petit éventail et sur l'abattant d'un bonheur-du-jour en bois sombre. Un livre d'heures en français, imprimé à Vienne et ayant appartenu à Marie-Antoinette, aurait été en possession de l'inconnue. Entre ses pages, de petits signets bleus et blancs étaient ornés d'un écu fleurdelisé. Tout cela semblait venir de Versailles.

Les hypothèses

Près de 80 études historiques, une trentaine de romans ou de nouvelles (dont celle d'Alexandre Dumas, *Le Château d'Eppstein*), des articles innombrables, sept symposiums internationaux et plusieurs documentaires ont été consacrés à cette singulière énigme.

Qui donc était la mystérieuse comtesse ? Certains ont supposé qu'en dépit des affirmations de son compagnon, elle était sa maîtresse et que tous deux vivaient loin du monde, afin d'échapper aux poursuites d'un père ou d'un mari. On s'est ainsi demandé si elle n'était pas cette Agnès Daniels, épouse séparée du général français Etienne-Ambroise Berthelmy, qui avait été en 1798-1799 en correspondance avec Van der Valk. Hélas, en 1886 on retrouva l'acte de décès de cette femme, daté de 1827 à Winnweiler, dans le Palatinat. Aussi fragile paraît la théorie émise en 2010 par Jutta Glockauer selon laquelle la comtesse aurait été une fille adultérine du prince héritier Frédéric-Guillaume de Prusse, née en 1771, fuyant les poursuites de son mari. Une banale histoire d'adultère n'épuise pas le mystère, car comment expliquer la présence de ces fleurs de lis sur le linge et le mobilier ?

Selon le journaliste George Hesekiel, il se serait agi d'une hypothétique fille du duc d'Enghien et de Charlotte de Rohan-Rochefort, née vers la fin de 1804, après l'exécution du duc. Mais les dates ne correspondent pas, puisqu'à ce moment-là l'inconnue était adulte et vivait à Ingelfingen sous la protection de Van der Valk. Pour d'autres, elle aurait été Stéphanie-Louise de Bourbon-Conti, auteur de *Mémoires historiques* parus en 1798, qui prétendait descendre du prince de Conti et de la princesse Mazarin. Malheureusement, la présence en France en 1825 de cette aventurière, mariée à un procureur de Lons-le-Saunier, suffit à ruiner cette hypothèse.

Pour l'historien allemand Friedrich Hofmann, qui séjourna dans la ville ducale et interrogea les habitants, l'histoire de la dame d'Eishausen touchait « au côté sombre d'un trône ». Certes, mais on aurait aimé en savoir davantage ! Au cours de l'été de 1890, on se décida à exhumer ses restes. Il s'agissait, selon le docteur Mielecki, médecin major au 6e régiment d'infanterie de Thuringe, d'une « personne adulte de sexe féminin », pouvant avoir 58 ans au moment de son décès. Il ne restait rien de ses vêtements, sauf les débris d'une paire de chaussures de satin blanc.

Etait-ce Madame Royale ?

Cet âge correspond à celui de la princesse Marie-Thérèse Charlotte de France, autrement dit Madame Royale, fille de Louis XVI et Marie-Antoinette, née en décembre 1778. D'abord formulée avec prudence par le fils du pasteur Kühner, cette identification fut reprise en 1926 par l'historien britannique Otto Victor Maëckel, puis, en 1954, par le prince Frédéric de Saxe-Altenbourg.

Depuis, elle a été soutenue par plusieurs auteurs allemands, anglais ou français, sans apporter d'éléments nouveaux. Inutile de dire que cette thèse fait toujours les délices des derniers *naundorffistes*, ces indéracinables partisans de la survivance de Louis XVII : le refus constant de la duchesse d'Angoulême de rencontrer leur prétendant, Karl-Wilhelm Naundorff, s'expliquerait par sa peur d'être confondue.

Officiellement, l'orpheline du Temple fut libérée et échangée à Bâle en décembre 1795 contre les conventionnels livrés à l'Autriche par Dumouriez (dont Jean-Baptiste Drouet, le dénonciateur de Varennes). Elle avait alors 17 ans. Placée sous la protection de l'empereur François II, qui la garda à Vienne dans une quasi-séquestration jusqu'en mai 1799, elle refusa de se marier à l'archiduc Charles par fidélité à l'égard de son oncle Louis XVIII, qui lui destinait son cousin germain, le duc d'Angoulême. Elle se rendit alors à Mitau, en Courlande, afin de l'épouser. A partir de cette époque, elle partagea l'exil des Bourbons, avant de revenir avec eux à Paris en 1814, puis de quitter définitivement la France après la chute de Charles X et de mourir à Frohsdorf, en Autriche, en 1851.

Or, en 1814, les Parisiens eurent du mal à reconnaître dans cette femme altière, cassante, toujours coiffée de son horrible petit chapeau anglais, la charmante et douce « orpheline du Temple », « Mousseline la sérieuse », comme la surnommait sa mère. Des dissemblances apparaissent, notamment dans l'écriture et le timbre de la voix, devenu rauque et désagréable. Son comportement brusque surprit son entourage et les anciens émigrés.

Y eut-il, comme le pensent certains, substitution en Suisse ou en Autriche, avec la complicité des Bourbons en exil, la vraie Madame Royale devenant la « Comtesse des ténèbres », et une fille adoptive de la reine, compagne d'enfance de la jeune fille, Marie-Philippine, dite Ernestine de Lambriquet, se faisant passer pour la duchesse d'Angoulême ?

Pour quel motif ? Si l'on en croit les tenants de cette thèse, l'un de ses gardiens au Temple aurait abusé d'elle, et elle se serait retrouvée enceinte. Une situation inavouable évidemment. Un enfant serait né clandestinement. En

1822, en Colombie, un personnage louche, Jean-François Achard, ancien jardinier de la prison, se serait vanté du viol. Pour d'autres, il s'agirait d'un seigneur anglais (telle était la version du roman *Le Cimetière de la Madeleine* de Regnault Warin, paru en 1801). Toujours est-il qu'une dame Plateret dite de Villeneuve, née Anne-Marie Thiollier, morte à Privas le 17 avril 1881, passa pour être cette fille clandestine de Madame Royale.

A l'appui de cette stupéfiante théorie, il faut ajouter l'opinion de la famille ducale de Saxe-Meiningen, qui avait hérité de Hildburghausen, et celle de la reine Marie de Hanovre, petite-fille de la duchesse Charlotte. En novembre 1899, l'historien G. Lenotre relate dans ses *Notes et souvenirs* un déjeuner avec l'épouse du grand-duc Wladimir. « Elle me conte que ce n'est un secret pour personne à la cour de Prusse qu'il y avait dans la première partie de ce siècle à Hildburghausen, en Allemagne, une dame qui était toujours voilée, qui ne sortait jamais et qui n'était autre que la fille de Louis XVI. Celle qui a été connue sous le nom de duchesse d'Angoulême aurait été une *fausse duchesse d'Angoulême* ! Voilà qui me paraît fort ! »

Fort ? Très fort, en effet, insensé même ! Madame Royale et la duchesse d'Angoulême sont une seule et même personne, la multitude des témoins en fait foi. La comparaison des portraits et des écritures à quelque vingt ou trente ans d'intervalle n'a guère de valeur (d'autant qu'on n'a jamais produit d'expertise scientifique sur ce point). Que la fille de Louis XVI, durablement éprouvée par une adolescence tragique, ait vite perdu l'éclat et la fraîcheur de la jeunesse, qui s'en étonnera ? Rien de surprenant non plus à ce que son caractère déjà affirmé dans sa jeunesse se soit durci jusqu'à la rendre revêche. La rumeur de la prétendue naissance d'un enfant de Marie-Thérèse

Charlotte a été réduite à néant par les chercheurs. Mme Plataret de Villeneuve était née en Suisse le 2 mai 1793, à une époque où la princesse de 14 ans vivait au Temple avec sa mère. Quant à Marie-Philippine, dite Ernestine de Lambriquet, prétendue duchesse d'Angoulême, loin d'avoir quitté la France, elle épousa tout simplement à Passy le 7 décembre 1810 un bon bourgeois, Jean-Charles Prenpain, et décéda trois ans plus tard au même lieu.

L'ADN allait parler. En 2012, après avoir été longtemps réticent, le conseil municipal de Hildburghausen donna son accord pour ouvrir une nouvelle fois la tombe de la comtesse. L'opération eut lieu le 15 octobre 2013. L'analyse par deux laboratoires médico-légaux d'Innsbruck et de Fribourg de l'ADN mitochondrial, extrait de deux petits fragments prélevés sur un fémur, devait permettre, par comparaison avec l'ADN du cœur de Louis XVII[2] et de celui du prince Alexandre de Saxe-Gessaphe, descendant d'une sœur de Marie-Antoinette, de déterminer si la lignée maternelle correspondait ou non à celle de cette dernière. Les résultats, publiés le 28 juillet 2014, furent sans appel : il n'existait aucun lien de parenté par les femmes entre la « Comtesse des ténèbres » et Madame Royale. Par ailleurs, le visage de l'inconnue d'Eishausen, reconstitué par le professeur Ursula Wittwer-Backofen, de l'Institut d'anthropologie biologique de l'université de Fribourg, ne présentait pas de ressemblance frappante avec l'ancienne reine de France. Il est vrai que c'était alors une femme âgée et que ce genre de reconstitution à partir des os du crâne n'est pas d'une fiabilité totale.

2. Voir le chapitre de Philippe Delorme, intitulé « Le retour du dauphin perdu » dans *Les Enigmes de l'histoire de France*, sous notre direction, Perrin, 2017.

Les recherches continuent

Alors, qui était la mystérieuse dame d'Eishausen ? Divers détails, notons-le d'abord, laissent supposer qu'il s'agissait d'une grande malade, très émotive, aux nerfs fragiles et aux facultés intellectuelles peut-être affaiblies. On sait en tout cas que Van der Valk commandait à une pharmacie de Cobourg des médicaments destinés à lutter contre les crises d'hystérie. Dans la nuit de la Saint-Sylvestre de 1814, il était entré dans un intense courroux, disproportionné par rapport à l'événement, lorsque les gars du village s'étaient amusés à tirer des coups de feu non loin des fenêtres du château. « *On* a passé la nuit dans la plus grande agitation », écrira-t-il, se plaignant aux autorités ducales.

Mais quelle identité lui donner ? Pourquoi ces souvenirs de Versailles ? Et que penser de cet air de famille avec les Habsbourg, attesté malgré tout par de nombreux témoins ?

La solution de cette irritante énigme se trouve peut-être dans les *Mémoires* de la baronne d'Oberkirch, aristocrate alsacienne venue à la cour de France à la fin de l'Ancien Régime. Elle y rapporte l'histoire d'une fille inconnue que l'empereur Joseph II, frère de Marie-Antoinette, aurait eue de son épouse morganatique, la comtesse Wilhelmine von B… (Botta ?). Peu avant la Révolution, cette enfant vivait discrètement au fond du parc de Versailles. « C'était presque un secret à la Cour : ce qu'il y a de certain, c'est que personne n'en parle. Mme la duchesse d'Orléans l'a su par Mme la princesse de Lamballe qui lui recommanda de ne point l'ébruiter… Nous nous engageâmes au silence. Il a été gardé, j'en réponds. » Mme d'Oberkirch poursuit : « Par un hasard assez explicable, cette petite fille était *le portrait frappant et calqué de Marie-Antoinette.* » La reine aurait fait venir cette nièce à Versailles à la demande de son frère Joseph, car la mère était morte peu après sa naissance. « Elle y est encore, poursuit la baronne, qui écrit en 1789. Elle habite dans le parc même une petite maison donnée autrefois à la duchesse de Gramont. La reine et Madame Royale la voient souvent ; du reste, elle ne sort point et ne reçoit absolument personne… »

On ignore ce que devint cette petite fille après les journées d'Octobre et l'installation de la famille royale aux Tuileries. Il est certain que sa situation en tant que fille légitime et héritière de Joseph II devait être très délicate pour la famille impériale, même si le caractère morganatique du mariage de sa mère ne semblait lui donner aucun droit dynastique. L'Autriche ne connaissait pas la loi salique. Le fait qu'elle fût l'unique descendante de Joseph II, deux fois veuf, sans autre enfant (deux filles de son premier mariage avec Isabelle de Bourbon-Parme étaient mortes jeunes), pouvait créer des difficultés à ses successeurs, Léopold, son frère, puis au fils de ce dernier, François II, empereur du Saint Empire romain germanique (François Ier, empereur d'Autriche à partir de 1804). Serait-ce là le mystérieux secret de la « Comtesse des ténèbres », qui ressemblait peut-être à son père Joseph II, dont les traits, disait-on, rappelaient ceux de sa sœur Marie-Antoinette, de cette « pauvre orpheline » qui avait appris le français à Versailles, qui savait que sa situation était « terrible » et dont personne ne devait connaître l'existence ? Cette solution est séduisante, mais, faute de preuves tangibles, elle reste une hypothèse.

Bibliographie sélective

Becquet, Hélène, *Marie-Thérèse de France, l'orpheline du Temple*, Perrin, 2012.

Bülau, Friedrich, T. I., *Personnages énigmatiques, histoires mystérieuses, événements peu ou mal connus*, Poulet-Malassis, 1860.

Cartron, Michel-Bernard, *Madame Royale, l'énigme résolue*, Via Romana, 2014.

Destremeau, Noëlle, *Madame Royale et son mystère*, Nouvelles Editions latines, 1991.

Maëckel, Otto Victor, *The Dunkelgraf-Mysteries*, Londres, Hutchinson and Co., 1929.

Muratori-Philip, Anne, *Madame Royale*, Fayard, 2016.

Ravignant, Patrick, *La Comtesse des ténèbres, le second mystère du Temple*, Encre, 1979.

Saxe-Altenbourg, Frédéric de, *L'Enigme de Madame Royale*, Flammarion, 1954.

XI

La mystérieuse disparition de sir Benjamin Bathurst

par Jean-Christian Petitfils

Au soir du 25 novembre 1809, Benjamin Bathurst, ambassadeur extraordinaire d'Angleterre à Vienne, contraint de quitter la capitale autrichienne à la suite de la défaite de Wagram et de la paix de Schönbrunn, disparaissait subitement sur le chemin du retour, au relais de poste de Perleberg, petite cité prussienne à mi-chemin entre Berlin et Hambourg. Après avoir passé plusieurs heures à écrire, il s'était promené un instant autour des quatre chevaux de sa berline, prête à partir. Puis, plus rien. La route était vide. Aucun cri, aucun bruit, pas même un murmure étouffé n'avait troué la nuit. Aucune trace de lutte au sol, aucun indice. On avait appelé en vain, exploré les environs avec des lanternes. Jamais on n'avait revu l'homme : il s'était volatilisé avec une soudaineté stupéfiante ! Hallucinant !

Enquêteurs et historiens ont élaboré plusieurs scénarios – suicide, assassinat politique, crime crapuleux, disparition volontaire ou accidentelle, enlèvement par la police française ou prussienne... –, laissant place, faute de certitudes, aux auteurs de science-fiction anglo-saxons, impatients de suivre la piste du paranormal. Aujourd'hui, mémoires, rapports de police, pièces diplomatiques – ou du moins ce qu'il en subsiste – permettent de cerner avec un peu plus de clarté le contexte et le déroulement des faits de cette déroutante énigme.

Un diplomate fort doué

Né le 14 mars 1784, Benjamin Bathurst était le troisième fils du révérend Henry Bathurst, évêque anglican de Norwich, et de son épouse Grace Coote. Après de brillantes études à Oxford, il s'était marié en mars 1805 avec Phillida, fille de sir John Call, baronnet de Whiteford en Cornouailles, de dix ans plus âgée, dont il eut trois enfants, un fils et deux filles.

Il avait commencé sa carrière comme secrétaire de légation à Stockholm. Au début de 1809, à 25 ans à peine, il fut choisi comme ambassadeur extraordinaire auprès de l'empereur d'Autriche François Ier : un poste de la plus haute importance dans une Europe ravagée par les guerres napoléoniennes. Ce jeune homme vif et intelligent, appelé à un brillant avenir politique, devait cette nomination moins à ses qualités qu'à l'entregent de son protecteur et cousin éloigné, Henry, troisième comte de Bathurst, secrétaire d'Etat à la Guerre et aux Colonies.

Depuis la paix de Presbourg du 26 décembre 1805, qui avait suivi la cinglante défaite russo-autrichienne d'Austerlitz, la vieille monarchie habsbourgeoise, amputée de 4 millions d'habitants sur 24 et de plusieurs provinces, vivait en paix, tout en rongeant son frein. Elle était restée neutre durant la guerre de la quatrième coalition, qui avait mis aux prises, jusqu'à la paix de Tilsit de juillet 1807, la France, la Prusse et la Russie. Mais, en 1808, un décret du gouvernement autrichien annonçant la création d'une *Landwehr*, une armée nationale de conscription, provoqua la fureur de Napoléon, alors en Espagne où il s'activait à réprimer l'insurrection. A ses demandes d'explication, Vienne ne répondit qu'évasivement, le contraignant à partir rapidement pour Erfurt, en Saxe, afin de rencontrer son désormais allié Alexandre Ier et lui arracher l'engagement d'intervenir militairement en cas de nouvel embrasement. On sait qu'il échoua, en raison notamment de la trahison de Talleyrand.

A la vérité, tandis que les troupes françaises se concentraient à Bamberg, le Conseil aulique demeurait indécis. Or, les Anglais, qui envoyaient au Portugal plusieurs dizaines de milliers d'hommes sous la direction d'Arthur Wellesley, futur duc de Wellington, avaient besoin d'un second front en Europe centrale pour y fixer une partie de la Grande Armée.

C'est dans ce contexte que sir Benjamin Bathurst arriva à Vienne, où il exposa aux Autrichiens les intentions militaires de la Grande-Bretagne et l'opportunité unique pour eux de prendre leur revanche. Il se montra convaincant puisque, le 8 avril, l'armée de l'archiduc Charles, frère cadet de l'empereur, entra en Bavière.

L'entreprise se révéla désastreuse, l'Autriche ne pouvant compter ni sur la Russie ni sur la Prusse. Après une première et coûteuse victoire à Essling-Aspern, démontrant que Napoléon n'était pas invincible, l'archiduc fut terrassé à Wagram les 5-6 juillet 1809.

Le traité de paix de Schönbrunn du 14 octobre était humiliant pour les vaincus, contraints de céder à l'Empire français Trieste et la Dalmatie, à la Bavière le Tyrol et Salzbourg, au duché de Varsovie la Galicie occidentale, et de rejoindre le Blocus continental. Quelques mois plus tard, François Ier acceptera le mariage de sa fille Marie-Louise, âgée de 18 ans, avec Napoléon.

Ce traité, évidemment, mettait un terme à la mission du jeune ministre de Sa Gracieuse Majesté. D'alliée, l'Autriche devenait ennemie de l'Angleterre. Bathurst décida de revenir à Londres en prenant les plus grandes précautions, afin de déjouer les manœuvres de l'« abominable adversaire », comme il l'appelait lui-même, et dont il avait toute raison de croire qu'il lui en voulait personnellement, tant le basculement définitif de l'Autriche dans la guerre avait été son œuvre. Sa terreur était de tomber aux mains des Français, car les Autrichiens avaient omis de demander au vainqueur un sauf-conduit lui permettant de voyager en toute tranquillité.

Il hésita sur la route à prendre. Il avait connu des déboires à l'aller, où son sloop avait essuyé les tirs d'un vaisseau français en Méditerranée. Rallier la Suède par Kolberg en Poméranie lui paraissant compliqué, il choisit de traverser le royaume de Prusse, en principe allié de la France, mais dont il pouvait espérer la neutralité, pour atteindre Hambourg et, de là, s'embarquer sur un navire.

La fatale étape

Le 9 novembre 1809, il quitta Buda, où la cour d'Autriche s'était réfugiée, accompagné de son domestique suisse Ibert et du courrier d'ambassade Krause, de nationalité allemande, qui connaissait bien l'itinéraire. Par précaution, il se fit établir un passeport au nom du baron Koch, négociant, et en remit un autre à Krause sous l'identité de Fisher. Il resta un jour ou deux à Berlin, puis reprit sa route. Peut-être l'avait-on prévenu d'un danger imminent. En tout cas, divers témoignages attestent qu'il était de plus en plus inquiet. Sa chaise de poste arriva à Perleberg le 25 novembre au début de l'après-midi.

Petite ville médiévale remparée, ayant longtemps fait partie de la Ligue hanséatique, elle était enserrée entre les bras alanguis de la Stepenitz, affluent de l'Elbe. La région avait souffert de l'affrontement franco-prussien de 1806-1807. Sur les routes, au milieu de maisons détruites et abandonnées, erraient d'inquiétants vagabonds, réfugiés, déserteurs français ou polonais, toujours prêts à détrousser les voyageurs. L'administration prussienne de Frédéric-Guillaume III, désorganisée depuis les défaites d'Iéna et d'Auerstaedt, semblait incapable de maintenir l'ordre.

Au relais de poste, Bathurst commanda des chevaux frais pour l'étape suivante, puis gagna à une centaine de mètres de là l'auberge *Zum Weissen Schwan* (« Au Cygne blanc[1] »), où, en compagnie de son secrétaire et de son valet, il se restaura. Il savait qu'après cette halte commençait la partie la plus dangereuse de son périple, celle où une route sinueuse conduisait à Lenzen et Dömitz, deux petites places fortifiées sur l'Elbe, à la frontière de la Saxe. On s'éloignait ensuite de la zone d'action des patrouilles françaises en garnison à Magdebourg, et on pouvait sans trop de risque parvenir à Hambourg.

Bathurst était fort bel homme : svelte, des traits juvéniles, un visage mince et distingué, une ombre de moustache, des cheveux châtains bouclés et de longs favoris à la mode. Et quelle élégance ! Un pantalon gris sombre couvrant ses bottes, une veste courte de même couleur, ornée de brandebourgs, un magnifique manteau sable bordé de velours violet et sur la tête une toque de fourrure. Une épingle de diamant de valeur brillait à son écharpe.

Le repas terminé, il s'enquit du logement du commandant militaire de la place. Muni du renseignement,

1. Sur son emplacement est édifié aujourd'hui l'*Hoffmann's Hotel.*

il remonta la Grand-Rue, traversa la place du Marché et se dirigea vers le *Café Germain*, derrière l'hôtel de ville, où le capitaine Friedrich von Klitzing, qui dirigeait l'escadron de cuirassiers du Brandebourg, avait établi ses quartiers. Ce trentenaire énergique et bourru n'était pas pour l'heure au mieux de sa forme, accablé par une bronchite. Le visiteur se présenta sous le nom de baron Koch se rendant pour affaires à Hambourg. Il lui confia qu'il avait de fortes raisons de croire que sa vie était en danger et lui demanda donc une protection provisoire, le temps de quitter la ville. Une femme présente lors de l'entretien racontera plus tard qu'il paraissait particulièrement agité, au point de renverser d'une main tremblante la tasse de thé que l'officier lui avait aimablement offerte. Un autre témoin, un médecin prussien, le docteur Benff, qui vit les deux hommes sortir et s'entretenir dans la rue, trouva lui aussi Bathurst très mal à l'aise et dans un état de grande anxiété.

En tout cas, ce dernier avait obtenu satisfaction. Le capitaine von Klitzing le raccompagna au relais de poste et laissa à sa disposition deux grands gaillards en uniforme, casque à cimier noir, ceinturon blanc, veste jaune et pantalon gris.

Le maître de poste Franke conseilla à Bathurst, qui s'était installé dans la grande salle, après avoir décommandé les chevaux, d'aller loger dans une auberge, où il serait plus à son aise. Celui-ci répondit, par l'intermédiaire de Krause qui traduisait, qu'il avait toutes ses archives empaquetées et avait encore besoin d'écrire, mais qu'il partirait dans la soirée. On l'installa dans une petite pièce attenante, où il put étaler ses papiers. A trois reprises, Krause alla brûler dans le fourneau de la cuisine des liasses de lettres scellées. Puis, Bathurst s'assoupit sur la table, la tête dans les épaules. Dans la salle commune, il n'y avait plus que deux marchands juifs venus de Leuzen en chaise de poste, qui eux aussi attendaient. La nuit était tombée à 5 heures. A 7 heures, Bathurst renvoya les deux factionnaires et ordonna de préparer les chevaux pour 9 heures. Le relais était proche de l'une des principales portes de la ville. Une fois franchis la voûte et le pont sur la Stepenitz commençait la route de Hambourg, le long de laquelle des maisons d'ouvriers et d'artisans constituaient une sorte de faubourg.

Un faux départ et une disparition

Neuf heures sonnèrent au clocher de Saint-Nicolas. L'ambassadeur resta quelques instants à se chauffer au poêle de la cuisine, parmi les vaguemestres et les valets d'écurie, sortant sans précaution sa montre et son portefeuille contenant une somme considérable, tandis que le postillon s'affairait à ajuster les harnais de ses chevaux à la lumière d'une lanterne ronde qu'un palefrenier brandissait à bout de bras. Enfin, tout fut prêt pour le départ. Krause, resté en arrière, fut surpris de ne pas trouver son maître assis dans la voiture, dont le marchepied avait été déplié et à côté duquel attendait respectueusement Ibert, le domestique.

Peu de temps auparavant, on l'avait vu dans la cour, près des écuries, au moment où il avait tourné autour de la chaise et examiné les chevaux. On s'avança sur la route avec des fanaux, on multiplia les appels dans la nuit, on se rendit au *Cygne blanc* pour le cas où il y serait retourné. En vain. Le baron Koch était introuvable. Le vent commençait à souffler. Près d'une heure se passa dans une inquiétude grandissante. Sans se préoccuper de l'agitation générale, les deux marchands juifs s'étaient discrètement esquivés avec leur propre voiture. Pensant que son maître était retourné chez le capitaine, Krause l'envoya chercher. Il n'y était pas non plus.

Se remémorant l'angoisse de son visiteur, Klitzing prit l'affaire très au sérieux et, malgré son nez pituiteux, se précipita au relais de poste, lançant aussitôt les recherches, qui se poursuivirent toute la nuit. Lui-même interrogea le secrétaire du disparu et le valet, avant de les consigner sous bonne garde à l'auberge de la *Couronne d'or*, à l'autre bout de la ville. Krause lui ayant révélé la véritable identité du baron, il mesurait la gravité de la situation, se demandant si l'ambassadeur n'avait pas préféré fausser compagnie à tous.

Le lendemain matin, dimanche, le capitaine enjoignit au bourgmestre et aux autorités civiles de la ville de poursuivre les investigations, se gardant de leur révéler le vrai nom du disparu. On commença à draguer la Stepenitz, à visiter les maisons ouvrières du faubourg, à fouiller les jardins. De son côté, Klitzing partit pour Kyritz informer son supérieur, le colonel Bismark, et de là se rendit à Berlin. Il ne revint que le lundi soir à une heure tardive.

Le 27 novembre, le magnifique manteau bordé de velours violet fut découvert sous un tas de bois dans une dépendance appartenant à une famille nommée Schmidt : la mère travaillait au relais de poste, où le fils Augustus, un garnement, était en charge des étables. La femme assura qu'elle avait trouvé la pelisse dans la grande salle, où le voyageur l'avait oubliée. Elle l'avait prise, dit-elle, pour éviter qu'elle ne fût volée et l'avait confiée à son fils. Comment la croire ? On emprisonna quelques jours le fils, puis on le libéra faute de preuves.

Le 16 décembre 1809, deux pauvresses parties ramasser du petit bois dans la forêt de sapins de Quitzow, à trois kilomètres et demi au nord-ouest, aperçurent, bien en vue dans un taillis, un pantalon gris sombre couvert de boue, qui présentait deux traces de coups de feu. Les deux vieilles remirent le vêtement au bourgmestre, qui ne tarda pas à établir qu'il s'agissait de celui du disparu. Dans l'une des poches un brouillon de lettre adressée à sa femme était griffonné au crayon. Il y parlait des dangers qu'il courait, se disant entouré d'ennemis, exprimant ses craintes de ne jamais atteindre l'Angleterre, ajoutant qu'un Français, un certain comte d'Antraigues, ne serait pas étranger à sa perte. Enfin, il lui demandait au cas où il lui arriverait malheur de ne pas se remarier. Les enquêteurs estimèrent que le pantalon avait été placé là depuis peu, de façon à égarer les recherches. Il leur parut étrange qu'il n'y eût aucune trace de sang autour des impacts de balle, comme si on avait tiré deux coups de feu sur un vêtement vide ! Celui-ci était certes humide, mais comme il n'avait cessé de pleuvoir depuis le début du mois, il l'eût été plus encore s'il avait été en place plusieurs jours auparavant. On fouilla méthodiquement le massif touffu de Quitzow, sans rien trouver de plus. L'enquête piétinait. Les deux marchands juifs avaient été retrouvés et reconnus personnes respectables.

La famille intervient

A Londres, dans leur maison de Bond Street, les membres de la famille de Benjamin, parents, épouse, frères et sœurs, ne recevant aucune nouvelle, vivaient dans l'inquiétude. Le sachant en danger sur le continent, ils avaient d'abord pensé qu'il avait pris un chemin détourné et voyagé incognito, mais les semaines passaient et le terrible silence se poursuivait. « Je me souviens parfaitement, écrira la sœur du disparu, Mrs Tryphena Thistlethwayte, que chaque coup frappé à la porte d'entrée causait la plus vive émotion, soulevant l'espoir que cela pouvait être notre frère bien-aimé. »

Quant à Phillida, l'épouse de Benjamin, elle était au supplice. Dans le courant de décembre, Krause, libéré par Klitzing et muni d'un nouveau passeport, avait gagné Hambourg et rejoint l'Angleterre, où il donna des nouvelles à ses supérieurs. L'évêque de Norwich apprit enfin de la bouche de lord Wellesley, le nouveau secrétaire d'Etat aux Affaires étrangères, l'étrange et soudaine disparition de son fils dans la petite ville de Perleberg, où il s'était arrêté pour se reposer et se restaurer. Nul doute, un malheur était arrivé.

Le gouvernement britannique offrit 1 000 livres à qui fournirait une information précise permettant d'éclaircir le mystère. La famille en fit autant. Le prince Frédéric de Prusse, qui s'était intéressé à cette disparition, mit sur la table 100 Friedrichs d'or.

En outre, deux agents anglais furent dépêchés pour enquêter sur place. De son côté, un ami de la famille, l'explorateur Heinrich Röntgen, arriva à Perleberg le 6 mai. N'ayant aucun retour, en juillet, Phillida Bathurst décida de partir à son tour pour la Prusse, en compagnie de son frère George Call.

A Berlin, tous deux apprirent de Röntgen les propos tenus par le gouverneur de Magdebourg au cours d'un bal : « Ils cherchent l'ambassadeur anglais, mais c'est moi qui le détiens là-haut ! », se serait-il exclamé en pointant du doigt la citadelle. Mrs Bathurst n'hésita pas à se rendre dans cette grande place du royaume de Westphalie, occupée par les troupes françaises, et y interrogea directement le gouverneur. Celui-ci avoua qu'il avait fait une erreur.

Pleine de doutes, la jeune femme se rendit à Perleberg. Elle vit avec émotion les lieux du drame, l'auberge du *Cygne blanc*, la petite pièce du relais de poste où son mari avait écrit, la table sur laquelle il s'était assoupi, la douce Stepenitz qui avait été draguée. Elle dépensa une fortune à relancer les recherches sur une vaste échelle, faisant sonder les marais des alentours et employant plusieurs centaines de volontaires à battre la campagne avec des chiens dressés. En vain.

Alors, n'ayant peur de rien, munie d'un sauf-conduit fourni par l'ambassade de France à Berlin, elle décida de gagner Paris. De passage à nouveau à Magdebourg, qui n'allait pas tarder à être incorporée dans l'Empire français, comme tous les Etats de la Confédération du Rhin, elle vit à nouveau le gouverneur, le harcela deux heures durant, le supplia à genoux de lui dire la vérité. Celui-ci répéta que c'était une fâcheuse erreur de sa part. « La personne en question était un espion de Mr Canning, nommé Louis Fritz, enlevé par les douaniers et conduit ici. Je n'ai découvert la confusion que plus tard. » Elle demanda à parler à ce Fritz. « Il est parti en Espagne », lui répondit-il. Ne pourrait-elle rencontrer au moins sa femme ? « Elle est partie avec lui. »

A Paris, elle rencontra le comte de Champagny, duc de Cadore, ministre des Relations extérieures, et Savary, duc de Rovigo, successeur de Fouché au ministère de la Police. Elle ne put voir Napoléon, mais celui-ci lui envoya aimablement par Cambacérès un message, l'assurant sur l'honneur qu'il ne savait rien du sort de son mari et lui proposant de faire paraître tous les avis de recherche qu'elle souhaiterait dans les journaux de l'Empire, y compris le *Moniteur*.

La courageuse Phillida, revenue à Londres à l'automne de 1810, pria George Canning, ancien secrétaire d'Etat aux Affaires étrangères, de lui dire sans détour s'il avait employé un nommé Louis Fritz. Après vérification des passeports des agents pour l'année 1809, il lui certifia qu'aucune personne n'était connue sous ce nom dans les services secrets britanniques. Cela confirmait les soupçons qu'elle portait contre les Français.

C'est alors que le comte d'Antraigues, dont le nom figurait sur le brouillon de lettre de Benjamin, se manifesta étrangement. Il demanda à être reçu par Mrs Bathurst. L'entretien eut lieu le lendemain. Le gentilhomme français, qui résidait à Londres, venait lui proposer son aide bénévole pour éclaircir le mystère. Il était persuadé que sir Benjamin avait été enlevé par des douaniers montés, armés jusqu'aux dents, enfermé dans la citadelle de Magdebourg où il avait été exécuté. « Laissez-moi envoyer à Paris une dépêche chiffrée, la réponse vous apportera la certitude. » Mrs Bathurst, on la comprend, se méfiait.

C'était un étrange personnage que ce Louis Alexandre de Launay, comte d'Antraigues, né en 1755 dans une noble famille du Vivarais. Disciple fervent des philosophes, il avait été élu député aux états généraux en 1789, où il s'était montré partisan de réformes hardies. L'année suivante, toutefois, il s'était rangé parmi les royalistes les plus conservateurs. Réfugié en Italie, il avait dirigé un réseau d'espionnage, renseignant Louis XVIII et les princes. Les soldats de Bonaparte l'avaient capturé à Trieste et avaient saisi ses papiers lors de la première campagne d'Italie. Après maintes péripéties, il était passé au service du tsar Paul Ier, puis à celui des Anglais. Installé dans une belle maison de Barnes Terrace, près de Londres, devenu l'ami de George Canning, il touchait une pension du gouvernement britannique en remerciement des informations qu'il avait fournies sur les articles secrets du traité de Tilsit.

Antraigues ne reçut jamais la réponse attendue par Mrs Bathurst. Quelques mois plus tard, le 22 juillet 1812, on le retrouva poignardé chez lui avec sa femme, une ancienne diva, la Saint-Huberty. Le meurtrier, leur domestique piémontais, s'était suicidé ou avait été tué par balle aussitôt après. Le comte avait participé à tant d'intrigues, joué tant de rôles que sa fin ne surprit personne. Le *Foreign Office* s'empressa de saisir ses papiers et refusa toute demande d'éclaircissement à Mrs Bathurst.

Que conclure de ce mystère ?

Ecartons les explications fantaisistes des amateurs de paranormal et de science-fiction, celle de Henry Beam Piper (*He walked around the horses*, 1948) qui envoyait Bathurst dans un univers parallèle où les guerres napoléoniennes avaient disparu, celle de Lionel Roberts, où l'élégant diplomate anglais était soudainement transporté dans le futur, celle encore d'Avram Davidson *(Masters of the Maze)*, qui le faisait voyager comme Peter Pan dans le temps et l'espace. Nul n'est obligé de croire par ailleurs que le malheureux ait été enlevé par les extraterrestres… L'hypothèse d'un suicide est également à rejeter. On aurait retrouvé son corps.

A l'époque, la famille capta maintes rumeurs. De plus en plus inquiet, Bathurst serait parti seul dans la nuit et, après avoir longuement marché en direction du nord, serait arrivé à la maison d'un consul, près de la mer Baltique. Une servante, une bougie à la main, lui aurait ouvert. Elle aurait vu une personne dont, dira-t-elle, l'aspect correspondait à celui du diplomate. La nuit était agitée. Un souffle de vent à travers la porte suffit à éteindre la flamme. Le dialogue s'entama dans l'obscurité.

Que voulait-il ? Voir son maître. Elle répondit qu'il n'était pas là. A qui parlait-elle ? « Peu importe », répliqua l'inconnu, qui la pria d'avertir le consul qu'il le verrait le lendemain matin à la Poste royale. Le consul vint, mais ne trouva personne. Comme durant cet automne tempétueux un bateau en partance pour Stockholm avait fait naufrage, on supposa que le voyageur y avait pris place.

Mais comment croire que Bathurst ait ainsi filé à l'anglaise – c'est le mot ! –, marchant jour et nuit sans nourriture, sans sa pelisse, affrontant seul les périls de la route, sans laisser la moindre trace de son passage, alors qu'il parlait très mal l'allemand ? Comment en outre expliquer la découverte de son pantalon ? Le courrier de cabinet Krause, après avoir été sévèrement interrogé à son retour à Londres, fut un moment soupçonné de connivence et congédié. Il se retira en Autriche avec sa femme, qui était anglaise, et se fit bâtir une belle maison près de Vienne, au bord du Danube. Son rapport ne fut jamais retrouvé.

Très tôt, la thèse d'un enlèvement suivi d'un assassinat par les Français prévalut. Qui d'autre que Napoléon avait intérêt à se débarrasser du jeune ambassadeur et à saisir ses papiers ? C'est ce que soutenait le *Morning Post* du 20 janvier 1810. La livraison du même mois de l'*European Magazine and London Review* fournissait des précisions : c'était un parti de soldats stationnés à Lenzen qui avait fait le coup. L'ennui est qu'il n'y avait jamais eu de garnison française de l'autre côté de l'Elbe, en territoire prussien. Longtemps après, en 1862, un article du *Spectator* annonça une nouvelle qui fit sensation : en démolissant un mur de la vieille citadelle de Magdebourg, on aurait découvert les restes d'un homme en position verticale, les mains liées dans le dos. Malheureusement, elle était à ranger parmi les *fake news*.

En 1815, alors que le duc de Rovigo se trouvait prisonnier à bord de la frégate *Eurotas*, la pugnace Mrs Bathurst s'y présenta avec des officiers de justice pour l'interroger. Maintenant qu'il n'était plus ministre, il pouvait parler ! Mais celui-ci persista à avouer son ignorance. Pour Pierre-Marie Desmarest, qui dirigea la division de la police générale sous l'Empire et qui a laissé d'intéressants souvenirs, les Français n'étaient strictement pour rien dans cette mystérieuse disparition, ce que confirma ultérieurement l'examen des archives. Il semble que l'on ait confondu le cas de Bathurst avec celui d'un courrier anglais nommé Wagstaff, intercepté en 1805, non loin de Perleberg, par des soldats du corps de Bernadotte et dont on avait saisi les dépêches.

Dans une étude fouillée parue en 1922, un historien anglais, sir John Hall, soupçonna la Prusse d'avoir assassiné Benjamin Bathurst. Selon lui, le principal suspect était le capitaine von Klitzing. Il aurait été membre d'une société secrète, le Tugenbund, constituée en 1808 à Königsberg par des officiers préparant la revanche derrière les comtes Friedrich von Kleist et Chasot. A Perleberg, il aurait montré un zèle de façade, tout en s'efforçant de faire obstruction aux investigations. Hall, comme Desmarest d'ailleurs, pointait du doigt l'attitude embarrassante de l'Angleterre dans cette affaire : n'avait-elle pas là l'occasion rêvée de souligner l'infamie de Bonaparte ? Or, le Tugenbund était financé discrètement par elle et servait ses intérêts. A supposer que Bathurst ait rencontré des membres de cette association à Berlin, disait Hall, qu'il ait assisté à une de leurs réunions secrètes, ceux-ci, vu son état mental dérangé, auraient craint de le voir révéler leur secret à Napoléon s'il tombait entre ses mains. D'où le meurtre préventif du diplomate. Théorie ingénieuse, mais vraiment peu étayée.

S'il ne fait aucun doute que Benjamin Bathurst se trouvait dans un état d'angoisse extrême, est-ce si sûr qu'il faille mettre en rapport cette terreur et sa disparition ? Il apparaît en tout cas que s'il fut tué, il ne l'avait pas été pour ses papiers puisque ceux-ci, comme ses bagages, furent soigneusement empaquetés et expédiés en Angleterre par les Prussiens.

Reste une hypothèse. Le 15 avril 1852, au numéro 128 de la route de Hambourg, à 300 pas du *Cygne blanc*, sous le seuil de la porte d'une maison que l'on venait d'abattre, on découvrit un squelette d'homme au crâne fracassé probablement par une hachette. Il était tentant de l'identifier à celui de l'ambassadeur volatilisé. Le parfait état de sa dentition, à l'exception d'une molaire traitée par un homme de l'art, venait renforcer cette supposition. On enquêta. Le propriétaire de la maison s'appelait Kiesewetter. Il l'avait achetée en 1834 à un certain Christian Mertens, qui l'avait héritée de son père. Or, ce dernier, qui l'avait lui-même acquise d'un cordonnier en 1803, avait été employé à l'auberge du *Cygne blanc* au temps de Bathurst. D'aucuns s'étaient étonnés un peu plus tard de le voir doter ses deux filles de 4 000 et 3 000 thalers, des sommes rondelettes qu'un simple domestique pouvait difficilement épargner.

On montra le crâne à la sœur du disparu, Mrs Tryphena Thistlethwayte, par chance en visite à ce moment-là à Perleberg. Elle assura que ce n'était pas celui de son frère. Mais il y avait quarante-trois ans qu'elle ne l'avait vu. Si, malgré tout, ces restes étaient bien ceux de Benjamin Bathurst, d'évidence le motif du crime n'était pas politique, mais crapuleux. Une complicité entre deux ou trois individus de l'auberge et du relais de poste paraît possible. On songe à Mertens père et à Augustus Schmidt. Si l'on en croit le témoignage – trop vite écarté lors de l'enquête – de la femme d'un paysan de Perleberg, une semaine avant la Noël de 1809, un aide-cordonnier de la ville nommé Goldenberg aurait été aperçu dans une auberge près de Hambourg en possession d'une belle montre à chaîne et d'une bourse emplie de louis d'or. Questionné sur pareille fortune, il aurait répondu qu'on avait « acheté son silence lorsque l'Anglais avait été assassiné… ». De nos jours, le squelette de la maison Mertens n'aurait sans doute pas résisté à un test ADN. Le doute demeure donc. Dommage que les progrès de la science ne puissent bénéficier rétroactivement à tous les mystères de l'Histoire !

Bibliographie sélective

Baring-Gould, Sabine, *Historical Oddities and Strange Events*, t. I, 1889 ; rééd. Kindle Edition, 2015.

Dash, Mike, « The Disappearance of Benjamin Bathurst », *Fortean Times*, t. 54, Summer 1990, p. 40-44.

Desmarest, M., *Témoignages historiques, ou Quinze ans de haute police*, Levasseur, 1833.

Fortolis, Ludovic, *Les Anglais en France. Des cachots de la Terreur aux geôles de l'Empire*, Perrin, 1923.

Godechot, Jacques, *Le Comte d'Antraigues : un espion dans l'Europe des émigrés*, Fayard, 1986.

Hall, sir John Richard, *Four Famous Mysteries*, Londres, Nisbet and Co., 1922.

Thistlethwayte, Mrs T., *Memoirs and Correspondence of Dr Henry Bathurt, Lord Bishop of Norwich*, Londres, 1863, p. 175-191, 556-604.

Thompson, Neville, « The Continental System as a Sieve : The Disappearance of Benjamin Bathurst in 1809 », *The International History Review*, 2002, vol. 24, n° 3, p. 528-557.

XII

Le tsar Alexandre, *alias* l'ermite Fiodor ?

par Marie-Pierre Rey

Le 1er décembre (19 novembre)[1] *1825, au pouvoir depuis mars 1801 suite au complot qui a coûté la vie à son père Paul Ier, Alexandre Ier décède d'une fièvre des marais alors qu'il se trouvait à Taganrog, petite ville située sur les rives de la mer d'Azov, bien loin de Saint-Pétersbourg. Les circonstances étranges de cette disparition alors que le tsar, âgé de 49 ans, était en parfaite santé, et, douze ans plus tard, l'arrestation en Sibérie d'un vagabond, Fiodor Kouzmitch, qui, mutique sur son passé, ressemble beaucoup à feu l'empereur, ont au fil des décennies alimenté des rumeurs et suscité une interrogation majeure : Alexandre Ier est-il vraiment mort en 1825 ou Fiodor Kouzmitch et Alexandre ne faisaient-ils qu'un ? Controversée, cette affaire constitue jusqu'à aujourd'hui une des plus mystérieuses et passionnantes énigmes de l'histoire russe.*

1. Durant la période tsariste, l'Empire vit au rythme du calendrier julien, en retard de douze jours au XIXe siècle par rapport au calendrier grégorien utilisé dans le reste de l'Europe. Dans ce récit, par un souci de commodité, nous avons opté pour le calendrier grégorien.

Décembre 1825 : la mort brutale du tsar Alexandre Ier

Le 25 septembre 1825, l'empereur Alexandre Ier, en visite dans ses provinces du Sud, s'installe à Taganrog dans un palais de taille modeste. C'est là qu'un peu plus de deux mois plus tard, il décède brutalement à l'abri des regards.

Alexandre Ier est arrivé à Taganrog accompagné d'une suite peu nombreuse, constituée de son chef d'état-major et aide de camp le général Dibitch, des médecins Wyllie et Tarassov, du maître de ses équipages le colonel Solomko, de quatre officiers subalternes et de quelques valets. A ces derniers s'ajouteront bientôt ceux de l'impératrice Elisabeth, qui, escortée de Pierre Volkonski, aide de camp d'Alexandre, y parvient à son tour le 5 octobre. S'ensuivent des semaines de vie paisible et retirée, bien décrites par l'impératrice dans plusieurs lettres à sa mère. Dès son arrivée, elle lui écrit ainsi à propos de Taganrog : « La ville est tout à fait jolie et riante. On voit la mer presque de toutes les rues, et mon établissement, que l'Empereur a soigné dans tous ses détails avec tant de sollicitude, est joli et *heimlich* (secret, retiré). »

Et trois jours plus tard, elle décrit ainsi sa nouvelle résidence : « La maison n'a qu'un rez-de-chaussée ; elle est au haut et à l'extrémité d'une rue qu'on appelle la Rue Grecque : dans sa plus grande longueur, elle donne sur cette rue, et un jardin avec son enclos fait notre vis-à-vis. Au coin qui tourne, la vue donne sur les remparts de cette ancienne citadelle dont je vous parlais, mais, des appartements qui donnent sur la cour on voit la mer par-dessus un petit jardin qui tient à la maison. Il y a au coin de ce jardin une terrasse d'où la vue est magnifique… »

Cette vie paisible contraste au même moment avec les nombreux déplacements qu'Alexandre accomplit dans la région, sans son épouse. Début novembre, il entreprend ainsi un périple qui le conduit en Crimée. Il s'agit pour lui d'inspecter les troupes et les installations navales et de visiter les grands monastères de la région. Il s'y attarde avec bonheur et à Volkonski il confie, mi-sérieux, mi-rêveur : « Je vais bientôt déménager en Crimée, je vais vivre comme un simple mortel. J'ai servi vingt-cinq années, on donne au soldat son congé après ce laps de temps. [...] Et toi aussi, tu démissionneras et tu seras mon bibliothécaire. »

Le 8 novembre, alors qu'il se rend à cheval à l'abbaye de Saint-Georges située près de Sébastopol, l'empereur attrape froid mais il poursuit son tour de Crimée, visitant inlassablement casernes et hôpitaux militaires. Rentré à Taganrog quelques jours plus tard, fébrile au point que ses médecins se demandent s'il n'a pas contracté la fièvre typhoïde au contact des soldats hospitalisés, il refuse plusieurs jours durant de se soigner et ne condescend à le faire que le 26 novembre, alors que son état s'est sensiblement dégradé. Au fil des heures, il s'affaiblit. Le lendemain, il réclame un prêtre orthodoxe, se confesse et reçoit les derniers sacrements. Il meurt le 1er décembre au matin, à 10 h 50, Elisabeth auprès de lui. Dévastée, cette dernière écrit le jour même à sa mère : « Chère Maman, notre ange est au Ciel et moi, sur la terre, de tous ceux qui le pleurent, la créature la plus malheureuse, puissé-je le rejoindre bientôt ! Oh ! mon Dieu, c'est presque au-delà des forces humaines mais puisqu'il l'a envoyé, sans doute, il faut pouvoir le supporter. Je ne comprends pas, je ne sais si je rêve, je ne puis pas combiner ni comprendre mon existence. »

Epuisée par le chagrin et le désespoir, Elisabeth s'avère incapable de prendre la route pour accompagner le convoi funéraire et ce n'est qu'au printemps 1826 qu'elle se décide à se mettre en route pour Saint-Pétersbourg. Mais le 3 mai, alors qu'elle se trouve dans le gouvernement de Toula, l'impératrice, âgée de 45 ans, décède à son tour d'une crise cardiaque : elle aura survécu moins de six mois à la disparition d'Alexandre Ier.

Or, si elle surprend par sa brutalité, la mort du tsar n'en intervient pas moins à un moment où Alexandre Ier semblait de plus en plus se désintéresser de sa charge et de ses responsabilités.

Une immense lassitude à l'égard de la charge impériale

En mars 1801, l'avènement d'Alexandre Ier, mettant fin à la tyrannie de son père Paul, a suscité beaucoup d'espérances, les débuts du règne, marqués par des projets de réformes à teneur libérale, semblant augurer d'une ère nouvelle. Par la suite, la dégradation des relations franco-russes liée à des rivalités et contentieux géopolitiques en Allemagne, en Pologne, dans les Balkans, et l'invasion menée par la Grande Armée napoléonienne en juin 1812 ont conduit l'Empire au bord de la catastrophe. Mais ce dernier a réussi à triompher de son adversaire et par deux fois, en 1814 puis en 1815, le tsar victorieux est entré dans Paris[2], tandis que la diplomatie impériale était en mesure d'influer de manière inédite sur l'avenir du continent

2. Voir Marie-Pierre Rey, *L'Effroyable Tragédie. Une nouvelle histoire de la campagne de Russie*, Flammarion, 2012 et *1814. Un tsar à Paris*, Flammarion, 2014.

européen. Alexandre Ier est alors au sommet de son prestige et de son autorité. Mais les années qui suivent voient bientôt s'opérer des transformations majeures, tant sur la scène politique que dans la psychologie du tsar.

A partir des années 1819-1820, le régime évolue en effet vers un conservatisme répressif. Revenu de ses velléités de réforme, déçu de ne pas avoir été entendu par les puissances européennes dans ses rêves de refondation du continent, aigri face aux mouvements de contestation qui, de manière plus ou moins rampante, gagnent l'Empire, Alexandre Ier adopte des mesures témoignant d'un net durcissement : la mise en place des colonies militaires qui suscite le désespoir des paysans enrôlés, la répression de tout mouvement de révolte dans les campagnes comme dans l'armée et les pouvoirs très étendus désormais concédés au général Araktcheïev, ministre de la Guerre, connu de sinistre mémoire pour sa cruauté et sa rigidité, tout atteste une dérive qui contraste avec les débuts du règne.

Dans le même temps, le tsar a lui-même beaucoup changé. Alors que dans sa jeunesse Alexandre Ier appréciait le théâtre et la musique, un observateur averti comme Dupré de Saint-Maur relève un rétrécissement sensible de ses centres d'intérêt. Il n'y a plus de représentations théâtrales ou musicales à l'Ermitage et l'empereur ne lit plus que des ouvrages de piété ou de théologie. Quand il ne se trouve pas en chemin pour se recueillir dans des monastères ou rendre visite à des anachorètes ou des ermites, il se consacre à l'approfondissement de sa foi et, tout à sa spiritualité, il délaisse l'action politique au profit de la méditation religieuse. Dans le même temps, en deux occasions successives, le tsar a confié à son jeune frère et héritier pressenti, le grand-duc Nicolas, son désir de quitter le pouvoir. Alexandra Fiodorovna, l'épouse de Nicolas, présente, a ainsi rapporté les propos d'Alexandre : « "Pour moi-même, je suis décidé à me défaire de mes fonctions, et à me retirer du monde." [...] Nous voyant prêts à sangloter, il tâcha de nous consoler, de nous rassurer, en disant que cela n'arriverait pas incessamment, que des années passeraient avant qu'il ne mette son projet à exécution, et il nous laissa seuls, on peut s'imaginer dans quel état. Jamais l'ombre d'une idée pareille ne nous était venue en tête, pas même en rêvant. Nous nous sentions comme touchés par la foudre ; l'avenir nous paraissait sombre et comme fermé au bonheur ! Ce fut un moment mémorable de notre vie. » Et quelques semaines plus tard, en septembre, à Varsovie, Alexandre redira à Nicolas toute sa lassitude et son désir d'abdiquer...

Déjà patente en 1819, sa tendance à se détacher de toute contingence politique comme matérielle s'accroît encore en 1824 du fait des deux tragédies qui s'abattent successivement sur lui. En juin, il perd Sophie, fruit de ses amours avec la princesse Maria Narychkine, et la dernière de ses enfants encore en vie. Atteinte de tuberculose, la jeune fille meurt à l'âge de 18 ans et, pour Alexandre Ier, le coup est dévastateur. Quelques mois plus tard, en novembre, une violente crue de la Neva inonde la quasi-totalité de la ville et, dans les quartiers du centre, la hauteur de l'eau atteint 3 mètres. Certes, les secours s'organisent vite et le tsar se montre très actif durant l'épreuve : il rend visite aux habitants de l'île Vassilevski particulièrement éprouvés, fait distribuer de l'argent sur les parvis des églises, ouvrir des maisons d'accueil pour nourrir et loger les sinistrés et en appelle à la solidarité de Moscou qui dans l'urgence dépêche des secours – quinze troïkas chargées de vêtements et de vivres sont ainsi acheminées. Mais la crue cause la mort de près de 500 personnes, détruit plus de 300 maisons et le tsar, superstitieux, ne peut s'empêcher de voir dans ce fléau un nouveau châtiment de Dieu à son encontre. Ne s'est-il pas, en cautionnant l'assassinat de son père Paul, rendu coupable de parricide et de tsaricide, deux péchés mortels au regard de la loi divine ? Et n'est-il pas temps pour lui d'expier ces péchés et de renoncer au pouvoir ? Mais comment se défaire d'un pouvoir reçu de Dieu dès lors qu'une abdication n'est pas à proprement parler envisageable ?

A la mi-juin 1825, alors que l'impératrice Elisabeth, qui souffre d'une tuberculose aiguë, paraît très affaiblie, ses médecins, inquiets de son état, lui conseillent de quitter Saint-Pétersbourg dès la fin de l'été pour une région plus clémente, et c'est alors qu'Alexandre Ier décide qu'ils se rendront tous deux à Taganrog. Pour autant, ce choix paraît incongru à beaucoup : la région est connue pour être très ventée, ce qui en août fera écrire à Pierre Volkonski dans une lettre à son ami Zakrevksi qu'il ne parvient pas « à concevoir l'idée des médecins, qui n'ont rien trouvé de mieux, en Russie, comme climat, que Taganrog ». Mais en réalité, c'est bien Alexandre qui a imposé cette destination étrange, au motif qu'il y a déjà séjourné en mai 1818 et qu'il veut y retourner. Pourquoi ce choix ? Par nostalgie pour sa jeunesse envolée, ou pour une tout autre raison qu'il dissimule à son entourage ?

Automne 1836, Fiodor Kouzmitch entre en scène

A l'automne 1836, un homme qui circule à cheval sans passeport intérieur est soudainement arrêté par la police du gouvernement de Perm en Sibérie : c'est l'entrée en scène d'un mystérieux vagabond et le début de « l'énigme » Fiodor Kouzmitch.

Agé d'une soixantaine d'années, grand, les yeux bleus, sourd de l'oreille gauche (comme Alexandre Ier), le vagabond n'est pas ordinaire : paraissant instruit, s'exprimant avec aisance, l'homme refuse de dire de lui autre chose que son nom. Ce mutisme et cette absence suspecte de tout document d'identité lui valent d'être condamné à vingt coups de fouet et à plusieurs mois d'emprisonnement. C'est qu'on ne badine pas avec l'errance dans la Russie de Nicolas Ier.

Sa peine accomplie, toujours muet sur son passé, Kouzmitch est envoyé dans le gouvernement de Tomsk, en Sibérie, pour travailler dans une distillerie d'Etat. Il y restera cinq ans. Il y vit au milieu des paysans, donne des conseils d'hygiène et de santé, enseigne aux enfants la Bible, l'orthographe, le calcul, l'histoire et la géographie. L'homme, qui maîtrise le français et semble bien connaître la Cour et ses mœurs, surprend, et on parle déjà de lui comme d'un noble ayant choisi de fuir son passé. Par peur de ces rumeurs, il reprend bientôt sa vie itinérante. En 1858, il est recueilli par un marchand, Semion Khromov, qui l'héberge dans une petite maison à quelques kilomètres de Tomsk. Il y vivra en ermite jusqu'à sa mort en 1864. A cette date, sur sa tombe située au cimetière du monastère de Tomsk, Khromov fait inscrire : « Ci-gît le grand starets béni de Dieu, Fiodor Kouzmitch qui s'est éteint le 20 janvier 1864. » Le choix du qualificatif « béni de Dieu » n'est pas anodin : il renvoie à l'expression dont le Sénat avait voulu honorer l'empereur Alexandre Ier au lendemain de son entrée dans Paris en 1814, car Khromov en est convaincu : Kouzmitch et Alexandre ne font qu'un. Tandis que la tombe de Kouzmitch devient rapidement un lieu de pèlerinage, Khromov écrit à Alexandre II en

1866 en espérant le rencontrer pour lui remettre des notes et des documents ayant appartenu à l'ermite. Sa demande reste sans réponse, mais Khromov persiste et au début du règne d'Alexandre III, à l'été 1881, il se rend à Saint-Pétersbourg pour y rencontrer, comme en témoignent les archives russes, le procureur du saint-synode, Constantin Pobedonostsev, lui confier des notes qu'il a maladroitement rédigées sur Fiodor Kouzmitch et lui demander de remettre au nouvel empereur des effets ayant appartenu au starets. Parmi eux, plusieurs icônes, un chapeau et un portrait qu'Alexandre III de fait conservera jusqu'à sa mort sur son bureau, sans pour autant s'exprimer publiquement sur le sujet. Toutefois, peu à peu, les langues se déliant, les élites cultivées s'emparent à leur tour du mystère.

L'énigme Fiodor Kouzmitch

Convaincu que Kouzmitch et Alexandre Ier se confondent, Tolstoï consacre à l'affaire un ouvrage de fiction intitulé *Mémoires du starets Féodor Kouzmitch, mort le 20 janvier 1864 en Sibérie, près de Tomsk, dans le hameau du marchand Khromov* et, sous couvert d'écrire les souvenirs de Kouzmitch, il imagine comment le tsar a organisé de fausses funérailles et conçu sa fuite. Au même moment, soit en 1897-1898, dans son énorme biographie en quatre tomes consacrée au tsar Alexandre Ier, l'historien Schilder accrédite à son tour la thèse d'une disparition volontaire de l'empereur, plus facile à mettre en scène à Taganrog, loin de la Cour, qu'à Saint-Pétersbourg. Et Schilder de souligner de manière troublante qu'à la mort de Kouzmitch, dans sa cellule, on a trouvé plusieurs icônes, dont une consacrée à la Vierge, qui, sous le verre qui la protégeait, portait une lettre, l'initiale « A », surmontée d'une couronne. Le point de vue de Schilder est partagé par plusieurs archivistes de Saint-Pétersbourg[3] et, en privé, certains membres de la famille impériale – dont le tsarévitch Nicolas Alexandrovitch, futur Nicolas II, qui ira se recueillir sur la tombe du starets en 1891 – sont également convaincus qu'Alexandre Ier a fini sa vie sous l'identité de Fiodor Kouzmitch. Mais *a contrario,* ces affirmations sont à la fin de la période tsariste contestées et combattues par le grand-duc Nicolas Mikhaïlovitch : dans son opuscule daté de 1907 et intitulé *Legenda o konchine imperatora Aleksandra I v Sibiri v obraze Startsa Fiodora Kuzmicha*, l'historien officiel des Romanov, et membre de la famille, dément catégoriquement la thèse avancée par Schilder. A ses yeux, l'initiale apposée sous le verre de l'icône ne prouve en rien que Kouzmitch et Alexandre Ier ne faisaient qu'un; en outre, les écritures d'Alexandre Ier et de Fiodor Kouzmitch différaient très nettement l'une de l'autre. Pour autant, son ouvrage ne met pas un terme au débat, et le grand-duc lui-même, peu avant d'être assassiné par les bolcheviks, aurait, au vu de documents nouveaux, changé de point de vue… Dans un texte publié à Saint-Pétersbourg en 1913 et réédité à Paris en 1929, le prince Bariatinsky se fait à son tour l'avocat fervent de la thèse de la disparition volontaire d'Alexandre Ier et de la machiavélique mise en scène de sa « mort »; et pour ce faire, il pointe avec rigueur et conviction les incohérences grossières qui parcourent les récits que les différents témoins ont livrés sur l'agonie du tsar à Taganrog.

---

3. Au point qu'aujourd'hui, dans les inventaires du Département des manuscrits de la Bibliothèque impériale de Saint-Pétersbourg établis avant la révolution d'octobre 1917, Alexandre Ier et Fiodor Kouzmitch sont classés dans un même fonds !

Les comptes rendus respectivement établis par Volkonski et Wyllie divergent en effet dans la description chronologique même de la maladie du tsar ; quant au journal intime méticuleusement tenu par l'impératrice depuis son arrivée à Taganrog, il s'interrompt de manière inopinée à la date du 23 novembre sans que l'on sache s'il a été détruit ou si Elisabeth a délibérément choisi de ne plus écrire. Les dernières heures de la vie du tsar ont également suscité de la part de Tarassov et Wyllie des versions tout aussi contradictoires, l'un évoquant une nuit tranquille, l'autre une nuit très agitée, le souverain allant de plus en plus mal. Enfin, les résultats de l'autopsie sont également sujets à caution : il y est fait mention de lésions cérébrales liées à la syphilis alors que le tsar n'en a jamais été atteint ! En outre, alors qu'en 1824 Alexandre avait souffert d'un érysipèle à la jambe gauche attesté dans les registres médicaux tenus par Wyllie, c'est sur la jambe droite du cadavre que l'on retrouvera des cicatrices d'anciennes plaies… De surcroît, alors que le procès-verbal d'autopsie a été signé par neuf médecins, Tarassov, qui l'a prétendument rédigé et dont le nom figure au bas du document, affirmera plus tard dans ses Mémoires ne l'avoir jamais signé… Enfin, et ce point est extrêmement important, au motif que la maladie avait défiguré le souverain, durant les obsèques qui se déroulèrent au printemps 1826 à Saint-Pétersbourg, le cercueil, installé dans la cathédrale Notre-Dame de Kazan, fut dissimulé aux regards et, contrairement au rite orthodoxe qui veut que pendant la célébration le défunt repose dans son cercueil ouvert, nul ne fut autorisé à voir le visage du souverain. Autant d'éléments étranges qui peuvent accréditer la thèse d'une disparition soigneusement orchestrée, tant il paraissait plus facile, loin de Saint-Pétersbourg, soit de trouver le cadavre d'un homme ressemblant vaguement au tsar pour l'inhumer à la place de ce dernier, soit d'y procéder à la fermeture d'un cercueil vide…

Au lendemain de la victoire des bolcheviks et de l'avènement du régime communiste, les autorités soviétiques auraient en 1921 procédé à l'examen des dépouilles des souverains russes inhumés dans la forteresse Saint-Pierre-et-Saint-Paul de Saint-Pétersbourg et elles auraient alors à leur tour constaté que le tombeau d'Alexandre Ier était vide. Mais cette affirmation, colportée discrètement par des archivistes, contraste au même moment avec le jugement d'historiens soviétiques qui voient dans la « légende » de Fiodor Kouzmitch un conte sans fondement et qui considèrent que, l'histoire russe abondant en impostures, faux tsars et mystifications en tout genre[4], il n'y a pas lieu d'y accorder le moindre crédit…

Où en est-on aujourd'hui ? Sur les traces de Fiodor Kouzmitch

La chute de l'Union soviétique a amené un regain de foi orthodoxe et, ce faisant, un intérêt nouveau pour le mystère Kouzmitch. Plusieurs ouvrages académiques touchant de près ou de loin à ce sujet ont été récemment publiés en Russie, et qualifient de très probable, pour Andreï Sakharov, voire de certaine, pour M. Gromyko, la thèse de la disparition volontaire. Reprenant le dossier pour les besoins du film documentaire tourné par Marc Jeanson intitulé *Le Secret du tsar*, je me suis rendue aux

4. Pour une belle mise au point sur ces phénomènes d'imposture, voir l'ouvrage majeur de Claudio Sergio Ingerflom, *Le tsar c'est moi. L'imposture permanente d'Ivan le Terrible à Vladimir Poutine*, PUF, 2015.

archives de Saint-Pétersbourg, à celles de Moscou, puis à celles de Tomsk.

L'icône de Fiodor Kouzmitch a aujourd'hui disparu mais son chapeau, en réalité une calotte en velours bordeaux, offerte par le marchand Khromov, est toujours conservé dans les archives d'Etat de la Fédération de Russie à Moscou, et les archives régionales de Tomsk renferment toujours le rapport de police décrivant physiquement le vagabond lors de son arrestation de 1836. La maison du marchand Khromov est encore là, quoiqu'en très mauvais état, et à l'emplacement de l'ancienne cabane de Kouzmitch, aujourd'hui rasée, s'élève une minuscule chapelle où les fidèles se pressent. Car depuis 1984, Fiodor Kouzmitch, canonisé par l'Eglise orthodoxe de Sibérie, est devenu saint Fiodor de Tomsk et, en juillet 1995, la persévérance du clergé local a permis, sous d'anciennes toilettes soviétiques aujourd'hui démolies, de retrouver des ossements, à l'intérieur d'une tombe qui pourrait être celle érigée par Khromov. Les ossements devenus reliques ont aujourd'hui pris place dans le monastère de Tomsk, à l'intérieur d'une sépulture vénérée et visitée chaque année par des milliers de fidèles venus des alentours.

Alexandre et Fiodor Kouzmitch ne font-ils qu'un? Pour les croyants de Tomsk, la chose est sûre, mais pour eux aussi, peu importe au fond car le Fiodor qu'ils vénèrent, ce n'est pas le tout-puissant souverain de Saint-Pétersbourg, mais l'homme simple et pieux, le starets qui a choisi de partager leur vie dans une nature hostile. Pour l'historien profane, en revanche, c'est une autre affaire et le mystère demeure…

Bibliographie sélective

Arkhanguelski, Alexandre, *Alexandre Ier, le feu follet*, Fayard, 2000.
Bariatinsky, Vladimir, *Le Mystère d'Alexandre Ier : le tsar a-t-il survécu sous le nom de Fedor Kouzmitch ?,* Payot, 1929.
Rey, Marie-Pierre, *Alexandre Ier, le tsar qui vainquit Napoléon*, Flammarion, 2013 (2e éd.). Couronné par l'Académie des sciences morales et politiques.

Filmographie

Jeanson, Marc, *Le Secret du tsar* (documentaire), DCX, 2014.

XIII

Le mystère du lac de Starnberg. La mort de Louis II de Bavière

par Catherine DECOURS

« L'évasion est mon instinct principal. »
Louis II de Bavière

Louis II de Bavière a su entourer toute sa vie de mystère. Trois grandes interrogations planent sur une existence qui fut courte : le roi était-il fou ? Homosexuel ? Fut-il assassiné ? Si, aujourd'hui, il est relativement aisé de répondre aux deux premières questions, la troisième continue de susciter interrogations et disputes. On pourrait ajouter une quatrième énigme : le roi fut-il un meurtrier ? Car au soir du 13 juin 1886, ce furent bien deux corps que l'on retrouva dans les eaux du lac de Starnberg. Les chercheurs, il est vrai, se soucient assez peu (voire pas du tout) de l'homme qui mourut au côté de Louis II. Seule la mort tragique du roi continue de nourrir une historiographie aussi variée que polémique. Dans cette littérature, la légende a si bien battu les cartes qu'il est très difficile d'y voir clair.

La longue veille du prince régent

Au soir du 13 juin 1886, le prince Luitpold, régent de Bavière depuis quatre jours, était un homme inquiet. A 65 ans, il se tenait droit comme un i et gardait des nerfs solides, mais au moment – très délicat – où il lui fallait déposer son neveu, le roi Louis II de Bavière, rien ne se déroulait comme prévu. Trois jours auparavant, une première tentative pour signifier au roi qu'il était fou et qu'on allait l'enfermer avait tourné à la pantalonnade. Louis s'était barricadé dans son château de Neuschwanstein dressé sur un pic, tandis que pompiers, gendarmes et paysans volaient à son secours. Après quelques heures de prison dans le palais de conte de fées, la commission chargée de se saisir du roi s'était piteusement débandée. Une seconde expédition, purement médicale, avait réussi à l'arrêter et à le conduire au château de Berg. Le petit castel, décoré dans le style Walter Scott par le père de Louis II, était situé sur le bord du lac de Starnberg, à 80 kilomètres au sud de Munich. Toutes précautions prises : fenêtres condamnées et portes percées de judas, le roi avait été enfermé avec des infirmiers courtois et solides. Curieusement, Louis se comportait bien. Au dire de son aliéniste, le professeur von Gudden, il était calme. En ce matin de Pentecôte, le roi et son médecin avaient fait une promenade. Une autre était prévue vers 18 heures. Dans l'après-midi, le docteur von Gudden avait télégraphié à Munich : « Ici tout va merveilleusement bien. » Tant d'optimisme n'avait pas rassuré le régent. Etait-ce l'effet de scrupules ? Chasser son neveu du trône était une tâche ingrate, mais Louis était fou, comme son frère le pauvre Otto, et leur oncle avait dû prendre ses responsabilités. La Constitution avait été scrupuleusement respectée, même si l'on pouvait trouver dans les formes employées quelques légèretés. Certain d'avoir accompli son devoir, Luitpold restait travaillé par de puissants et incompréhensibles remords. A 22 h 30, une ordonnance apporta un télégramme. Le régent saisit le papier signé du baron von Washington, seul politique encore présent à Berg où tout allait si bien : « Le roi et Gudden sont allés marcher dans la soirée. Pas encore revenus. Le parc est fouillé. »

Une onde glacée parcourut le prince. Impossible que les deux hommes se fussent perdus. Le parc, qui s'allongeait entre le château et le lac sur à peine un kilomètre de long, n'était pas plus large que deux ou trois terrains de croquet et Louis le connaissait depuis l'enfance. Il pleuvait, paraît-il, à Berg. Les promeneurs s'étaient-ils abrités sous les arbres ? Pas durant des heures. L'un d'eux était-il blessé ? Luitpold tentait de raisonner pour éviter de penser au pire : Louis avait-il réussi à s'enfuir ? Dans ce cas, il pouvait réapparaître à Munich, soulever le peuple, qui ne savait presque rien de son état, et faire juger ceux qui avaient contribué à son internement. Mais si le roi s'était évadé, qu'était devenu von Gudden ? Minute après minute, Luitpold lutta contre l'angoisse, jusqu'à ce qu'un deuxième télégramme l'avertisse qu'on avait trouvé le roi et le médecin dans l'eau près de la berge du lac. Le docteur Müller tentait de les réanimer. Louis, se noyer dans 1,20 mètre d'eau ? Il avait été l'un des meilleurs nageurs du pays. Et von Gudden ? Noyé avec de l'eau jusqu'à la taille ? A minuit et demi, le ministre Crailsheim, l'air complètement égaré, tendit un dernier télégramme au prince : « Le roi et Gudden morts tous les deux. »

Luitpold éclata en sanglots. Son neveu était mort et l'affaire tournait mal. Jamais il n'avait voulu cela. Au matin, il dicta le communiqué que la presse allait publier pour avertir un pays déjà traumatisé par l'annonce, trois jours auparavant, de l'internement du roi : « La maison royale de Bavière et son peuple fidèle dans le bonheur comme dans le malheur sont frappés par un terrible coup du sort. De par les décrets insondables de Dieu, Sa Majesté, le roi Louis II n'est plus. »

C'était à l'évidence un peu court. Mais que dire ? Le prince n'avait aucune idée de la façon dont Dieu avait exercé ses terribles décrets.

Un prince charmant sur le trône. Et une terrible maladie

En raison de la disparition brutale de son père, le roi Maximilien II, Louis II était monté sur le trône de Bavière alors qu'il n'avait que 18 ans. Le jeune homme, si beau qu'on parla d'un prince charmant, était courtois, cultivé, généreux et désireux de bien faire. Mais il n'avait pas été préparé à sa tâche et ressentait les premiers symptômes d'une grave maladie mentale qui atteignait aussi son frère, bientôt interné, et leur tante paternelle, la princesse Alexandra, elle aussi enfermée. Quantité d'historiens, poètes et romanciers ont donné leur avis au sujet de la maladie du roi ; on n'a pas assez interrogé les médecins. Les aliénistes sont pourtant d'accord : Louis II était atteint d'une forme de schizophrénie. Comme il conserva sa mémoire et une partie de ses capacités de raisonnement, qu'il s'appliqua à cacher son mal et refusa tout contact avec les médecins, nombre de personnes qui ne le connaissaient pas doutèrent de la gravité de troubles attribués à une « originalité ». La première conséquence du mal fut d'éloigner progressivement le malade de la réalité et de provoquer des crises de délire, mais le principal symptôme resta l'autisme, qui, instillant au roi une peur terrifiante des rapports humains, le coupa de ses semblables. Très vite, Louis II refusa de recevoir des visiteurs et de voir ses ministres, ne communiquant avec eux que par son secrétaire de cabinet, qu'à la fin il cessa aussi de rencontrer. Il n'y eut plus de cour à Munich, où les représentations du théâtre se déroulaient devant un seul homme : le roi. Dans les deux dernières années de sa vie, Louis II n'échangeait plus que quelques billets avec des serviteurs qui avaient interdiction de le regarder et dont certains ne devaient paraître en sa présence qu'à quatre pattes. Divers événements de la vie du roi allaient agir comme des « facilitateurs » de la maladie. Dès l'avènement de Louis, l'adoration qu'il éprouva pour Richard Wagner et la trop grande cupidité du compositeur scandalisèrent le pays, contraignant le roi à une douloureuse et très déstabilisante séparation.

Louis II eut encore à connaître – en 1866 et 1870 – deux guerres, provoquées par Bismarck, désireux de fonder « par le fer et par le feu » l'unité allemande autour de la Prusse. La Bavière dut entrer dans le nouvel Empire allemand et devenir vassale de l'empereur Guillaume. Louis ne se remit jamais de l'humiliation faite aux droits de sa couronne. Il construisit alors les fabuleux châteaux qui devaient proclamer aux yeux de tous la royauté bafouée. Neuschwanstein et Linderhof s'élevèrent presque en même temps, puis vint Herrenchiemsee, le Versailles bavarois, où Louis ne séjourna jamais. Car le roi qui bâtissait des châteaux féeriques vivait la plupart du temps dans des cabanes ou *Hüttes* de haute montagne. On en a recensé vingt-cinq ; certaines n'avaient que deux pièces. Dans le féerique traîneau bleu et or tiré par quatre chevaux blancs, ou dans un carrosse selon la saison, le roi, suivi par tout un train de domesticité, courait de l'une à l'autre, fuyant Munich qu'il détestait.

Si l'invisible monarque gouverna son pays pendant plus de vingt ans, ce fut parce que la Constitution était solide, que son écuyer et amant, Richard Hornig, s'efforçait de résoudre les difficultés et qu'un secrétaire de cabinet dévoué faisait la liaison entre le roi et le gouvernement. Vint pourtant le jour où le secrétaire de cabinet ne fut plus reçu par Louis II. Les domestiques, soumis lors des crises de délire à de mauvais traitements, durent être remplacés par des chevau-légers. Le moment le plus délicat fut celui où, les dépenses royales ayant vidé la caisse civile[1], les banques refusèrent des prêts. Les comptes ont été faits et refaits : Wagner, les constructions, les cadeaux d'un prince très généreux et les malversations commises par des proches qui profitèrent de la faiblesse du roi avaient eu raison d'une fortune évaluée à près de 160 millions de marks[2]. Toutes les tentatives pour demander au roi d'arrêter les constructions furent inutiles. En 1884, les travaux d'un quatrième château, le plus haut d'Europe, commencèrent ; le sol de Falkenstein devait être pavé de pierres précieuses. Un palais chinois et un palais byzantin suivraient. L'homme qui, devant une telle situation, devait prendre ses responsabilités était l'oncle paternel du roi, le prince Luitpold. Le peindre comme un ambitieux, désireux de prendre la place de son neveu, serait une erreur. Le prince avait eu deux fois l'occasion de monter sur le trône de Grèce et avait refusé pour ne pas renoncer à la religion catholique. Il convoqua au mois d'août 1886

1. La caisse personnelle du roi réglait toutes ses dépenses, constructions comprises, lesquelles ne furent jamais à la charge de l'Etat.

2. E. Fontaine-Bachelier, *Louis II de Bavière. Etude d'une vie*, Jepublie, 2005, p. 296. (Pour donner un ordre de grandeur, la construction des trois célèbres châteaux a été évaluée à 32 millions de marks.)

le chef du gouvernement, Friedrich von Lutz, qui lui fit comprendre que la seule chose qui importait aux ministres était de garder leurs portefeuilles. Luitpold le rassura et l'affaire fut entendue.

La manière forte
Déposition et internement du roi

Von Lutz se chargea de demander à son ami, le professeur Bernhard von Gudden, aliéniste réputé qui soignait déjà le prince Otto, de constater la démence du roi. Comme il ne pouvait être question d'examiner un homme qui, redoutant plus que tout d'être percé à jour, se tenait éloigné des médecins, von Gudden fit interroger des témoins et recueillit des correspondances ainsi que les étranges billets par lesquels le roi communiquait avec ses valets. Le 8 juin 1886, l'aliéniste remit un rapport qui concluait à une maladie mentale qu'il nommait paranoïa[3], laquelle rendait Sa Majesté « incapable de garder le pouvoir… durant le reste de sa vie ». Le diagnostic parut et paraît encore un peu péremptoire pour un malade qui n'avait pas été examiné. Il est également regrettable qu'aucune démarche pour obtenir du roi un renoncement volontaire au trône n'eût été tentée. Le certificat médical obtenu, Luitpold prévint l'empereur Guillaume Ier et les princes allemands de la destitution de Louis II et de l'institution d'une régence selon les formes constitutionnelles ; elle fut entérinée le 9 juin. Restait à apprendre au roi qu'il était fou. Louis II, qui se trouvait à Neuschwanstein, ne se doutait absolument de rien, ce qui en dit long sur son

3. Le terme de schizophrénie ne devait être inventé qu'en 1911 par le psychiatre suisse Eugène Bleuler.

isolement. Une première commission politico-médicale envoyée au château se heurta, on l'a vu, à une résistance et s'enfuit dans le ridicule. En verrouillant les postes et télégraphes, le ministre d'Etat, Friedrich von Crailsheim, coupa Louis II de tout secours. Une seconde commission, cette fois purement médicale, l'arrêta à l'aube du 12 juin. Monté seul dans une voiture dont on avait retiré les poignées, le roi arriva à Berg peu après midi ; il fut aussitôt enfermé dans deux pièces aux volets clos. On obligea un homme qui ne supportait pas qu'on le regarde à rester sous la surveillance constante de deux infirmiers, un malade qui avait pris l'habitude de vivre la nuit, à se coucher à l'heure qui était celle de son lever. Loin de se révolter, le roi parut s'adapter au brutal changement qui lui était imposé.

Un psychiatre très « open door »

Louis se montra si calme qu'il endormit rapidement la méfiance de son psychiatre. Le lendemain matin, 13 juin, jour de Pentecôte, il demanda à entendre la messe, ce qui lui fut refusé. Il s'inclina et fit avec son médecin une longue promenade dans le parc au cours de laquelle il exprima la crainte de se voir accompagné par deux gendarmes. Le professeur von Gudden, loin d'être un geôlier implacable, était un médecin humaniste, l'un des premiers partisans du *no restraint.* Il s'était fait connaître dans les asiles qu'il avait dirigés en interdisant la contrainte et en laissant les malades aller et venir à leur guise, y compris dans les bureaux des médecins, ce qui, paraît-il, créait un certain désordre. L'aliéniste revint de sa promenade enchanté de son patient et, lors du déjeuner, fit part de sa résolution d'accomplir en fin d'après-midi une seconde sortie sans aucune surveillance. Tous protestèrent, notamment son adjoint, le docteur Franz Carl Müller, fort peu partisan de l'*open door,* mais rien ne put entamer l'optimisme du professeur von Gudden. En vingt-quatre heures, Louis II avait « gagné le pari de la ruse » et endormi la méfiance de son psychiatre.

Nous savons, grâce à l'infirmier Mauder, que le roi mangea et but beaucoup lors de son dîner : un verre de bière, deux de « vins de liqueur », trois de vin du Rhin et encore deux de schnaps... L'histoire du roi sobre comme un chameau fait aussi partie de la légende. Von Gudden vint chercher son patient vers 18 h 30. Le gendarme Lauterbach rapportera qu'infirmiers et gendarmes ayant été renvoyés, il vit les deux hommes quitter le château par la porte arrière et s'éloigner sur le chemin du lac. La pluie commença à tomber peu après.

Le docteur Müller descendit à 20 heures pour dîner avec le baron von Washington. Apprenant que les promeneurs n'étaient pas rentrés, il envoya deux gendarmes fouiller le parc. A 20 h 30, tout le personnel se joignit aux recherches. La pluie tombait avec violence. Ce ne fut qu'à 22 h 30 qu'un domestique découvrit le chapeau du roi, reconnaissable à sa grosse agrafe en brillants, sur une petite grève caillouteuse au bord du lac. On accourut avec des lanternes. Le parapluie, le manteau et la veste de Sa Majesté furent ramassés près de l'eau. Le docteur Müller et l'intendant Huber coururent chercher le pêcheur Jacob Lidl, qui amena une barque. Tous trois y montèrent. Ils trouvèrent rapidement le corps du roi immergé dans peu d'eau : entre 1,20 et 1,30 mètre. Le corps du professeur von Gudden reposait « à une longueur de table » de là. Les trois hommes les hissèrent sur la barque pour les conduire jusqu'à la rive où le docteur Müller, aidé d'un infirmier, commença une énergique réanimation ; elle dura une heure. Quand minuit sonna au clocher de Starnberg, le médecin les déclara morts tous les deux. Le visage du docteur von Gudden portait des traces de coups et l'un de ses ongles était retourné. Le corps du roi était intact. Par ailleurs, l'autopsie révélera qu'il n'avait pas d'eau dans les poumons. La montre royale s'était arrêtée à 18 h 54, celle de von Gudden à 20 h 06. Cette différence d'heure fit couler beaucoup d'encre, bien que beaucoup de personnes eussent signalé que le médecin oubliait souvent de remonter sa montre, le docteur Müller précisant que son « patron » ne possédait même pas de clef à cet effet.

Les trois thèses

La manière dont les deux hommes avaient trouvé la mort a donné lieu à des dizaines de scénarios qui tous comportent des variantes ; aujourd'hui encore, presque chaque Bavarois a le sien. Psychiatres, historiens et chercheurs de tout poil se réunissent en chapelles pour en discuter. Il convient d'abord d'écarter Sissi que, dans ces histoires, l'on imagine trop souvent tentant de faire évader son cousin. L'impératrice n'avait pas vu le roi depuis plus de cinq ans. En ce mois de juin, elle se trouvait comme chaque été au bord du lac de Starnberg, dans un hôtel de Feldafing, avec sa suite et sa plus jeune fille. Elle apprit l'internement de Louis II alors qu'avec sa mère elle rendait visite à son frère aîné à Garastshausen, et se montra très contrariée. Le lundi de Pentecôte, ce fut sa fille Gisèle, épouse du fils cadet de Luitpold, qui, à l'heure du déjeuner, vint lui apprendre la mort du roi : « Maman, j'ai quelque chose à te dire en particulier… » Sissi fut bouleversée, mais elle n'avait eu ni l'envie ni la possibilité de faire évader Louis II. La régence avait été légalement proclamée, la Bavière faisait partie de l'Empire allemand et l'impératrice savait fort bien qu'elle aurait mis son mari, l'empereur d'Autriche, dans une situation intenable en tentant de faire évader son cousin. Qu'aurait-elle fait du fugitif ? Il eût fallu le faire passer en Autriche, où Louis II n'aurait eu de cesse de retrouver son trône, au risque d'échauffourées, si ce n'est d'une guerre civile en Bavière. En matière politique, Sissi n'était pas inconséquente.

L'ensemble des scénarios concernant la mort de Louis II tournent autour de trois thèses. La première, la plus radicale, est celle de l'assassinat. La deuxième envisage ce qu'on appellerait aujourd'hui une « bavure », un gendarme, ou une autre personne zélée, ayant tiré sur le roi qui tentait de s'enfuir. Ces thèses, assassinat ou bavure, impliquant mensonges et manipulations, sont « complotistes ». Elles présentent toujours le roi tué par balles dans le dos et font souvent état d'une tentative d'enlèvement de Louis par des amis désireux de le libérer. Une troisième thèse défend une mort par noyade, mais serait-elle arrivée par suicide ou par accident ?

Les thèses complotistes s'appuient trop souvent sur des sources vagues du style : « Le 12 juin, M. S. a dit à Mme V. dans le train que le roi allait être assassiné. » Les révélations de mourants à leur descendance atterrée ne manquent pas non plus. Elles induisent une certaine méfiance. Pourquoi ces gens-là n'ont-ils pas parlé plus tôt en confiant leurs lettres à un homme de loi ? Que risquaient-ils ? La Bavière n'était pas un état policier. Ces thèses dénonçant un complot reposent essentiellement sur les dires de la comtesse Werbna-Kaunitz, qui, à Munich, aurait conservé dans un coffre posé dans son entrée le manteau porté par le roi le jour de son décès. Elle l'aurait montré par deux fois à des amies qui lui auraient signé des papiers attestant que le vêtement présentait la trace de deux impacts de balles. La comtesse mourut en 1973 d'une intoxication provoquée par la fumée d'un incendie, ce qui ne manque pas d'augmenter la suspicion des tenants de l'existence d'un complot. Le manteau aurait alors été remplacé par un autre, intact. Tout se passe comme s'il y avait dans l'affaire Louis II de Bavière un « Nettoyeur » dont il faut admirer la patience, car la comtesse Werbna-Kaunitz décéda quatre-vingt-sept ans après Louis II. Elle aurait reçu ce manteau de Louis-Ferdinand, cousin préféré du roi, auquel il serait bien curieux que des assassins éventuels eussent laissé une telle preuve. Le prince Joseph Clemens de Bavière, neveu du prince Louis-Ferdinand, devait confier en 1986 au journal *Bild* que l'on avait brûlé tous les vêtements de Louis II après sa mort. Qui croire ? De toute façon, le prince Joseph Clemens, né seize ans après le drame de Starnberg, n'a pu rapporter que des ouï-dire.

Les thèses soutenant l'existence d'un complot s'appuient sur un autre document qui retient plus justement l'attention. La nuit du drame, le docteur Rudolph Maag, médecin du district de Starnberg, fut convoqué auprès de la dépouille du roi en tant que médecin légiste. Il constata, comme le docteur Müller, que le corps ne portait aucune blessure, si ce n'est quelques égratignures sous les genoux sans doute faites quand on avait hissé le roi, qui pesait plus de 110 kilos, dans la barque. Sur son lit de mort, Maag serait revenu sur sa déposition et aurait dicté à sa fille, Anna Maag, un billet reconnaissant qu'« il avait trouvé sur le corps du roi de terribles blessures dans le dos ». Malheureusement le papier a disparu ; cela arrive plus d'une fois dans ces histoires. Dans quelles conditions ? On ne perd pas un papier qui peut changer ce que l'on sait de la mort du roi de Bavière comme on perd son sac à main. Ce document a-t-il existé ? Qui a pu en témoigner ? L'existence du billet est d'autant plus sujette à caution qu'elle est contredite par un autre texte. Le conseiller juridique Hermann Arnold, qui accompagnait le docteur Maag, écrit : « Les cadavres étaient allongés sur le sol et recouverts de draps. Le médecin légiste n'avait ni le droit de les découvrir ni celui de les examiner. » Alors comment le docteur Maag fit-il pour découvrir des blessures dans le dos ? On voit la difficulté d'avancer dans une affaire où il n'est pas un document qui ne soit contredit par un autre et où les rumeurs sont mises au même rang que les faits avérés.

A-t-on assassiné le roi de Bavière ?

L'assassinat du roi, que l'on incrimine Luitpold (toujours par allusion), les membres du gouvernement, Bismarck, le violent et peu scrupuleux comte Holstein, grand écuyer à la Cour, espion très bien rémunéré de Bismarck, voire le malheureux professeur von Gudden, n'est guère plausible, tant il est évident que deux morts brutales intervenant au lendemain de l'internement de Louis II ne pouvaient que produire un effet désastreux. La régence ne s'en relèvera pas. Et pour quel avantage ? Si l'enfermement avait choqué, il n'était pas discuté. On savait le roi « bizarre », son frère enfermé et leur tante morte folle. Il eût fallu être stupide pour tuer le roi. Mort âgé et dément, oublié dans un château comme son frère, Louis II ne serait pas devenu le *Märchenkönig*. Sa mort mystérieuse créa une brutale crise de conscience. Un remords collectif le réhabilita et le fit entrer immédiatement dans la légende. Le roi original, le roi absent devint le roi martyr, le roi des rêves, des nuages, Hamlet-roi, etc.

La cristallisation romantique fit si bien son œuvre qu'il est aujourd'hui très difficile de dégager Louis II de la légende.

Le roi fut-il victime d'une bavure ?

La thèse de l'homicide accidentel, soit d'une « bavure », est plus plausible, encore qu'elle pose un sérieux problème : si le roi fut tué par « un gendarme embusqué » (embusqué sur ordre de qui ?) alors qu'il tentait de s'enfuir, qu'était-il arrivé au docteur von Gudden ? Une bavure peut se comprendre, mais deux… *Errare humanum est, perseverare diabolicum.* On trouve ici les scénarios les plus élaborés. Le roi voulant s'échapper aurait été victime du zèle d'un gendarme qui aurait pris l'initiative de tirer sur le fugitif. Von Gudden se portant au secours de son patient encore vivant aurait cherché à le sauver. Le médecin en aurait été empêché par un autre gendarme envoyé lui ordonner de laisser mourir Sa Majesté. Les deux hommes se seraient battus et le médecin aurait été tué « accidentellement ». On aurait alors maquillé les deux « accidents » en une double noyade. Quant aux vingt ou trente personnes présentes à Berg, elles auraient été emmenées à Munich et terrorisées par le chef du gouvernement. Après quoi, une malédiction auprès de laquelle celle des Pharaons est une aimable plaisanterie se serait abattue sur les malheureux témoins : disparitions inexpliquées, morts brutales, suicide, etc.

Reste la troisième thèse, qui demeure l'explication officielle. Louis II était un colosse et avait vingt ans de moins que le psychiatre. Animé par l'énergie du désespoir, le roi se serait débarrassé de l'homme qui tentait de le retenir et l'aurait tué, soit en l'assommant, soit en lui maintenant la tête sous l'eau, puis serait mort noyé.

Des clefs pour résoudre l'énigme

Pour y voir plus clair dans l'abondance des propositions et séparer le bon grain de l'ivraie, on dispose de trois sources non seulement extrêmement précises, mais fiables. D'abord, deux des trois hommes qui trouvèrent le corps du roi ont laissé des témoignages. Le docteur Franz Carl Müller, qui s'occupa de Louis II dès l'instant de son internement, puis découvrit son corps et ne quitta pas la dépouille jusqu'à son transfert à Munich, publia en 1888 *Die letzten Tage Ludwigs II. Der letzte Bericht eines Augenzeugen*[4], réédité à plusieurs reprises, malheureusement pas en français. Le texte, clair, concis et sans équivoque, n'a pas été mis en doute ; il est plutôt ignoré. Le pêcheur Jacob Lidl a laissé sa propre et naïve narration dans un cahier prudemment confié à son beau-frère. Hélas ! Lidl mourut, puis le beau-frère, et le cahier disparut après le passage de « messieurs ». Toujours le « Nettoyeur »… Reste que fut retrouvé un petit carnet où, en 59 lignes très brèves, le pêcheur résume la nuit terrible. Les propos de Jacob Lidl n'appuyant guère les dires « complotistes », leurs partisans précisent « qu'il faut savoir lire entre les lignes ». Il faut commencer par lire les lignes, or aucune d'elles, absolument aucune, ne parle d'un roi tué à coups de feu.

On dispose d'une troisième source très précieuse, à savoir l'autopsie réalisée le mardi 15 juillet à la Residenz

4. « Les derniers jours de Louis II. Le dernier rapport d'un témoin oculaire. »

durant plus de cinq heures en présence de deux membres du gouvernement et de douze médecins, tous des sommités. Le professeur Maximilien Schleiss von Löwenfeld, médecin officiel du roi, qui ne voyait plus son patient depuis 1870, mais lui restait fanatiquement dévoué, était présent. Tous ces médecins signèrent le rapport qui précise que « les enveloppes corporelles étaient intactes » et que le corps du roi ne portait aucune blessure si ce n'est quelques égratignures sous les genoux. Le dos fut examiné. S'il y avait eu le moindre indice d'une violence faite au roi, le docteur Schleiss aurait passé le reste de sa vie à le clamer.

Ces deux récits et l'autopsie racontent exactement la même histoire. Louis II s'est noyé après s'être débarrassé de façon violente de son médecin. L'autopsie montre pourtant que les poumons du roi ne contenaient pas d'eau. Alors qu'est-il arrivé ? Le rapport du 15 juin 1886 a été confié en février 2018 à un spécialiste de médecine légale, le docteur Hervé Lerat, cxpert près de la cour d'appel de Rennes. Après l'avoir étudié et tenu compte du fait que le corps ne portait pas la moindre trace de violence, il conclut :

« Ce n'est pas une mort par submersion : l'eau n'a pas envahi les voies respiratoires entraînant une asphyxie. Parmi les critères les plus reconnus d'une mort par submersion ne sont pas rapportés la cyanose, la spume, les lésions emphysémateuses, les corps étrangers. Tout laisse à penser qu'il s'agit d'une hydrocution. Le mécanisme est représenté par l'enchaînement suivant : syncope primitive, puis inhibition, puis mort par arrêt de la fonction respiratoire et de la fonction circulatoire. Il s'agit d'un noyé blanc, victime d'une mort subite réflexe par inhibition, à l'inverse d'un noyé bleu cyanosé, victime d'une mort par submersion… Quelle est l'origine de la syncope primitive ? Il s'agit certainement d'une syncope thermo-différentielle, ce que l'on appelle communément une hydrocution causée par l'écart entre la température du corps et celle de l'eau... Louis II était manifestement alcoolisé, avait l'estomac plein et, par conséquent, une dilatation des vaisseaux périphériques. Le contact avec l'eau froide a entraîné une vasoconstriction brutale des vaisseaux repoussant le sang vers la circulation retour, provoquant une syncope. »

Autrement dit le choc thermique a désamorcé la pompe cardiaque. Le légiste ajoute que le docteur von Gudden, certainement affolé par la fuite de son patient, puis « tabassé », a pu aussi mourir d'hydrocution en pénétrant dans l'eau froide – l'eau du lac, provenant de la fonte glaciaire, n'était pas à plus de 12 °C –, mais il est impossible de le savoir puisque son corps ne fut pas autopsié.

Ne reste alors qu'une seule interrogation : Louis II voulut-il s'enfuir ou était-ce une tentative de suicide ? Beaucoup, y compris les médecins, penchent pour le suicide. Certes, le roi en avait parlé plusieurs fois, mais toujours sous forme de menace et sans jamais faire une tentative en ce sens. A Neuschwanstein, durant les heures terribles où il avait dû attendre qu'on vienne le saisir, il aurait pu se précipiter de n'importe quelle fenêtre du château ou utiliser une arme à feu et s'en était abstenu. Ce qui étonne dans cette vie très douloureuse, minée par l'angoisse, c'est la résistance du roi et la force de vie qui l'habita en dépit de la maladie. Quand on évoque la figure de Louis II, on ne dit pas assez le courage avec lequel il mena une existence solitaire, souffrante et cachée ; le rutilant souverain eut une histoire tragique. Au soir du 13 juillet, Louis II entra dans le lac non loin de l'endroit où une barque était attachée et après s'être débarrassé des vêtements qui auraient pu le gêner. Il était un excellent nageur, capable dans sa jeunesse de traverser l'Alpsee dans les deux sens[5], ce que von Gudden devait ignorer. Le roi avait confié : « L'évasion est mon instinct principal », l'élan qui le fit courir vers l'eau semble avoir été celui qui dirigea toute sa vie : s'évader, fuir, fuir à tout prix.

Les obsèques d'un roi

Un convoi spécial ramena le corps du roi à Munich où, après l'autopsie, il fut revêtu du costume noir de grand maître de l'ordre de Saint-Hubert. La dépouille mortelle de Louis II fut ensuite exposée dans la chapelle de la Residenz envahie de cierges et de fleurs blanches. Le public s'y écrasa, si bien que, pour éviter les accidents, on dut fractionner les entrées. Les funérailles très solennelles, suivies par une foule bouleversée, se déroulèrent le samedi 19 juin dans l'église Saint-Michel, où le roi fut enterré dans la crypte[6]. Son cœur placé dans une urne dorée fut porté, suivant la coutume, au sanctuaire de Notre-Dame d'Altötting. Une tempête formidable – on parla de tornade – se déclencha durant la cérémonie. Le prince régent conduisait le deuil au côté de son fils aîné qui serait un jour Louis III, dernier roi de Bavière. L'archiduc Rodolphe représentait l'Autriche. Sissi, qui suivit un office à Feldafing, alla quelques jours plus tard se recueillir dans la crypte de Saint-Michel. Au bord du lac de Starnberg, une croix marque l'endroit où cessèrent

5. Soit 3 kilomètres de long et 1 de large.

6. Cette crypte sert, ainsi que celle de l'église des Théatins, de nécropole aux rois et princes de Bavière ; on y trouve le tombeau d'Eugène de Beauharnais, époux d'une fille du roi Maximilien Ier.

les souffrances du roi. Ce fut de ce point précis et de cette fin mystérieuse que jaillit la légende. La reine mère fit édifier une chapelle votive et une croix-lanterne sur la pelouse où, chaque année, est commémorée la mort de son fils. Apprenant le drame, elle avait dit : « Il a voulu fuir » et ne changea jamais d'avis.

Bibliographie sélective

Adès, Jean, *Louis II de Bavière. De la réalité à l'idéalisation romantique,* Geigy, 2014.

Chapman-Huston, Desmond, *Tragédie fantastique. La vie de Louis II de Bavière,* Hachette, 1957.

Decours, Catherine, *Louis II de Bavière. Le trône et la folie,* Fayard, 2019.

Fontaine-Bachelier, Elisabeth, *Louis II de Bavière. Etude d'une vie,* Jepublie, 2005.

Müller, Franz Carl, *Die letzen Tage Ludwigs II. Der letze Bericht eines Augenzeugen,* Severus, 2013.

Rauchs, P., *Louis II de Bavière et ses psychiatres*, L'Harmattan, 2003.

XIV

Les multiples fantômes de Jack l'Eventreur

par Bernard OUDIN

Il se commet chaque jour dans le monde des dizaines de crimes sans pour autant retenir l'attention de qui que ce soit, en dehors des protagonistes, de leurs proches et de la police. Quelques-uns émeuvent l'opinion, font la une des médias puis retombent dans l'oubli. Ils sont une poignée à franchir les décennies et à bénéficier d'une descendance historique, littéraire, cinématographique. Soit pour l'énormité du crime, soit pour le mystère persistant qui l'entoure.

De ce sinistre florilège, Jack l'Eventreur est la vedette incontestée. Après bientôt un siècle et demi, l'intérêt pour ce personnage ne s'est jamais relâché. Pas une année sans que paraisse un nouveau livre, qu'une nouvelle solution « définitive » soit avancée, ce qui ne manque pas de générer une certaine confusion…

Les premiers crimes

Les faits se sont déroulés sur un court laps de temps – fin de l'été et début de l'automne 1888 – et sur un espace plus réduit encore, à Spitalfields, un quartier miséreux de l'East End londonien, au nord de Whitechapel.

Combien de victimes ? Cinq certaines. D'autres assassinats ont été attribués à Jack l'Eventreur, après ou avant cette période, tel celui de Martha Tabram, une fille à soldats retrouvée le 7 août percée de 39 coups de couteau. Mais dans ce meurtre brutal, la plupart des « rippérologues » (ainsi appelle-t-on les spécialistes de l'affaire) ne reconnaissent pas la patte du « Maître », son rituel rigoureux.

L'affaire débute vraiment le 30 août avec la découverte dans Buck's Row, une ruelle de Spitalfields, du cadavre de Mary Ann Nichols, une prostituée vieille et miséreuse, presque une clocharde, qui s'était vu refuser un lit à l'asile de nuit, faute des quelques pennies exigés. Elle a été égorgée d'une oreille à l'autre. Mais à la morgue, on découvre le pire : elle a été éventrée, ses organes ont été extirpés. Si horrible qu'il soit, l'assassinat passe inaperçu, tant les crimes sont fréquents dans ce secteur.

Il n'en est plus de même le 8 septembre, lorsqu'on découvre à l'aube, dans la cour d'un immeuble lépreux de Hanbury Street où les prostituées ont l'habitude d'entraîner leurs clients, le corps de l'une d'elles, Annie Chapman. Elle aussi a été égorgée avant d'être mutilée, les intestins déroulés et posés sur l'épaule, l'utérus enlevé. Cette fois Scotland Yard s'émeut. Des dizaines de policiers cherchent le moindre indice, fouillent les asiles de nuit et les dépôts de mendicité. En vain.

« Jack l'Eventreur » a-t-il existé ?

L'affaire est encore circonscrite à l'East End de Londres mais un autre événement vient lui donner une tout autre portée. Le 27 septembre, une agence de presse londonienne, la Central News Agency, reçoit une lettre de l'assassin où il clame sa haine des prostituées et promet de couper les oreilles de sa prochaine victime. Et c'est signé *Jack the Ripper*. A défaut d'un visage, il a un nom.

Scotland Yard fait diffuser des milliers de reproductions de cette lettre dans l'espoir que quelqu'un en reconnaisse l'écriture. Le seul résultat est d'exacerber les peurs. Mais cette lettre est-elle authentique ? Très vite, l'hypothèse d'un canular a circulé. Aujourd'hui, la plupart des chercheurs pensent que c'est le cas. Son auteur probable serait un certain Thomas Bulling, collaborateur de la Central News Agency, qui aurait voulu faire connaître son entreprise.

Ce n'est pas le moindre des paradoxes : le mythe qui naît ce jour-là est sans doute fondé sur une imposture : « Jack l'Eventreur » n'a jamais existé…

Double crime en moins d'une heure

Mais le tueur, lui, est bien réel. Et il va conforter sa légende en frappant à deux reprises dans la nuit du 29 septembre.

A 1 heure du matin, dans la cour d'un club pour travailleurs étrangers, Berner Street, on trouve le cadavre d'Elizabeth Stride, une veuve d'origine suédoise tombée dans la misère et la prostitution. Elle a été égorgée, mais non mutilée. Dans ce lieu très passant, l'assassin a dû être dérangé. Frustré, il frappe une seconde fois, quelques pâtés de maisons plus loin. A nouveau il a pris des risques insensés. Mitre Square est une petite place à la lisière de la City. Trois rues y débouchent, d'où pouvaient sortir à tout moment un policier ou un passant. Pourtant le tueur a eu le temps de se livrer à ses atrocités : Catherine Eddowes, une prostituée alcoolique libérée une heure plus tôt d'une cellule de dégrisement, a été éventrée, ses intestins déroulés, un rein enlevé.

Cette fois, tout Scotland Yard est sur la scène de crime, à commencer par son chef, sir Charles Warren. Tout près de là, sur un mur de Goulston Street, un policier trouve une inscription à la craie mettant en cause les juifs. Sir Charles Warren la fait aussitôt effacer, sans même la faire photographier. A sa décharge, il faut reconnaître qu'il était responsable de l'ordre public et pouvait craindre un pogrom. Son geste lui valut des critiques, voire des sarcasmes, mais aussi les remerciements du consistoire israélite.

Le double meurtre du 29 septembre est suivi lui aussi de l'envoi d'une nouvelle lettre, cette fois non signée. Envoyée « depuis l'Enfer » *(From Hell)*, ironiquement adressée au président du *Whitechapel Vigilance Committee*, elle contient la moitié d'un rein. Le tueur se vante d'avoir fait frire et mangé l'autre moitié... Réalité ou farce de carabin ? De nos jours, l'ADN répondrait à cette question. A l'époque, les médecins purent seulement confirmer qu'il s'agissait bien du rein d'un être humain âgé d'une quarantaine d'années.

En attendant, l'enquête piétine, les critiques se multiplient contre sir Charles Warren, au point que le *Home Secretary*, sir Henry Mattews, exige sa démission. Celle-ci est effective le 10 novembre. Le jour même où le *serial killer* va frapper pour la dernière fois.

Le plus atroce des crimes de l'éventreur

Ce matin-là, à Miller's Court, une impasse donnant dans Dorset Street, autre ruelle de Spitalfields, l'employé du propriétaire d'un des immeubles vient réclamer son loyer en retard à une locataire du rez-de-chaussée, Mary Jane Kelly. Pas de réponse. Avant de se retirer, il jette un coup d'œil par une lucarne. Ce qu'il voit lui inspirera cette phrase : « C'était l'œuvre d'un démon plutôt que celle d'un homme. »

Mary Jane Kelly est elle aussi une prostituée, mais plus jeune que les autres victimes. Autre différence, elle a été tuée chez elle, ce qui a permis à son assassin de prendre son temps et de se livrer à une orgie de mutilations : gorge tranchée, intestins vidés, nez, oreilles, seins, cœur, reins coupés et dispersés un peu partout dans la pièce. La photo de la scène de crime, rendue publique des décennies plus tard, est de très mauvaise qualité mais en laisse deviner l'horreur.

Les interrogations du public se concentrent sur différents points. Comment l'assassin surprend-il ses victimes ? Est-il déguisé en policier ? En prêtre ? En femme ? Mieux, est-il une femme ? Comment parvient-il à s'enfuir, couvert de sang, sans se faire remarquer ? Passe-t-il par les égouts ? Est-il tueur aux abattoirs ? Déguisé en infirmière ou en sage-femme ? S'agit-il d'un médecin, d'un professionnel de l'anatomie ? Les légistes sont partagés mais pensent en général qu'il peut tout aussi bien être un chirurgien qu'un simple boucher.

Les deux visages de l'Eventreur

De ce fatras d'hypothèses émergent deux images. Pour la classe dirigeante comme pour l'Anglais moyen, Jack l'Eventreur ne peut sortir que des bas-fonds de l'East End. La reine Victoria, jouant elle-même au détective amateur, pense à un marin de passage et suggère à son Premier ministre, lord Salisbury, de comparer les dates des meurtres avec les escales des navires de commerce dans le port de Londres. C'est loin d'être stupide, mais cela confirme que la souveraine partage le sentiment de beaucoup de ses sujets : un tel monstre ne saurait être un Anglais… On multiplie les suspects étrangers, un barbier juif, un anarchiste russe.

Au contraire, pour les petites gens de l'East End, il s'agit d'un étranger au quartier, de quelque aristocrate dévoyé, sorte de Dr Jekyll et Mr Hyde, respectable dans la journée, tueur sanguinaire le soir venu. Une silhouette prend forme, avec pelisse, chapeau haut de forme et sacoche de médecin dissimulant son arme.

Cette seconde image, plus romanesque, s'imposera dans les romans et dans les films, mais aussi parmi les chercheurs. Tandis que Scotland Yard, de guerre lasse, referme le dossier en 1892, beaucoup d'entre eux vont s'engouffrer dans des directions improbables, au point d'y mêler les têtes couronnées.

Premières théories, premières affabulations

Pendant un siècle, délai légal durant lequel le dossier est inaccessible, ils tâtonnent dans le vide, « bidonnant » à tout-va, basant leurs révélations sur les confidences d'un témoin privilégié « dont on a promis de taire le nom ».

En 1923, le journaliste anglais William Le Queux prétend que Jack l'Eventreur est un médecin russe, le docteur Alexandre Pedachenko, un homme aux pulsions meurtrières que l'Okhrana, la police secrète du tsar, aurait envoyé à Londres pour y commettre des crimes et ridiculiser Scotland Yard, auquel on reprochait à Saint-Pétersbourg de protéger les terroristes russes en exil. Exfiltré à la fin de l'année 1888, il aurait été enfermé jusqu'à sa mort dans un asile d'aliénés. Aucun document, aucune preuve ne vint jamais corroborer cette histoire.

En 1929, un autre journaliste, Leonard Matters, dans son livre *The Mystery of Jack the Ripper*, se vante d'avoir retrouvé la trace de l'Eventreur. Il s'agirait là encore d'un médecin, cette fois anglais, qu'il appelle le docteur Stanley mais dont il a dû changer le nom « par égard pour une famille honorable » [*sic*]. Cet homme avait un fils qui venait de mourir d'une syphilis contractée deux ans plus tôt avec une prostituée dont il connaissait seulement le nom : Mary Jane Kelly. Voulant venger son fils, le médecin erra dans les rues de Spitalfields, tuant une prostituée après l'autre jusqu'au moment où, ayant enfin retrouvé et tué Mary Jane Kelly, sa haine assouvie, il s'expatria à Buenos Aires, où il mourut. Rien de tout cela ne tenait debout : on ne trouva aucune trace d'un médecin britannique mort en Argentine; on mourait de la syphilis en vingt ou trente ans, pas en deux ans; enfin l'autopsie de Mary Jane Kelly ne mentionnait aucune maladie vénérienne... Ce qui n'empêcha pas des milliers de lecteurs de croire à cette histoire, qui eut la vie dure : trente ans plus tard, en 1959, elle fournit encore la trame d'un médiocre film anglais, *Jack the Ripper*, de Baker et Berman.

Ajoutons qu'en France le poète Robert Desnos, qui, comme tous les surréalistes, est fasciné par ce génie du Mal, cet émule de Fantômas, colporte en 1928 le « témoignage » d'un ami (!) de Jack l'Eventreur dans les colonnes d'un journal populaire, *Le Petit Matinal*.

1960 : premières pistes sérieuses

A défaut du dossier officiel, dont l'ouverture était encore lointaine, une source prometteuse apparut en 1959. Lady Aberconway rendit publiques les notes privées prises par son père, sir Melville Macnaghten (1853-1921), qui avait dirigé de 1903 à 1913 le CID *(Criminal Investigation Department)*, un peu l'équivalent de notre Brigade criminelle au sein du Yard. Certes, il n'y était entré qu'en 1889, après les meurtres, mais il avait participé à la clôture du dossier, dont il connaissait tout. Ses notes livraient les noms des trois principaux suspects retenus par les enquêteurs : Michael Ostrog, un médecin russe déjà condamné pour des actes de cruauté envers des femmes, vivait à Whitechapel à l'époque des faits ; Aaron Kosminski, un barbier juif polonais, vivait lui aussi dans l'East End et ses tendances homicides lui avaient valu d'être interné dans un asile en mars 1889 ; enfin Montague John Druitt, un jeune avocat de 31 ans, s'était suicidé en se jetant dans la Tamise quelques semaines après l'assassinat de Mary Jane Kelly.

Michael Ostrog et Aaron Kosminski furent vite écartés, mais le nom du second allait réapparaître, nous le verrons, en 2014. Quant à Montague John Druitt, il n'avait guère le profil du tueur, mais Macnaghten, dans ses notes, voyait en lui le suspect n° 1. Disposait-il d'autres indices de nature à nourrir cette conviction ? On le présuma.

En 1965, l'auteur américain Tom Cullen, dans son livre *Autumn of Terror*, étudia en détail la vie et la personnalité de Montague John Druitt et pendant quelques années sa culpabilité apparut comme crédible. Pourtant tout s'effondra lors de l'ouverture du dossier en 1992 : en dehors de son suicide, il n'y avait aucun élément de nature à l'incriminer.

La famille royale entre en scène

Le prince Albert Edward, duc de Clarence et Avondale, né en 1864, était le petit-fils de la reine Victoria et le fils aîné du prince de Galles, le futur Edouard VII. Deuxième dans la ligne de succession au trône, il était promis à devenir un jour roi d'Angleterre et empereur des Indes. Sa mort prématurée en janvier 1892, à l'âge de 28 ans, brisa cette destinée au profit de son frère cadet, le futur roi George V.

Les mânes du jeune duc reposèrent en paix pendant trois quarts de siècle. Jusqu'à 1970, quand un certain docteur Thomas Stowell publia dans la revue *The Criminologist* un article où il affirmait que l'éventreur était un aristocrate de très haut rang qui souffrait d'une syphilis et dont l'état mental s'était dégradé au point de commettre les quatre premiers meurtres. Démasqué par sa famille, discrètement interné dans une institution spécialisée, il s'en était évadé pour commettre le cinquième assassinat avant d'être définitivement cloîtré jusqu'à sa mort. Aucun nom n'était cité, mais une multitude de détails amenaient tout lecteur un peu au fait de l'histoire et des arcanes de la famille royale à identifier le duc de Clarence.

La vacuité de cette accusation apparut aussitôt. Le duc n'avait été interné nulle part et avait participé en 1888 à de nombreuses cérémonies officielles. On put établir qu'il se trouvait très loin de Londres lors de chacun des cinq assassinats. Le docteur Stowell dut retirer ses accusations et adresser au *Times* une lettre d'excuse.

L'affaire aurait dû en rester là. Mais il est des rumeurs que rien n'arrête, en dépit (ou à cause ?) de leur absurdité.

La BBC programme une série d'émissions sur le sujet. Apparaît alors un personnage qui ne va pas contribuer à clarifier les choses. Il s'appelle Joseph Gorman et se dit le fils illégitime du peintre Walter Sickert. Cet artiste post-impressionniste (1860-1942), injustement méconnu en France, est célèbre en Grande-Bretagne. Les déclarations de ce fils supposé vont lui valoir une notoriété posthume dont sa place éminente dans l'histoire de l'art se serait bien passée.

L'histoire que raconte Joseph Gorman est à peu près aussi crédible que les romans populaires les plus mélodramatiques de l'époque victorienne. Mais elle retient l'attention du journaliste Stephen Knight, qui voit tout le parti qu'on peut en tirer. Le livre qu'il publie en 1976, *Jack the Ripper, The Final Solution*, sera un best-seller. Joseph Gorman raconte qu'en 1884 la princesse Alexandra, épouse du futur Edouard VII, demande au peintre Walter Sickert d'apprendre le dessin à son fils, le duc de Clarence. Les cours ont lieu à l'atelier du peintre, Cleveland Street. C'est là que le duc rencontre une jeune modèle, Annie Elizabeth Crook, dont il tombe éperdument amoureux. Ils se marient secrètement, le témoin de la mariée étant une certaine… Mary Jane Kelly. Une fille, Alice Margaret Crook, naît le 18 avril 1885. Pendant quatre ans, les deux amoureux se voient sans retenir l'attention de qui que ce soit, ce qui est peu vraisemblable. Mais en 1888, la famille royale perce leur secret. Scandale ! Annie Crook est une roturière, de surcroît catholique ! La reine en appelle au Premier ministre, lord Salisbury, qui fait enlever la jeune femme. Au nom de la raison d'Etat, le médecin de la famille royale, sir William Gull, la déclare folle et la fait enfermer dans un asile, où elle restera jusqu'à sa mort en 1920.

Sa petite fille a échappé à cette machination, cachée par Mary Jane Kelly. Celle-ci, qui a sombré dans la pauvreté et la prostitution, a la mauvaise idée d'exercer un chantage sur la famille royale et celle, plus mauvaise encore, de mettre dans la confidence quatre de ses compagnes de Spitalfields, qui s'appellent, on l'a deviné, Mary Anne Nichols, Annie Chapman, Elizabeth Stride et Catherine Eddowes.

Cette fois, le Premier ministre ordonne de liquider ces femmes. Les meurtres sont commis par un trio formé de sir William Gull, de sir Robert Anderson, *assistant commissioner*, autrement dit le n° 2 de Scotland Yard, et d'un certain Netley, cocher de William Gull, qui sera leur exécuteur des basses œuvres. Les victimes sont attirées à l'intérieur de la voiture du docteur Gull, assassinées, leurs corps mutilés et abandonnés dans la rue pour faire croire à des crimes sexuels. Quant à la petite Alice, la fille du duc et d'Annie Crook, elle a été recueillie par Sickert, dont elle deviendra la maîtresse des années plus tard. Puis elle épousera un certain Gorman, mais leur fils, le narrateur Joseph Gorman, prétendra toujours que Walter Sickert était son vrai père.

Dans son livre, Stephen Knight dévie de ce récit. D'abord il s'est rendu compte qu'il butait sur un point : Gorman mettait en cause sir Robert Anderson, alors que celui-ci était en Suisse lors des premiers meurtres. La chose était de notoriété publique, car à l'époque la presse lui avait vivement reproché de ne pas avoir interrompu ses vacances. Qu'à cela ne tienne : dans son livre, Stephen Knight remplace Anderson par Sickert, qu'il incorpore au trio des assassins. Et ce n'est pas tout. Pour ajouter à sa thèse encore un peu plus de piment, il fait de toute l'affaire un complot maçonnique ! A l'entendre, Gull, Anderson, Sickert, tous étaient francs-maçons, jusqu'à sir Charles Warren et lord Salisbury. Même les mutilations infligées aux victimes reproduisaient d'anciens rituels maçonniques…

Fortune d'une imposture

Les historiens sérieux se gardèrent bien de prêter foi à ce tissu d'élucubrations. Mais Stephen Knight avait réponse à tout. Le récit de Gorman fourmille d'erreurs ? C'est la preuve de sa sincérité. On n'a pas trouvé la moindre trace d'un lien quelconque entre Annie Crook et les victimes de l'Eventreur ? Encore moins d'un mariage secret du duc de Clarence ? Leur disparition s'explique par la volonté des autorités d'étouffer l'affaire. Mieux, *elle en est la preuve !*

La suite fut pour le moins confuse. En 1978, dans une interview au *Sunday Times*, Gorman reconnut qu'il avait tout inventé. Là-dessus, en 1985, Stephen Knight mourut d'une tumeur au cerveau à 34 ans (ce qui bien sûr lança quelques complotistes sur la piste d'un assassinat maçonnique) et Gorman se rétracta à nouveau, affirmant cette fois qu'il avait voulu en 1978 protéger la mémoire de son père. Dernière affabulation, en 1991 il « retrouve » les carnets de l'inspecteur Abberline, un des enquêteurs, qui cette fois met en cause… lord Randolph Churchill, le père de Winston. Un faux grossier qui ne sera pas le dernier dans cette affaire.

De toute façon, son récit prenait l'eau de toutes parts. En dehors d'Annie Crook et de sa fille Alice, personnages réels, grand-mère et mère de Joseph Gorman, tout se révéla faux : Annie Crook vivait pauvrement à l'époque où on la disait entretenue par le duc ; elle fut hospitalisée pour épilepsie, et non pour maladie mentale ; Sickert n'a jamais eu d'atelier Cleveland Street ; au moment où Alice Crook a été conçue, le duc séjournait à Heidelberg ; sir William Gull, qui devait mourir en 1890, était déjà à demi paralysé à l'époque des meurtres, etc. Reste la pire invraisemblance : un gouvernement désireux d'étouffer un scandale faisant disparaître les témoins d'une façon qui attirait précisément l'attention passionnée de tout le pays !

Logiquement, cette histoire rocambolesque eut une descendance sur le terrain de la fiction. Dès 1978, un premier film, *Meurtre par décret*, en reprenait les éléments en y mêlant même Sherlock Holmes (Christopher Plummer) et le docteur Watson (James Mason). Suivirent en 1988 un téléfilm avec Michael Caine, puis une BD, *From Hell*, dont fut tiré en 2001 un film éponyme avec Johnny Depp. Plus curieusement, elle eut ses prolongements en dehors de la fiction, deux dames ayant pris pour cible posthume le malheureux Walter Sickert. La première en 1990, Jean Overton-Fuller, dans son livre *Sickert and the Ripper Crimes* ; la seconde au XXIe siècle, dont nous reparlerons. Car dans l'intervalle un nouveau rebondissement était survenu.

On a retrouvé le journal de Jack l'Eventreur !

Un joli « coup d'édition ». En 1993, l'éditeur londonien Robert Smith publie le *Journal de Jack l'Eventreur (The Diary of Jack the Ripper)*. Il lui a été apporté par un ouvrier de Liverpool, Michael Barrett, qui l'a reçu d'un ami nommé Tony Devereux… mort sans dire d'où il le tenait. Un point de départ pour le moins suspect. Tout comme le support du journal : certes, il était d'époque victorienne, mais les premières pages avaient été arrachées. Autant il est difficile à un faussaire de trouver un cahier ancien vierge de toute inscription, autant il est facile de trouver de vieux documents partiellement utilisés, dont il suffit de couper les premières pages.

Le manuscrit comportait des erreurs, des anachronismes linguistiques qui renforcèrent les doutes. Sur un seul point tout le monde était d'accord : certains détails n'étaient connus, à l'époque, que de la police et de l'assassin. Ce n'était donc pas le jeu pervers d'un mythomane contemporain de Jack l'Eventreur. Ou c'était un faux moderne, ou l'authentique journal du tueur.

Celui-ci révélait-il son identité ? Pas du tout. Mais une des premières personnes qui se penchèrent sur le manuscrit, Shirley Harrison, n'eut pas de mal à relier le texte à un fait divers de l'époque victorienne, très connu en Angleterre, l'affaire Maybrick. En 1889, un négociant en coton de Liverpool, James Maybrick, était mort dans des circonstances suspectes, laissant penser à un empoisonnement à l'arsenic. Les soupçons se portèrent sur sa femme Florence. Américaine, de vingt-trois ans plus jeune que son mari, elle avait un amant et avait fait des achats d'arsenic. En dépit des doutes qui subsistaient, elle fut condamnée à mort, mais elle bénéficia d'un mouvement d'opinion en sa faveur et sa sentence fut commuée en prison à vie. Libérée en 1904, elle retourna aux Etats-Unis, où elle mourut dans l'anonymat en 1941.

De nombreux détails laissaient penser sans équivoque que l'auteur du manuscrit n'était autre que James Maybrick, se vengeant de son épouse infidèle en tuant des femmes. Aux yeux de Shirley Harrison et de ceux qui croyaient à l'authenticité du journal, le fait que celui-ci ne soit pas signé renforçait sa crédibilité. A voir. On songe à Van Meegeren, le génial faussaire hollandais qui dans les années 1930 peignit son premier faux Vermeer en cachant la signature pour mieux donner aux experts l'occasion de la découvrir… Et puis une objection majeure saute aux yeux. Dans son texte, Maybrick confie que sa femme connaissait son secret. On imagine mal que Florence

Maybrick, dont la vie était en jeu, qui passa ensuite quinze ans en prison, se soit privée de l'extraordinaire moyen de défense qu'étaient les crimes de son mari.

Les doutes l'emportèrent. De nouvelles analyses détectèrent des composants modernes dans l'encre du journal. Et surtout Michael Barrett finit par avouer en 1995 qu'il s'agissait d'un faux, écrit par sa femme sous sa dictée. Il est vrai que lui aussi se rétracta et revint sur ses aveux. Mais aujourd'hui personne ne croit plus à l'authenticité du journal, en dehors de quelques irréductibles et de l'éditeur Robert Smith, qui en 2017 a publié *25 Years of The Diary of Jack the Ripper, The True Facts*.

Un nouvel élément : l'ADN

Avec le tournant du XXIe siècle, les chercheurs vont mettre tous leurs espoirs dans une technique encore récente, celle de l'ADN. Si sa structure « en double hélice » a été découverte dès 1953, son application en matière de criminalistique n'a été possible qu'en 1985, grâce aux travaux de sir Alec Jeffreys à l'université de Leicester. Et sur le terrain, ce n'est qu'en 1987 qu'une première affaire criminelle a pu être résolue, elle aussi dans la région de Leicester. Les historiens espérèrent à leur tour pouvoir ainsi résoudre de tenaces énigmes historiques. Il était fatal que le cas de Jack l'Eventreur fût à son tour abordé sous cet angle.

La première tentative revient à la romancière américaine Patricia Cornwell, qui publie en 2002 *Portrait of a Killer, Jack the Ripper, Case closed* (en français, *Jack l'Eventreur : Affaire classée. Portrait d'un tueur*). Depuis 1990, elle connaît un succès mondial avec *Postmortem* et une suite de polars à succès, dont l'héroïne Kay Scarpetta est médecin légiste. Elle-même n'a pas fait d'études de médecine mais a débuté comme informaticienne dans un institut de médecine légale à Richmond (Virginie). Passionnée par l'affaire, elle lui a consacré plusieurs années de sa vie et des millions de dollars, achetant à prix d'or les lettres et manuscrits censés émaner de l'Eventreur.

Son enquête obéit à une méthodologie surprenante. Au lieu de recueillir des indices pour aboutir à une conclusion, elle part d'un véritable postulat, la culpabilité du peintre Walter Sickert, déjà mis en cause par Stephen Knight, puis par Jane Overton-Fuller. Pourquoi Patricia Cornwell s'est-elle focalisée sur lui ? Elle ne s'en est jamais expliquée clairement. Mais quand on cherche des arguments à partir d'une conviction préétablie, on ne manque pas d'en trouver. Au besoin peu crédibles. Ainsi Walter Sickert, qui avait surtout peint des paysages et des scènes de music-hall, avait à plusieurs reprises pris pour sujet l'assassinat d'une prostituée. Peintre figuratif, il ne peignait que ce qu'il voyait, raisonne Patricia Cornwell. CQFD. En fait, il s'était inspiré d'un fait divers célèbre de l'année 1907, le meurtre de Camden Town. A ce compte-là, faudrait-il suspecter des peintres expressionnistes allemands comme Georg Grosz ou Rudolf Schlichter, qui ont souvent représenté des crimes sexuels, d'en avoir eux-mêmes commis ? Patricia Cornwell s'est aussi intéressée aux problèmes sexuels de Sickert, à sa présumée impuissance. Une hypothèse un peu hasardeuse dans la mesure où on lui connaît deux épouses et un certain nombre de maîtresses...

Et l'ADN ? Elle espérait qu'on puisse en extraire des lettres de Jack l'Eventreur, notamment du dessous des timbres, qui n'auraient pas été contaminés comme la lettre elle-même. Comme elle avait également acquis plusieurs toiles de Sickert, le bruit a couru qu'elle en avait mis quelques-unes en pièces pour en extraire l'ADN. La rumeur provoqua une certaine émotion dans le monde de l'art, mais Patricia Cornwell prit soin de la démentir.

Toujours est-il qu'elle put enfin faire comparer par des techniciens qualifiés l'ADN supposé de Jack l'Eventreur et celui de Walter Sickert. Verdict sans appel, concordance parfaite. Affaire classée !

Sauf qu'elle ne l'était pas du tout ! Les conclusions de Patricia Cornwell ne résistent pas à l'examen. Les lettres d'abord : au fil des décennies, nous l'avons dit, il est apparu de plus en plus douteux que les prétendus écrits de Jack l'Eventreur fussent de sa main. On estime aujourd'hui que la plupart étaient des *fake news*. Mais surtout, Sickert ayant été incinéré, on a dû recourir à l'ADN de ses descendants. Il s'agit dès lors non de l'ADN nucléaire, mais de l'ADN mitochondrial, qui se transmet par la mère et qui n'offre pas la même rigueur. On a calculé qu'à l'époque des meurtres, cette identification pouvait être commune à quelque 400 000 personnes. Tout au plus l'ADN mitochondrial peut servir, comme on dit dans le jargon policier, à « fermer des portes », c'est-à-dire à éliminer des suspects. Autrement dit, d'une absence de similitude on aurait pu conclure que Walter Sickert ne pouvait en aucun cas être Jack l'Eventreur, mais le contraire ne prouve rien. L'ADN mitochondrial peut établir une innocence, jamais une culpabilité. Ajoutons qu'un des biographes de Walter Sickert affirma qu'à l'automne 1888 il se trouvait très probablement en France, où il séjournait fréquemment.

En dépit de tous ces éléments, Patricia Cornwell persiste et signe : elle vient de publier en 2017 un nouveau livre (non traduit en français) : *Ripper. The Secret Life of Walter Sickert*. Affaire à suivre.

2014 : la dernière en date des solutions « définitives »

A nouveau entre en scène un « détective amateur », ce personnage aimé des Anglais, qu'on croise dans les romans policiers mais parfois aussi dans la réalité. Russell Edwards est promoteur immobilier. Passionné par Jack l'Eventreur, son intérêt prend un tour nouveau lorsqu'il apprend en 2007 la vente aux enchères dans le Suffolk d'un châle qui aurait appartenu à Catherine Eddowes, la victime de Mitre Square. Il l'achète. Mieux, le vendeur lui certifie que le châle provenait de son aïeul, le sergent Amos Simpson, un des policiers ayant participé à l'enquête, qui aurait « conservé en souvenir » cette pièce à conviction pour l'offrir à sa femme (!). Toujours d'après le vendeur, ce châle était toujours resté dans la famille et, point essentiel, n'avait jamais été lavé.

Russell Edwards concentre alors ses recherches sur Aaron Kosminski, un barbier de Whitechapel d'origine juive polonaise, un des trois suspects mentionnés dans les notes de sir Melville Macnaghten révélées au public en 1959. Un point de départ, il faut le dire, plus sérieux que celui de Patricia Cornwell, étant donné les soupçons qui avaient pesé sur cet homme lors de l'enquête de Scotland Yard.

Edwards mène alors des recherches scientifiques avec le docteur Jari Louhelainen, un spécialiste de biologie moléculaire à l'université de Liverpool. Premier élément prometteur, une trace de sperme est trouvée sur le châle. Edwards retrouve de son côté une descendante de la sœur d'Aaron Kosminski, qui accepte de donner son ADN pour comparaison. Bingo ! La correspondance est parfaite, l'affaire vieille de cent trente ans est enfin résolue.

La nouvelle paraît dans les colonnes du *Daily Mail* le 6 septembre 2014, suivie de la parution du livre de Russell Edwards *Naming Jack the Ripper* (paru en français en 2016 sous le titre *Jack l'Eventreur démasqué*).

Etait-ce la fin de l'énigme ? On aurait aimé en être sûr, mais on ne tarda pas à être sûr du contraire… Sir Alec Jeffreys, le généticien qui avait découvert les applications de l'ADN en matière de criminalistique, estima impossible de trouver des traces exploitables au bout de cent vingt-six ans vu le nombre de gens qui avaient dû manipuler l'objet. Pis, d'autres scientifiques pointèrent du doigt une « erreur de nomenclature » commise par le docteur Louhelainen. Les caractéristiques de l'ADN détecté, qu'il croyait propres à une personne sur 190 000, seraient en fait communes à 99 % de la population européenne, ce qui élargit à l'infini le nombre de suspects possibles…

A ces objections scientifiques s'ajoutaient des éléments factuels : rien ne prouve que le châle ait jamais appartenu à Catherine Eddowes, et des experts de Sotheby's qui l'examinèrent estimèrent qu'il datait de l'époque édouardienne, donc postérieur d'une quinzaine d'années à celle des meurtres. Par ailleurs, un historien fit des recherches suffisamment poussées dans les archives de Scotland Yard pour affirmer que le sergent Simpson, premier possesseur du châle, n'était pas en service à Londres en 1888.

Saura-t-on jamais qui est Jack l'Eventreur ?

Les « rippérologues » peuvent dormir tranquilles, le dossier n'est pas près d'être refermé. Le sera-t-il un jour ? Plus les années passent et moins c'est probable.

Une seule certitude à propos de Jack l'Eventreur : on peut dire *qui il n'est pas.* Un test très simple permet de détecter une hypothèse bidon qui relie Jack l'Eventreur à une célébrité, que ce soit l'héritier de la couronne, un peintre célèbre ou tout autre personnage de ce genre. Car enfin, pourquoi Jack l'Eventreur serait-il quelqu'un de connu alors qu'il y a toutes chances qu'il fût un parfait anonyme ? Les recherches effectuées dans cette direction relèvent au choix du fantasme ou de la chasse au best-seller.

Ainsi la Française Sophie Herfort, à laquelle on ne peut dénier une belle imagination, a publié en 2007 un *Jack l'Eventreur démasqué, l'enquête définitive*, où elle incrimine sir Melville Macnaghten, ce haut fonctionnaire de Scotland Yard qui avait laissé, nous l'avons vu, des notes sur les différents suspects. Une thèse qui s'appuie sur des « indices » tous plus faibles les uns que les autres. Elle va jusqu'à affirmer que « Scotland Yard savait » et avait délibérément couvert les agissements de Macnaghten. Quand on sait que celui-ci a été plusieurs fois promu au cours des vingt-quatre années qu'il passa au Yard jusqu'à en devenir le n° 2 et qu'il fut anobli par le roi en 1908, on se dit que c'était pousser l'esprit de corps un peu loin…

Dans le même genre, on s'en voudrait d'oublier un certain Richard Wallace, dont le livre *Jack the Ripper, « Light-Hearted Friend »* paru en 1996, démasque… Lewis Carroll. Fondée sur des anagrammes tirées de certains écrits de l'auteur d'*Alice au pays des merveilles*, cette thèse farfelue fut d'autant moins prise au sérieux que Lewis Carroll séjournait à Eastbourne à l'époque des meurtres.

En revanche, d'autres chercheurs ont poussé leurs investigations dans des directions peut-être hasardeuses, mais qui avaient au moins le mérite de la vraisemblance.

Les uns ont approfondi les pistes existantes, celles des différents suspects identifiés à l'époque par Scotland Yard. L'enquête de Russell Edwards sur Aaron Kosminski entre dans cette catégorie.

Bien d'autres pistes ont été explorées. L'exemple type d'une démarche intéressante est celui de James Tully et de son livre publié en 1997, *Prisoner 1167 : The Madman who was Jack the Ripper.* Son suspect est un nommé James Kelly, qui égorgea sa femme en 1883, fut d'abord condamné à mort puis, à la suite d'expertises psychiatriques, reconnu irresponsable et enfermé à Broadmoor, l'asile du Berkshire où aujourd'hui encore sont incarcérés les malades mentaux criminels. Il s'en évada en janvier 1888 et disparut jusqu'en 1896, où on retrouva sa trace en Amérique, sans toutefois parvenir à le ramener en Angleterre. Ce n'est finalement qu'en 1927 qu'il se présenta de lui-même à la porte de Broadmoor, où il demeura jusqu'à sa mort en 1929. L'hypothèse est peu étayée (on ne sait même pas si Kelly était à Londres en 1888), mais au moins, contrairement à tant d'autres, n'a-t-elle rien d'absurde.

Parmi les dizaines d'autres « candidats », on citera Joseph Barnett, le concubin et souteneur de Mary Jane Kelly ; Robert Mann, un employé de la morgue de Whitechapel ; l'Américain Francis Tumblety, escroc, faux médecin à la personnalité inquiétante, qui collectionnait les organes féminins dans des bocaux. Son cas est d'autant plus troublant qu'au moment des crimes il vivait à Whitechapel, qu'il quitta pour retourner en Amérique en décembre 1888. Néanmoins, son âge à l'époque – 55 ans – rend sa culpabilité peu crédible, les tueurs en série étant en général beaucoup plus jeunes.

Arrêtons là cette énumération. Les amateurs peuvent consulter *Jack the Ripper, A Suspect Guide*, de Christopher

J. Morley, un « e-book » datant de 2005 qui identifie 202 suspects. Mais on a fait mieux depuis : en 2018, le livre de Paul Williams *Jack the Ripper, The Suspects, The Definitive Guide and Encyclopedia* en répertorie 333 !

A vous de choisir…

Bibliographie sélective

Les titres anglais sont innombrables, mais peu d'entre eux ont été traduits en français. Quoique ancien, le plus intéressant et documenté est celui de Tom Cullen, *Jack l'Eventreur, quand Londres marchait dans la terreur* (Denoël, 1966). Egalement traduits, le prétendu journal, reproduit en fac-similé dans *Jack l'Eventreur, le journal, le dossier, la controverse* (JC Lattès, 1993), et la thèse contestable de Patricia Cornwell, *Jack l'Eventreur, affaire classée. Portrait d'un tueur* (Editions des Deux Terres, 2002).

En français, le meilleur ouvrage est celui de Stéphane Bourgoin, *Le Livre rouge de Jack l'Eventreur* (Grasset, 1998), très complet sur les faits et les hypothèses. Voir également, plus historique et sociologique, *Jack l'Eventreur et les fantasmes victoriens* (Complexe, 1987), de Roland Marx, et pour la curiosité la réédition du petit texte de Robert Desnos (*Jack l'Eventreur*, Allia, 1997).

XV

Anastasia : une étrange affaire

par Jean-Christophe BUISSON

Dès le lendemain de l'annonce de l'assassinat collectif de la famille Romanov par les bolcheviks à Ekaterinbourg, en juillet 1918, une rumeur circule : la grande-duchesse Anastasia aurait survécu au massacre et réussi à s'enfuir de Russie. Confirmation en 1920, à Berlin, où une femme hospitalisée après une tentative de suicide assure être la benjamine des filles du tsar Nicolas II. Sa ressemblance frappante avec celle-ci et sa connaissance intime des détails de la vie de la dynastie impériale russe créent le trouble. Devenue Anna Anderson après son exil et un mariage aux Etats-Unis, elle reviendra après-guerre en Europe pour faire valoir ses droits devant la justice. Et rétablir son honneur face à ceux qui l'accusent d'être une ouvrière polonaise mythomane douée pour la comédie…

Les mystères de la maison Ipatiev

Ouralski Rabotchi (« Le Travailleur de l'Oural ») est un journal bolchevique diffusé en Sibérie occidentale. Il n'a pas la même notoriété que la *Pravda*, publiée à Moscou, dirigée par Staline et diffusée à plus de 100 000 exemplaires, mais son ambition éditoriale est identique : dire la vérité. Celle du nouveau pouvoir en Russie.

En première page du numéro du 23 juillet 1918, on peut lire cette information bientôt reprise par les *Izvestia* (autre prestigieux journal communiste officiel édité dans la nouvelle capitale russe) et les journaux du monde entier : « Dans la nuit du 16 au 17 juillet, à Ekaterinbourg, sur décision du Praesidium du Soviet régional des députés ouvriers, paysans et Armée rouge, région de l'Oural, a été fusillé l'ex-tsar Nicolas Romanov II. Il avait vécu trop longtemps grâce à la révolution, cet assassin couronné. »

Deux pages plus loin sont apportées quelques précisions sur cet événement à la signification politique et symbolique aussi considérable que la décapitation de Louis XVI en France le 21 janvier 1793. Par exemple le fait que cette décision a été prise à la suite de la découverte d'un complot contre-révolutionnaire prévoyant la « libération du tyran ». On apprend aussi que « la femme et le fils de Nicolas ont été envoyés en lieu sûr ». Peut-être la signature, en mars 1918, du traité de Brest-Litovsk avec l'Allemagne a-t-elle conduit Lénine à camoufler l'exécution de l'impératrice Alexandra, princesse allemande, pour ne pas heurter Berlin. Sur les quatre grandes-duchesses, Maria, Tatiana, Olga et Anastasia, pas un mot. Sur le personnel au service des Romanov et emprisonné avec eux dans la maison Ipatiev depuis plusieurs semaines (le médecin de la famille, Evgueni Botkine; la femme de chambre de l'impératrice, Anna Demidova; le cuisinier, Ivan Kharitonov et le valet de chambre, Alexis Trupp), rien non plus. Ont-ils été épargnés ?

Deux jours après la publication de l'article dans *Ouralski Rabotchi*, des troupes tchèques composées d'anciens prisonniers et des groupes de soldats et d'officiers russes hostiles aux bolcheviks (quelques nostalgiques de l'ancien régime, mais surtout des socialistes-révolutionnaires, victimes, eux aussi, déjà, de la terreur rouge) s'emparent d'Ekaterinbourg, obligeant les autorités communistes locales à se replier à Perm, à 350 kilomètres plus à l'ouest. La maison Ipatiev est immédiatement fouillée : les pièces sont vides, mais des traces de sang sont visibles sur les murs et les parquets, laissant penser qu'une fusillade, voire un massacre, s'est en effet déroulée là quelques jours auparavant. Des témoins directs et indirects des dernières heures de la famille impériale confirment l'hypothèse. Mais où sont les cadavres ?

Un juge d'instruction local est désigné – Alexeï Nametkine – pour mener officiellement l'enquête, qui est très vite transférée à un membre du tribunal local, Ivan Serguiev. On leur signale à plusieurs reprises que les gardes rouges de la maison Ipatiev ont multiplié, avant et après le 17 juillet, des allers-retours dans un bois de pins et de bouleaux situé à une quinzaine de kilomètres de la ville : les Quatre-Frères – un ancien site d'exploitation minière. Certains paysans interrogés affirment qu'ils ont vu de loin une fumée s'élever au-dessus des arbres le lendemain de la date du massacre.

L'hiver est arrivé, et la neige a commencé à recouvrir le lieu désigné, mais les équipes de Serguiev mettent la main, à l'intérieur ou à côté de deux puits de mine désaffectés, sur de nombreux objets ayant appartenu aux Romanov : une boucle de ceinturon et un morceau de la casquette de Nicolas II ; des boucles d'oreilles et les verres d'une paire de lunettes à monture spéciale de l'impératrice ; des pièces du manteau du tsarévitch ; des bouts de colliers, des morceaux de chaussures et des bustes de corset en métal ayant appartenu aux grandes-duchesses. Et des dizaines d'autres objets écrasés, piétinés, cassés. Mais aussi des ossements. Par centaines. Découpés. Sciés. Brûlés.

Sauvée par un bolchevik sensible ?

Les 21 et 22 février 1919 est interrogé un ouvrier communiste, Pavel Medvedev, fait prisonnier à Perm, qui vient de tomber à son tour aux mains des Blancs. Agé de 31 ans, il était, jusqu'à l'été 1918, le chef de la garde extérieure de la maison « à destination spéciale » d'Ekaterinbourg où étaient enfermés les Romanov. Aux juges, il raconte que le commandant Iourovski, responsable de la Tcheka chargée de la surveillance des prisonniers dans la maison, lui a demandé de lui apporter les revolvers Nagant de ses hommes la nuit du 16 au 17 juillet. Puis il a escorté les sept Romanov et les quatre domestiques jusqu'à l'entrée de la cave de la maison avant de sortir, sur ordre, « pour s'assurer qu'on n'entend pas les coups de feu ». Il est revenu après le massacre avec un détachement pour laver la pièce tandis qu'on jetait les corps criblés de balles dans un camion.

Il ne s'agit que d'un témoignage, mais, ajouté aux autres récits et à ses propres découvertes, il suffit à Serguiev pour se faire une opinion définitive : « La famille impériale et ses compagnons de captivité ont été tués au même moment, dans un même lieu, par des tirs de revolver répétés », écrit-il dans son rapport, transmis en mars 1919 au juge désigné par le nouveau chef des armées blanches de la région, l'amiral Koltchak, pour poursuivre l'enquête : Nikolaï Sokolov. Pendant trois mois[1], ce juge expérimenté va enquêter sans relâche, participant lui-même aux fouilles, mobilisant plus d'un millier de soldats pour l'aider. Après la fonte des neiges en avril, le bois des

1. Le 11 juillet 1919, les Blancs sont à leur tour chassés d'Ekaterinbourg par une contre-offensive de l'Armée rouge.

Quatre-Frères dévoile de nouveaux indices : le cadavre (atrocement mutilé) du chien d'Anastasia, des balles de revolver, d'autres morceaux de vêtements brûlés, des bijoux par dizaines. Et encore des os et de la graisse animale fondue. Mais toujours pas de cadavres.

Après avoir quitté la région, Sokolov continuera son enquête à distance (*via* des interrogatoires, notamment) pour en publier les conclusions en 1924, quelques jours avant sa mort. Pour lui, les sept Romanov et leurs quatre domestiques ont été tués à coups de revolver et achevés à la baïonnette pour certains dans la cave de la maison Ipatiev. Leurs corps ont été ensuite emportés par camion dans la forêt qui se trouve au nord-ouest d'Ekaterinbourg. Là, ils ont été pour certains découpés à la scie et à la hache, arrosés d'essence et d'acide, puis brûlés, avant d'être enfouis dans un ou plusieurs endroits inconnus. Il n'y a eu, selon lui, aucun survivant. A la fin de son rapport, il précise que « lorsque la fumée du tir s'est un peu dissipée et que les bourreaux ont examiné les cadavres, ils se sont aperçus que la grande-duchesse Anastasia était indemne. Elle avait perdu connaissance au début de la fusillade et elle avait ainsi échappé aux balles. Lorsqu'ils l'ont déplacée, elle est revenue à elle, s'est vue entourée d'une mare de sang et des corps des siens, et elle s'est mise à hurler. Elle a été exécutée ».

Sokolov n'a raisonnablement pas retenu les témoignages de certains habitants selon lesquels un exécuteur de la Tcheka au cœur sensible, ayant remarqué qu'Anastasia avait survécu grâce à un coussin empli de bijoux cousu sous sa robe qui l'aurait protégée des balles, l'avait « kidnappée » et emmenée hors de la ville pour lui permettre de quitter le pays saine et sauve.

Des corps introuvables

Dans les mois qui suivent, plusieurs rumeurs comme celle-ci naissent et se diffusent. Même si le nouveau régime a fini par reconnaître, une fois la Première Guerre mondiale terminée, que tous les Romanov sans exception avaient « payé de leur vie leurs forfaits criminels », l'absence d'ordre officiel écrit de Lénine ou de Sverdlov, président du Comité exécutif central du parti bolchevique, intrigue. D'autant que les corps n'ont toujours pas été retrouvés. Les survivants de la famille impériale ayant échappé à la justice expéditive bolchevique jouent eux-mêmes de cette ambiguïté : à Bad Reichenhall, en Bavière, dans cette Allemagne qui a accueilli plus de 500 000 réfugiés russes depuis 1917, un congrès monarchiste russe est organisé en mai 1921 pour débattre de la succession de Nicolas II. Or, ni son oncle Nicolas Nicolaïevitch, ni ses cousins Cyrille Vladimirovitch (« le Philippe d'Orléans russe », rallié dans un premier temps à la révolution puis exilé), Alexandre Mikhaïlovitch ou Dimitri Pavlovitch (qui a participé à l'assassinat de Raspoutine), ni sa mère, l'impératrice douairière Marie Feodorovna, ni ses sœurs Xenia et Olga, n'ont daigné venir. Comme si l'absence de preuve physique de la mort de l'ancien tsar, de la tsarine et de leurs cinq enfants interdisait qu'on reconnût leur décès.

C'est dans ce contexte qu'une incroyable nouvelle se répand au début de l'année 1922 : la grande-duchesse Anastasia aurait été retrouvée saine et sauve en Allemagne. Ce n'est pas la première fois qu'une telle rumeur surgit : en 1921, une jeune femme du nom de Berditch avait amusé Paris pendant plusieurs jours en affirmant être la fille du tsar. Cette fois, pourtant, l'affaire semble sérieuse. Deux personnes dignes de confiance qui l'ont vue affirment qu'il s'agit bien d'elle : le capitaine Nicolas Adolfovitch von Schwabe, ancien membre de la garde personnelle de l'impératrice douairière, directeur du journal édité par le Conseil monarchiste suprême[2], et Zénaïde Sergeïevna Tolstoï, amie proche de l'impératrice Alexandra qui vivait dans le palais de Tsarskoïe Selo, à Saint-Pétersbourg. La petite ville près de Berlin où se trouve la supposée grande-duchesse est en ébullition : on a dépêché à Dalldorf d'anciens officiers de l'armée impériale russe pour protéger le lieu, de crainte que des bolcheviks de Moscou ne viennent l'enlever ou la tuer. Des émissaires sont envoyés dans toute l'Europe pour ramener des exilés susceptibles de confirmer les premiers témoignages. La presse internationale commence à s'agiter. Il n'y a qu'un inconvénient, et il est de taille : la jeune femme qui se prétend Anastasia est enfermée dans un asile. Et elle ne parle pas russe.

Tout a commencé quelques mois plus tôt, le 17 février 1920, à Berlin.

« Mademoiselle Inconnue »

Il est presque 9 heures du soir quand des policiers en patrouille entendent un corps tomber dans le canal Landwehr depuis le pont Bendler. Ils se précipitent et

2. Instance créée à l'issue du congrès de Bad Reichenhall de mai 1921. Siégeant à Berlin sous la direction d'un ancien député de la Douma, Nicolas Evguenievitch Markov, elle a pour objectif de fédérer tous les Russes aspirant à voir la monarchie restaurée. Y siègent des partisans du grand-duc Nicolas Nicolaïevitch, oncle de Nicolas II, et des partisans du grand-duc Cyrille Vladimirovitch, son cousin germain – les deux hommes revendiquent le statut de successeur de Nicolas II.

extirpent de l'eau sale une femme grelottante de froid dans ses vêtements noirs. Tentative de suicide, sans aucun doute. Après l'avoir enveloppée d'une couverture, ils la conduisent au commissariat pour l'interroger. Le visage livide, elle reste d'abord muette avant de prononcer une seule phrase, chuchotée dans un allemand au fort accent slave : « Je n'ai rien demandé. » Après une nuit à l'hôpital Elisabeth, elle est à nouveau questionnée par la police berlinoise, qui n'a trouvé sur elle aucun papier d'identité. A nouveau elle refuse de donner son nom, son origine, son activité, son lieu de résidence, les motivations de son geste désespéré. Les rares fois où elle ouvre la bouche, c'est pour intimer l'ordre à ses interlocuteurs de la laisser tranquille. Invités à tenter leur chance, les médecins ne parviennent qu'à lui arracher une information impossible à vérifier selon laquelle elle serait « une ouvrière ».

Au bout de six semaines, bien qu'elle ne manifeste aucun signe de folie, il est décidé de l'envoyer dans l'asile d'aliénés de Dalldorf, au nord de la ville. Elle y est inscrite sous le nom de *Fraülein Unbekannt* (« mademoiselle Inconnue »), 1,54 mètre, 50 kilos. Diagnostiquée « à forte tendance dépressive », elle est installée dans le bâtiment 4 de l'établissement, parmi quatorze autres « patientes calmes ». Après un examen initial, son registre est mis à jour : « Très réservée. Refuse de révéler son nom, ses origines familiales, son âge ou son occupation habituelle. Reste assise dans une attitude butée. Assure qu'elle ne dira rien, qu'elle a ses raisons et que si elle avait voulu parler elle l'aurait déjà fait… Le docteur peut croire ce qu'il voudra ; elle ne révélera rien. A la question de savoir si elle entend des voix ou si elle a des hallucinations, elle a répondu : “Vous n'êtes pas très bien informé, docteur.” Elle reconnaît avoir tenté de mettre fin à ses jours, mais refuse de fournir aucune explication. »

Dans les premiers mois, souvent prostrée, la tête enfouie sous ses couvertures ou le visage tourné vers le mur de sa chambre, « mademoiselle Inconnue » ne parle guère, mange peu, dort mal. Et intrigue. Elle semble obsédée par l'idée qu'on la « reconnaisse », manifeste parfois des bonnes manières et un maintien étonnants pour une ouvrière (sans parler de ses mains fines et soignées). Après s'être décidée à échanger un peu avec les infirmières, celles-ci découvrent avec stupéfaction une femme connaissant sur le bout des doigts l'histoire de la Russie et des monarchies effondrées après la Grande Guerre. Mais c'est une autre patiente, Clara Peuthert, arrivée fin 1921 dans l'asile, qui va se muer en lanceuse d'alerte. Persuadée d'avoir déjà vu le visage de l'Inconnue, elle a une illumination en feuilletant un numéro du journal *Berliner Illustrierte Zeitung* évoquant le massacre de la famille impériale en juillet 1918 et la rumeur selon laquelle une des filles du tsar serait toujours en vie : sa voisine de lit n'est autre que Tatiana Nicolaïevitch Romanov ! L'affirmation ne suscite chez l'intéressée qu'une crise de larmes silencieuse. Qui ne dit mot consent ?

Ayant quitté l'asile de Dalldorf en janvier 1922, Clara Peuthert erre dans Berlin quelques semaines avant de tomber sur un jeune exilé russe vendant devant une église orthodoxe des images de la famille impériale disparue. A lui elle confie son secret. L'homme l'écoute, d'abord sceptique et incrédule, mais finit par se rendre à Dalldorf pour se faire lui-même une idée. En tant qu'ancien officier de la garde personnelle de l'impératrice douairière, Schwabe est persuadé qu'il verra immédiatement s'il s'agit d'une affabulatrice.

La rencontre ne dure que quelques minutes. Assez pour impressionner l'ancien officier. Bien que « mademoiselle Inconnue » ait affirmé ne pas parler russe ni connaître

« cette dame » figurant sur la photo de l'impératrice douairière que Schwabe lui a montrée, se contentant de lui demander qu'on empêche son transfert prévu dans un hôpital du Brandebourg, sa ressemblance avec les filles du tsar lui a paru évidente. Et le petit geste de tête aristocratique de la jeune femme pour lui signifier qu'il était temps de partir a achevé de le convaincre. Dès les jours suivants, il persuade le Conseil monarchiste suprême de faire surveiller l'hôpital. Réussit à inviter Zénaïde Tolstoï à venir rencontrer la jeune femme (elle ressort également convaincue). Convainc un couple d'exilés, le baron Arthur Gustavovitch von Kleist et sa femme Gerda, de l'accueillir chez eux, rue Nettelbeck, à Berlin. Entre-temps, Schwabe aura eu vent de la phrase lancée par « mademoiselle Inconnue » aux infirmières (elles aussi dans la confidence, désormais) au sujet de l'image de Marie Feodorovna (« il m'a montré une photo de ma grand-mère »). Et il aura dissipé le malentendu initial sur son identité : elle n'est pas Tatiana mais la grande-duchesse Anastasia Nicolaïevitch Romanov.

Une évasion rocambolesque

Installée chez les Kleist, Anastasia doit désormais répondre aux interrogations de ses protecteurs, même si ceux-ci tiennent compte des souffrances de leur invitée – tuberculeuse, irritable, hantée par des cauchemars, « mademoiselle Inconnue » est sujette à de fréquentes (et opportunes ?) crises de nerfs, des caprices, des fugues. Comment a-t-elle survécu au massacre d'Ekaterinbourg ? Comment est-elle arrivée en Allemagne ? Quand ? Pourquoi refuse-t-elle de parler russe (qu'elle semble il est vrai néanmoins lire et comprendre) ? Veut-elle rencontrer sa grand-mère, ses tantes, les cousins de son père ?

Sur son refus de pratiquer la langue russe, elle prétend que celle-ci ravive en elle de trop mauvais souvenirs et que dire des mots dans la langue de Dostoïevski la jette dans une détresse insupportable. Mais il y a encore plus rocambolesque : son récit des mois ayant suivi la nuit du 17 juillet 1918. Un garde bolchevique du nom d'Alexandre Tschaïkowski l'aurait ramassée dans la maison Ipatiev après avoir constaté qu'elle avait en effet survécu aux balles de ses bourreaux grâce à la fois aux bijoux cachés entre sa peau et ses vêtements et au corps de sa sœur Tatiana, qui, en tombant sur elle, l'aurait aussi protégée. Après l'avoir fait passer pour morte, son sauveur (accompagné de sa mère, sa sœur et son frère) l'aurait emmenée sur une charrette de paysan jusqu'en Roumanie. Là-bas, au terme d'un éprouvant voyage, Anastasia aurait mis au monde un garçon, prénommé Alexandre, avant d'épouser (dans le rite catholique) Tschaïkowski et de s'installer avec lui à Bucarest. Mais comme il était dit qu'elle serait maudite, son mari aurait trouvé la mort fin 1919, et elle aurait décidé de gagner l'Allemagne en train et à pied pour retrouver la famille de sa mère à elle, la tsarine Alexandra, née Alix de Hesse-Darmstadt. Flanquée de son beau-frère, Serge, mais sans son fils, qu'elle aurait abandonné en Roumanie. A l'arrivée à Berlin, Serge aurait subitement disparu, la jetant dans une crise d'angoisse et de désespoir. D'où sa tentative de suicide.

Une histoire à dormir debout, truffée de dates invérifiables, de détails abracadabrantesques, d'approximations innombrables que beaucoup vont avaler pendant des décennies.

Que la mythomanie de l'Inconnue de Dalldorf ait pu faire illusion est d'autant plus étonnant que dès 1922, plusieurs témoignages viennent mettre à mal ses affirmations. Après la baronne Buxhhoeveden, ancienne dame d'honneur d'Alexandra ayant accompagné les Romanov dans leur premier exil sibérien en 1917, et qui, après avoir vu « mademoiselle Inconnue », avait assuré, pâle de colère : « Il y a erreur, ce n'est pas une grande-duchesse », c'était Irène de Prusse qui, en août 1922, avait « tout de suite vu qu'il ne pouvait s'agir d'une de mes nièces ». Or, c'est elle, la sœur de la mère d'Anastasia, que la prétendue Anastasia était supposée être venue retrouver à Berlin…

D'autres faits embarrassants ? Quand on lui propose de jouer du piano, elle assure qu'une blessure l'en empêche désormais. Quand on lui demande quel était le nom du professeur lui ayant enseigné l'art de peindre, elle ne s'en souvient plus. Ces crises d'amnésie partielle lui permettent de se sortir des situations pénibles. *A contrario*, s'agissant de son étonnante maîtrise de la langue allemande, il apparaît bien curieux à certains que la grande-duchesse, incapable d'aligner trois mots d'allemand avant 1917, se révèle soudain une parfaite germanophone (avec certes un léger accent polonais).

A partir de 1926 pleuvent les témoignages défavorables : après avoir rendu visite à Frau Tschaïkowski, la grande-duchesse Olga, sœur de Nicolas II, ne lui trouve elle non plus aucune ressemblance avec sa nièce. Pas plus que le prince Youssoupov (un des assassins de Raspoutine), affirmant « qu'il s'agit d'une aventurière, une hystérique et une malade, doublée d'une comédienne époustouflante ». Ou de l'ancien précepteur du tsarévitch Alexis, Pierre Gilliard, qui, dans son livre *La Fausse Anastasie*, démonte point par point « la machination » ourdie par une « vulgaire aventurière » aux « talents de comédienne hors pair ».

Sur l'identité de cette mythomane, les certitudes manquent, même si un journal allemand, le *Berliner Nachtausgabe*, affirme qu'il s'agit d'une citoyenne polonaise, Franziska Schanskowska, née en décembre 1896 (quatre ans avant la vraie Anastasia), à Borowy Las, en Poméranie.

Détails troublants

Pourtant, tout cela ne suffit pas à éteindre les doutes. Parce que demeurent un certain nombre de détails troublants. « Mademoiselle Inconnue » dit des choses que seuls des intimes ou des membres de la famille impériale peuvent savoir. Par exemple que l'état-major russe avait engagé des négociations secrètes en 1916 avec Guillaume II, qui s'avouait persuadé qu'il ne gagnerait pas la guerre. De même, les enfants du docteur Botkine, exécuté avec les Romanov à Ekaterinbourg, assurent la reconnaître. Et quand un jeune soldat français blessé, Philippe Dassel, se présente à elle un matin sans avoir été annoncé, elle l'appelle immédiatement par le surnom qu'elle lui avait donné lorsqu'elle l'avait croisé dans un hôpital du front dix ans plus tôt : « l'homme aux poches ». Ses partisans se rattachent aussi à l'incroyable annonce qui secoue la Russie en 1926 : ouverte à la demande de Staline, la tombe du tsar Alexandre Ier s'est révélée vide, relançant les spéculations sur sa fausse mort en 1825[3]. Dans un pays traversé depuis des siècles par des rumeurs d'empereurs disparaissant puis réapparaissant ou de vrais-faux usurpateurs, l'affaire Anastasia ne semble pas si extraordinaire que cela. Et sa survie paraît crédible.

En février 1928, « mademoiselle Inconnue » quitte l'Europe pour les Etats-Unis. Le fils du docteur Botkine a convaincu Xenia Georgievna, fille du grand-duc Georges Mikhaïlovitch et mariée à un magnat américain de l'étain

3. Cf. *supra* la contribution de Marie-Pierre Rey.

(William Leeds), de l'accueillir en sa très chic demeure d'Oyster Bay, à Kenwood, près de New York. La presse américaine jubile, trop contente de moquer le scepticisme de son homologue européenne alors que Xenia assure la reconnaître : une cousine de la grande-duchesse Anastasia, voilà un témoignage de poids ! Ce à quoi lui est répondu que les deux femmes ne se sont pas vues depuis 1914, quand Xenia n'avait que 10 ans…

Les autres membres de la famille, eux, s'acharnent : en octobre 1928, douze Romanov signent la déclaration de Copenhague établissant, au lendemain de la disparition de l'impératrice douairière, que « pour nous, proches parents du tsar, il est extrêmement douloureux d'admettre cette réalité : aucun membre de cette branche de notre famille n'est plus de ce monde. Avec quelle joie nous serions prêts à croire que l'un d'eux a survécu au massacre de 1918 ! Nous comblerions de notre tendresse cet unique survivant… Mais s'agissant de la personne en question, le devoir nous oblige à déclarer que son récit n'est que fabulation. Le souvenir de nos chers disparus serait à jamais terni si nous laissions ce récit dénué de tout fondement se répandre et passer pour un fait établi ».

Soirées mondaines à New York

S'ouvre pour celle qui s'est choisi, en août 1928, quand elle s'est installée dans un hôtel élégant de Long Island pour avoir un peu de tranquillité, le patronyme de Mrs Anderson (le prénom Anna, diminutif d'Anastasia, ne viendra que plus tard), une période noire. C'est d'abord sa brouille avec sa « cousine » Xenia, qui l'oblige à trouver de nouveaux hôtes compréhensifs et accueillants. C'est ensuite sa prétention à revendiquer le fameux trésor des Romanov (fantasmagorique et hypothétique, à la différence de celui, bien réel, bloqué notamment à la Banque d'Angleterre depuis la révolution) qui renforce chez ses adversaires (et les Romanov) un sentiment de méfiance virant à l'hostilité. Ce sont ensuite ces semaines où elle fréquente, devant les flashes des photographes alimentant les rubriques *people* des illustrés américains, toutes les soirées mondaines de New York (au Ritz, à l'Opéra, sur la Cinquième Avenue), promettant à tel éditeur son autobiographie, à tel industriel une partie de sa fortune s'il accepte de devenir actionnaire de sa société Grandanor (acronyme de *Grand Duchess Anastasia Nicolaïevna of Russia*). Ce sont enfin ces crises de nerfs et ces caprices répétés qui obligent ses hôtes à la faire enfermer à nouveau dans un hôpital jusqu'à ce qu'elle soit diagnostiquée aliénée, « présentant un danger pour elle-même et pour les tiers ».

En 1930, Mrs Anderson revient presque clandestinement en Europe. Direction : l'Allemagne. Notamment, dans ses dernières années, un village de Forêt-Noire, Unterlengenhardt, où elle vivra dans une paix relative. Non sans avoir flirté avec la Camarde durant la Seconde Guerre mondiale, après une chute de 15 mètres lors d'un bombardement à Hanovre (un journal à la subtilité discutable aura même titré par erreur : « Cette fois, elle est vraiment morte ! »), reçu journalistes de magazines allemands ou de *Paris Match* friands de destins couronnés tragiques, et engagé des procès pour faire reconnaître sa légitimité à s'affirmer la grande-duchesse Anastasia. Elle sera déboutée en 1961, mais la Cour constitutionnelle allemande de Karlsruhe conclura, en 1970, par un *non liquet* signifiant son impossibilité à établir ou à récuser avec certitude l'identité de la plaignante.

« Mademoiselle Inconnue » meurt à Charlottesville, aux Etats-Unis, le 12 février 1984, après avoir épousé un certain John E. Manahan. A sa demande, qui sonne comme le souhait qu'on ne puisse pas analyser ses restes et les comparer avec ceux des Romanov si on les retrouvait un jour, elle est incinérée dans un cimetière de Bavière.

Mythe intact

Son mythe demeure. Des historiens réputés comme Marc Ferro persistent à croire en sa parole, se disant persuadés que Moscou et Berlin avaient procédé à un échange (la vie sauve pour la femme et les enfants de Nicolas II contre la libération des révolutionnaires spartakistes allemands Karl Liebknecht et Leo Jogisches par Max de Bade, cousin du tsar après son mariage avec Marie-Louise de Hanovre) et que tout le monde s'était appliqué ensuite à camoufler la vérité : les Blancs pour entretenir le statut de martyrs et de saints des Romanov, les Rouges pour cultiver leur image de révolutionnaires déterminés, purs et sans concession avec l'ancien régime.

En avril 1989, le réalisateur de télévision Gueli Riabov assure avoir retrouvé dix ans plus tôt les ossements des Romanov dans un bois proche de Sverdlovsk (nom soviétique donné à Ekaterinbourg entre 1924 et 1991), mais il refuse d'en révéler l'emplacement exact.

En juillet 1991, avec le soutien du président Boris Eltsine, le géologue Alexandre Avdonine exhume dans le vallon du Porcelet, situé à mi-chemin entre Ekaterinbourg-Sverdlovsk et le bois des Quatre-Frères, des centaines d'ossements humains formant neuf squelettes comprenant notamment leurs crânes. Parmi eux, celui d'Anastasia Romanov[4].

En 1994, le médecin britannique Peter Gill analyse dans son laboratoire d'Aldermaston des fragments de tissus de « mademoiselle Inconnue » récupérés par le FBI lors de son opération pour une occlusion intestinale en 1979. Après l'avoir comparé avec celui du prince Philip, duc d'Edimbourg et arrière-petit-fils de la tsarine Alexandra, il établit avec certitude que l'ADN d'Anna Anderson ne correspond en rien à celui de la famille Romanov. Quelques semaines plus tard, grâce à des analyses avec l'ADN du petit-fils de Gertrude Schanzkowska, il aboutit à une autre conclusion : « mademoiselle Inconnue » était bien Franziska Schanzkowska, ouvrière polonaise. Qui, sur sa sépulture du cimetière de l'église Saint-Walburg de Seeon, en Bavière, a fait graver cette inscription : « Anastasia Manahan. 1901-1984 ».

L'inscription « Anastasia Romanov. 1901-1918 », elle, figure – depuis 1998 – sur un tombeau de marbre de la crypte de la chapelle Sainte-Catherine, dans la forteresse Pierre-et-Paul, à Saint-Pétersbourg. A côté de ceux de ses parents, de ses trois sœurs et de son petit frère. Tous exécutés, comme elle, par une nuit noire d'été sibérien, en 1918.

---

4. Les deux corps manquants des victimes du massacre d'Ekaterinbourg (ceux du tsarévitch Alexis et de Maria) seront retrouvés en 2007, à quelques centaines de mètres du lieu où avaient été jetés les restes de leurs parents et sœurs.

Bibliographie sélective

Botkine, Tatiana, *Anastasia retrouvée*, Grasset, 1985.

Cars, Jean des, *Nicolas II et Alexandra de Russie*, Perrin, 2015.

—, *La Saga des Romanov*, Perrin, coll. « Tempus », 2015.

Decaux, Alain, *L'Enigme Anastasia, sincérité ou imposture*, Presses Pocket, 1965.

Ferro, Marc, *La Vérité sur la tragédie des Romanov*, Tallandier, coll. « Texto », 2012.

Gilliard, Pierre, *La Fausse Anastasie : histoire d'une prétendue grande-duchesse de Russie*, Payot, 1929.

Grey, Marina, *Enquête sur le massacre des Romanov*, Perrin, 1987.

Kurth, Peter, *La Grande-Duchesse Anastasia, l'histoire d'Anna Anderson*, Belfond, 1988.

Lorrain, Pierre, *La Fin tragique des Romanov*, Bartillat, 2018.

Mary, Luc, *Les Derniers Jours des Romanov*, L'Archipel, 2008.

Sebag Montefiore, Simon, *Les Romanov*, Calmann-Lévy, 2015.

Ross, Nicolas, *Ils ont tué le tsar*, éditions des Syrtes, 2018.

Summers, Anthony et Mangold, Tom, *Le Dossier Romanov*, Albin Michel, 1980.

Wartelle, Michel, *L'Affaire Romanov ou le Mystère de la maison Ipatiev*, Québec, Louise Courteau éditrice, 2008.

XVI

Le cadavre encombrant d'Adolf Hitler

par François KERSAUDY

Après une longue série d'échecs, le Führer du Grand Reich millénaire, ayant décidé de mettre fin à ses jours, avait pris toutes dispositions pour faire disparaître son corps. Ce sera un ultime échec, car son cadavre bien encombrant va beaucoup voyager – et pour certains, il voyage encore…

Le 20 avril 1945, on fête à Berlin le 56e anniversaire du Führer. Etrange célébration en vérité : depuis deux mois, l'homme se cache à 8 mètres sous terre, dans un bunker spécialement aménagé sous l'ancienne chancellerie du Reich, en compagnie d'Eva Braun, de Goebbels, de Bormann et de quelques dizaines de militaires et gardes SS. L'aviation alliée contrôle le ciel et ne lui laisse aucun répit ; 22 armées soviétiques viennent de franchir l'Oder et menacent désormais la capitale depuis le nord, l'est et le sud ; à l'ouest de l'Elbe, ce sont 85 divisions américaines, anglaises, canadiennes et françaises qui se déploient en éventail entre Emden et Nuremberg ; au sud enfin, les armées soviétiques venues de Roumanie et de Hongrie ont atteint Vienne et remontent vers Prague. Pour leur résister, il n'y a plus que des débris d'armées, sans armes lourdes et sans munitions, ainsi qu'une aviation pratiquement à court d'essence. Ce n'est qu'une question de jours avant que Berlin ne soit cernée et l'Allemagne coupée en deux. Au total, on pourrait difficilement concevoir une situation plus désespérée…

La puissance de l'autosuggestion

Ce n'est pas l'avis du Führer, qui affiche un optimisme sans faille : le peuple allemand tout entier ne pense qu'à combattre jusqu'à la dernière minute ; les V1, les V2, les avions à réaction et les nouveaux sous-marins vont inverser le cours de la guerre ; la mort du président Roosevelt, survenue le 12 avril, peut entièrement changer la donne ; les Anglo-Américains seront repoussés derrière le Rhin par une puissante contre-offensive, et les Soviétiques rejetés à l'est de l'Oder par des contre-attaques résolues au nord et au sud de Berlin : « Les Russes, a-t-il dit lors de la conférence de situation du 17 avril, vont connaître devant Berlin la plus sanglante défaite de tous les temps. »

Ce n'est pas tout ; dès le lendemain, devant le général SS Karl Wolff, Hitler a expliqué sa stratégie en ces termes : « Il y aura en Allemagne trois bastions : au centre, sous mon commandement, dans la capitale de Berlin ; au nord, dans le Schleswig-Holstein, au Danemark et en Norvège ; enfin un au sud, comprenant la forteresse alpine. Il ne fait pas de doute que les Russes et les Américains feront bientôt leur jonction quelque part entre ces bastions, et si je juge correctement les Russes, ils ne s'arrêteront jamais aux limites convenues à Yalta. Mais les Américains ne pourront en aucun cas tolérer cela, ils seront obligés de les repousser par la force des armes. […] Et c'est à ce stade que moi, Hitler, je prendrai part à la lutte finale d'un côté ou de l'autre. Je pourrai tenir à Berlin contre l'Est et l'Ouest pendant au moins six semaines, peut-être même huit [...]. Dans l'intervalle, je m'attends à ce qu'un conflit éclate entre les alliés occidentaux et la Russie, après quoi je déciderai du camp que je rejoindrai. »

Il est impossible de savoir si Adolf Hitler croit à sa propre rhétorique ; sans doute s'agit-il d'une puissante forme d'autosuggestion. Mais en ce jour anniversaire du 20 avril 1945, eu égard à la situation militaire, le traditionnel cortège de dignitaires nazis et de diplomates étrangers n'est plus de mise, et seul s'est présenté dans le bunker le dernier carré des fidèles : Keitel, Jodl, Goering, Himmler, Doenitz, Speer, Kaltenbrunner, Ribbentrop, Bormann et le général Krebs, nouveau chef d'état-major. Comme à son habitude, le Führer déplace sur la carte les petits drapeaux représentant des formations de plus en plus fantomatiques : le groupe d'armées Hausser, la 12e armée du général Wenck et le « groupe opérationnel Steiner », qui ne manqueront pas de lancer une grande contre-offensive pour desserrer l'étau soviétique sur Berlin...

Le choc des réalités

Comme toujours, Hitler n'a pas le moindre contradicteur ; mais l'un de ses propos suscite la consternation : « La nuit précédente, notera Albert Speer, il avait été question de renoncer à défendre la capitale, pour aller se retrancher dans le réduit alpin. Mais Hitler venait de décider qu'il mènerait la lutte pour la ville dans les rues de Berlin. Alors, tout le monde s'est mis à clamer qu'il fallait absolument transférer le QG vers l'Obersalzberg, et que c'était le dernier moment pour le faire. » On comprend bien le problème : aucun de ces hauts personnages ne tient à mourir enterré dans un trou à rats au milieu d'une capitale en ruine... Hitler, lui, semble résolu : « Comment puis-je demander aux troupes de livrer la bataille décisive pour Berlin, si je me mets moi-même en sûreté ? »

Mais le Führer a depuis longtemps perdu tout sens de la mesure ; deux millions de soldats soviétiques convergent sur Berlin et, le 22 avril, leurs avant-gardes pénètrent déjà dans les faubourgs de la capitale. Le « groupe opérationnel Steiner », une formation disparate composée de troupes de garnison, de personnel de la Luftwaffe et de très jeunes gens sans expérience du combat, est en outre dépourvu d'armes lourdes, de chars, d'essence et de couverture aérienne ; il ne passe donc pas à la contre-offensive comme prévu, et les nerfs d'Hitler finissent par lâcher. Ce jour-là, à 20 h 45, l'officier de liaison de la Luftwaffe vient informer son supérieur, le général Karl Koller, des derniers développements à l'intérieur du bunker : « Le Führer s'est effondré ; il considère maintenant le combat comme désespéré. Mais il ne veut pas quitter Berlin. [...] Quand les Russes arriveront, il en tirera les conséquences et se suicidera. » C'est exact ; il a même ajouté qu'il ne pouvait combattre pour des raisons physiques, et aussi parce qu'il ne voulait pas risquer d'être blessé et de tomber entre les mains de l'ennemi. Il a donc décidé de rester à Berlin pour diriger la défense de la ville, et de se tirer une balle dans la tête au dernier moment... Il est vrai que l'homme n'a plus grand-chose à perdre ; à 56 ans, il ressemble à un vieillard brisé, bouffi, voûté, épuisé et nerveux, qui a perdu le sens de l'équilibre et peine à retenir les tremblements compulsifs de son bras gauche.

Les événements des jours suivants vont le conforter dans sa résolution : depuis le sud, l'est et le nord, trois groupes d'armées soviétiques progressent inexorablement vers le Reichstag en écrasant tout sur leur passage, et la chancellerie du Reich elle-même est désormais sous le feu sporadique de l'artillerie soviétique à longue portée; la 12e armée de Wenck et la 9e armée de Busse, sur lesquelles Hitler fondait tous ses espoirs, se désagrègent à l'est et à l'ouest de la capitale, puis tentent de se replier en direction de l'Elbe – où les troupes américaines et soviétiques font leur jonction le 25 avril; la plupart des dignitaires nazis ont pris le large, Goering s'est offert à négocier avec les Américains, et Radio Stockholm, reprise par la BBC, annonce trois jours plus tard la trahison du Reichsführer SS Himmler lui-même; enfin, le 29 avril, Hitler est informé du fait que Mussolini a été capturé et exécuté la veille par les partisans italiens; certains détails précis sur la profanation de son corps confortent sans doute le Führer dans sa décision de faire disparaître ses propres restes après son suicide. La nuit précédente, alors qu'il n'était plus entouré que d'Eva Braun, de Goebbels, de Bormann, de ses secrétaires et de sa garde SS, il a dicté son testament, dans lequel il désignait comme successeur l'amiral Doenitz, sans laisser le moindre doute quant à ses propres intentions… Faudra-t-il choisir le pistolet ou le poison pour prendre définitivement congé ? Et le poison est-il vraiment efficace ? L'homme qui a craint toute sa vie d'être empoisonné redoute à présent de ne pas l'être; il fait donc avaler le contenu d'une ampoule de cyanure à sa chienne Blondi, qui tombe foudroyée.

Götterdämmerung : *le Crépuscule des Dieux*

Le 30 avril vers 15 h 30, alors que les tanks soviétiques ne sont plus qu'à 200 mètres du bunker, Hitler prend congé de son entourage et s'enferme dans son bureau en compagnie d'Eva Braun, épousée la veille ; celle-ci absorbe une des ampoules de cyanure, tandis qu'Hitler porte un pistolet 7.65 à sa tempe ; deux précautions valant mieux qu'une, il a sans doute absorbé du cyanure au préalable[1]… Ayant ou non entendu la détonation, le valet Linge, l'aide de camp Günsche et Martin Bormann pénètrent dans le bureau et trouvent le couple mort sur le canapé bleu à fleurs, face à la porte d'entrée ; il flotte dans l'air une odeur d'amande amère caractéristique d'un empoisonnement au cyanure, Hitler a un petit trou dans la tempe droite « de la taille d'une pièce d'un pfennig », et son sang a coulé le long du côté droit du canapé. Bormann, Linge et Günsche enveloppent les cadavres dans des couvertures grises et, avec l'aide du chauffeur Kempka et du chef des Jeunesses hitlériennes Axmann, ils les remontent jusqu'à l'issue de secours, les déposent à environ 3 mètres de l'entrée donnant sur le jardin de la chancellerie, les aspergent de 180 litres d'essence et y mettent le feu. Ayant brûlé pendant trois heures au milieu d'un intense bombardement, les restes des cadavres sont ensuite enterrés à la hâte par deux gardes SS dans un trou d'obus tout proche. *Finis Historiae.*

Finis ? En fait, l'histoire ne fait que commencer… Vers 2 heures au matin le 1er mai, le chef d'état-major Krebs traverse les lignes soviétiques sous un drapeau blanc, et est escorté jusqu'au PC du général Tchouikov, commandant de la 8e armée de la Garde[2]. Krebs l'informe qu'Hitler s'est suicidé la veille, après avoir désigné comme successeur l'amiral Doenitz. Le chef d'état-major allemand veut négocier un cessez-le-feu, mais la réponse

1. Selon le témoignage du docteur Schenck, présent dans le bunker durant les derniers jours.

2. Intégrée dans le 1er front biélorusse du maréchal Joukov.

de Tchouikov est catégorique : il n'y a d'alternative que la capitulation sans condition ou la reprise des hostilités. Tchouikov ayant informé son supérieur de la mort d'Hitler, Joukov téléphone à Staline vers 4 heures du matin pour lui annoncer la nouvelle. Réponse du dictateur rouge : « Bien fait pour ce salopard ! Dommage qu'on n'ait pas pu le prendre vivant. Où est le cadavre ? » A ce moment précis, personne n'en sait rien. C'est le lendemain 2 mai que les défenseurs de Berlin capitulent, et les soldats soviétiques peuvent investir le bunker. Ils y trouvent le corps du général Krebs, qui s'est suicidé, ainsi que les cadavres imparfaitement carbonisés de Goebbels et de son épouse, également suicidés après avoir empoisonné leurs six enfants. Mais d'Hitler, aucune trace…

L'homme le plus recherché d'Allemagne

Pendant les deux mois qui suivent, les Soviétiques restent seuls maîtres de Berlin, et lorsque les alliés anglo-américains sont enfin admis à y pénétrer, à partir du 4 juillet, ils ne savent rien des circonstances de la disparition d'Hitler. Il est vrai que les Soviétiques se montrent très peu coopératifs, et lorsque le bras droit du président Roosevelt, Harry Hopkins, rencontre Staline le 26 mai, celui-ci lui confie : « A mon avis, Hitler n'est pas mort, mais se cache quelque part. » Le 6 juin, à Berlin, le maréchal Joukov annonce bien lors d'une conférence de presse que le cadavre d'Hitler a été retrouvé et identifié, mais il se rétracte trois jours plus tard, après avoir reçu la visite d'un émissaire de Staline, le très sinistre Andreï Vychinski : « Finalement, corrige le maréchal, Hitler doit se trouver en Espagne ou en Argentine. » C'est également ce que dira Staline à Churchill et à Truman lors de la conférence de Potsdam cinq semaines plus tard.

Voilà une version qui déplaît foncièrement aux autorités britanniques : la possibilité qu'Hitler se soit réfugié à l'Ouest est susceptible de nuire à l'image des alliés occidentaux, et de favoriser une éventuelle renaissance du nazisme en Allemagne. C'est pourquoi les services de renseignements de Sa Majesté dans le secteur britannique de Berlin chargent un jeune historien ayant servi dans le MI6 pendant la guerre, Hugh Trevor Roper, de reconstituer les circonstances de la disparition d'Hitler. Pendant trois mois, celui-ci va se mettre en devoir d'interroger ou de faire entendre toutes les personnes ayant approché le Führer de près ou de loin au cours des derniers jours du siège de Berlin. Bien sûr, la plupart des hautes personnalités ont disparu : Goebbels, Himmler, Bormann, les généraux Krebs et Burgdorf; mais les Anglo-Américains ont mis la main sur Goering, Ribbentrop, Keitel, Jodl et Speer, qui peuvent tous être auditionnés. Par ailleurs, si la plupart des seconds couteaux comme Günsche, Linge, le pilote Baur, le vice-amiral Voss ou le chef du service de sécurité SS Rattenhuber ont été capturés par les Soviétiques, il reste aux mains des alliés occidentaux le chauffeur Kempka, le colonel de la Luftwaffe von Below, l'aviatrice Hanna Reitsch, la secrétaire d'Hitler Gerda Christian et celle de Bormann Else Krueger, ainsi que les gardes SS Karnau et Mansfeld, qui ont été témoins des derniers stades de la crémation. Tous parlent sans trop de difficulté de ce qu'ils ont vu et entendu lors des derniers jours dans le bunker, grâce à quoi le major Trevor Roper est en mesure de reconstituer les derniers jours d'Hitler tels que nous les avons décrits plus haut. Pour lui, il n'y a guère de doute : le Führer s'est bien suicidé en se tirant une balle dans la tête… Mais il manque la pièce maîtresse : son cadavre.

Au début de novembre 1945, le major présente les résultats de ses investigations dans un rapport circonstancié, qui est ensuite remis à tous les Alliés – Soviétiques compris. Si les autorités de Sa Majesté espéraient une quelconque réciprocité de la part de Moscou, elles seront amèrement déçues : un rideau de fer s'est abattu sur le bunker et ses anciens occupants.

Une découverte intéressante

Sans que les Occidentaux le sachent, il s'est produit bien des choses derrière ce rideau depuis la reddition des défenseurs de Berlin. Le 4 mai, le lieutenant-colonel Klimenko et plusieurs soldats appartenant au 79e corps du Smersh[3] de la 3e armée d'assaut ont voulu voir l'endroit où avait été trouvé le cadavre de Goebbels, près de la sortie de secours du bunker. A 3 mètres de cette sortie, sur la gauche, un soldat remarque un trou d'obus recouvert de terre meuble qui semble avoir été récemment pelletée. Il saute dessus et la terre laisse apparaître les cadavres calcinés d'un homme et d'une femme, enveloppés dans des couvertures grises ; mais ils sont méconnaissables, et une rumeur veut que le corps d'Hitler ait déjà été découvert. Les soldats réenterrent donc les restes, mais dès le lendemain, le lieutenant-colonel Klimenko apprend que le « corps d'Hitler » déjà découvert n'est pas le bon ; il comprend son erreur et renvoie ses soldats à la chancellerie pour redéterrer les deux cadavres, qui sont placés dans deux caisses en bois chargées discrètement dans un camion au cours de la nuit du 5 au 6 mai – en

3. Contraction de *Smert' Chpionam* (« Mort aux espions »), le service de contre-espionnage de l'Armée rouge.

même temps que les restes du chien-loup d'Hitler et du scotch terrier d'Eva Braun, découverts à proximité.

Deux jours plus tard, à quelques heures de la capitulation allemande, les deux corps sont autopsiés, en même temps que ceux du couple Goebbels et du général Krebs, dans une clinique de la banlieue berlinoise de Buch. Le secret demeurant absolu, les médecins légistes du 1er front de Biélorussie ne savent même pas à qui ils ont affaire, mais leur rapport, daté du 8 mai 1945, comporte les passages suivants : « Le cadavre ayant brûlé, il est difficile d'établir l'âge de la personne, mais on peut l'évaluer à 50 ou 60 ans, la taille étant de 165 cm (les mensurations sont imprécises en raison de la carbonisation des tissus). Le cadavre est en état avancé de calcination, et il en émane une odeur de chair brûlée. [...] Dans la bouche ont été découverts des éclats de verre correspondant à des fragments [...] d'une ampoule de verre fin. » Les légistes notent aussi « l'odeur typique d'amande amère », et précisent que « les examens médico-légaux des organes internes ont établi la présence de cyanure ». Ayant constaté qu'il manquait un morceau de la partie postérieure gauche du crâne et qu'aucun autre signe évident de lésions mortelles n'était constaté, les experts concluent que la mort est due à un empoisonnement au cyanure.

Ce n'est pourtant pas tout ; la mâchoire et les dents du sujet étant restées pratiquement intactes, les médecins les ont détachées du crâne, et le colonel du Smersh Gorbouchine a confié ces restes à son interprète, le lieutenant Elena Kagan ; sa mission : retrouver le dentiste d'Hitler, seul à même de procéder à une identification fiable. Ce dentiste, le docteur Blaschke, est parti se réfugier à Berchtesgaden, mais le lieutenant Kagan parvient à retrouver son assistante, Käthe Heusermann, qui reconnaît aisément la dentition du Führer, et fournit en outre aux enquêteurs les radiographies de sa mâchoire, conservées dans le petit cabinet du docteur Blaschke sous la chancellerie. Dès lors, la comparaison ne laisse guère de place au doute, ainsi que l'expose le chef du Smersh du 1er front biélorusse dans son rapport du 27 mai adressé à Moscou, en même temps que la mâchoire du Führer. Mais il n'est pas question de rendre tout cela public : on sait que Staline a d'autres idées, et le maréchal Joukov lui-même ne sera informé de rien…

Dans l'intervalle, les restes du couple Goebbels, de leurs enfants, de Krebs, d'Hitler, d'Eva Braun et de leurs deux chiens ont connu bien des pérégrinations : d'abord enterrés dans le quartier de Buch, ils sont déterrés le 15 mai, lorsque le 79e corps du Smersh est réaffecté dans le secteur de Finow, à 60 kilomètres au nord de Berlin ; c'est là que sont réenterrées toutes les caisses contenant les corps. Mais le 23 juin, nouvelle affectation, cette fois à 80 kilomètres à l'ouest de Berlin ; les hommes du Smersh déterrent donc à nouveau leurs trophées, et les enterrent « définitivement » dans une forêt proche de la ville de Rathenow…

Reconstitution à haut risque

Mais dans l'obscur labyrinthe du système soviétique, rien n'est jamais définitif – sauf les rivalités mortelles entre hiérarques staliniens. En l'occurrence, le chef du Smersh, Viktor Abakoumov, bien que dépendant en principe du NKVD[4], rend compte directement à Staline, ce qui constitue une menace permanente pour Lavrenti

4. *Narodnyi Komissariat Vnoutrennykh Del* : commissariat du peuple aux Affaires intérieures.

Beria, le chef de ce même NKVD. Or, un événement survenu au début de novembre 1945 va donner à ce dernier une occasion de prendre l'ascendant sur son adversaire ; les Britanniques ont transmis à leurs homologues soviétiques le rapport du major Trevor Roper sur les derniers jours d'Hitler, dont on connaît les conclusions : le Führer s'est suicidé en se tirant une balle dans la tête. Il n'est donc pas question d'empoisonnement au cyanure, comme le prétendait le rapport du Smersh en date du 27 mai précédent. Il s'agit dès lors de semer dans l'esprit du très paranoïaque Joseph Staline un doute quant à la fiabilité des services d'Abakoumov ; ils auraient fait un mauvais diagnostic, ou pis : ils se seraient trompés de cadavre ! Mais un rapport établi par les ploutocrates britanniques pouvant se révéler contre-productif en tant que base d'une attaque en règle, Beria charge au début de janvier 1946 Sergueï Krouglov, son successeur au sein du NKVD (devenu le MVD, ministère des Affaires intérieures), de faire mener une contre-enquête sur place : ce sera l'opération « Mythe ».

Les agents du MVD chargés d'éclairer les circonstances de la disparition d'Hitler partent pour Berlin en mai 1946 avec des instructions très précises : procéder à l'inspection minutieuse du bunker et de ses meubles ; réinterroger tous les témoins, et notamment le valet Linge ; étudier soigneusement le lieu de la découverte des cadavres dans le jardin de la chancellerie ; faire exhumer les corps et procéder à une nouvelle autopsie médico-légale, afin de déterminer les causes de la mort. A première vue, personne ne pourrait s'opposer à une mission aussi strictement définie par le chef du ministère des Affaires intérieures. Mais ce serait mal connaître le rapport de forces au sein de la hiérarchie soviétique : de simple chef du contre-espionnage, Abakoumov est devenu à la fin de 1945 ministre de la

Sécurité d'Etat (MGB), et ce favori de Staline ne craint pas de s'opposer aux hommes de Beria ; en l'occurrence, il n'est nullement disposé à restituer « son » cadavre pour qu'il soit soumis à une nouvelle expertise, et le 21 février 1946, il prend les devants en faisant déterrer une cinquième fois tous les corps enfouis dans la forêt près de Rathenow. Le procès-verbal de l'exhumation, dûment signé des exécutants, précise que « les corps susmentionnés contenus dans des caisses en bois sont en état de décomposition partielle, et ont été acheminés en l'état jusqu'à la ville de Magdebourg, pour être remis au QG de la section "Smersh" du contre-espionnage de l'armée, où ils ont été réenterrés dans une fosse profonde de 2 mètres creusée dans la cour d'un bâtiment sis au numéro 36 de la Westendstrasse, près du mur sud de la cour, à 25 mètres à l'est du mur du garage de la maison. La fosse a été comblée et nivelée jusqu'à se fondre avec le relief du terrain alentour ».

Les hommes du ministère de l'Intérieur devront donc se faire une raison : le cadavre est maintenant hors d'atteinte... Mais le bunker de la chancellerie ne l'est pas, et les experts se mettent au travail : tous les meubles du bureau d'Hitler sont désossés, et notamment le canapé bleu à fleurs, dont la base du cadre et l'accoudoir droit laissent apparaître de larges traces de sang séché. Et puis, en remuant la terre devant la sortie de secours du bunker, presque exactement à l'endroit où a été brûlé le cadavre d'Hitler, ils découvrent, à une profondeur de 60 cm, deux ossements qui s'emboîtent parfaitement pour n'en former qu'un seul : il s'agit de la partie postérieure d'un crâne, l'os pariétal, et il possède un double intérêt : c'est celui qui était signalé comme manquant dans le rapport d'autopsie du « présumé » cadavre d'Hitler le 8 mai, et il est percé d'un trou correspondant parfaitement à l'orifice de sortie d'un projectile…

Hélas ! Aucune comparaison n'est possible avec le reste du crâne, si jalousement gardé par les tchékistes du MGB à Magdebourg, ou avec la mâchoire, expédiée à Moscou et conservée à la Loubianka. Comme en outre les nouveaux interrogatoires du valet Linge, de l'aide de camp Günsche et du pilote Baur, épuisés par onze mois de mauvais traitements, n'ont apporté que des renseignements contradictoires, la commission du MVD finit par conclure… qu'il est impossible de tirer des conclusions définitives de tout cela. Ce n'est donc pas la machine de guerre contre Abakoumov qu'espérait Krouglov, qui juge plus prudent de classer l'ensemble du dossier. Seul demeure le fragment de crâne percé en son centre, qui est envoyé au siège du MVD à Moscou, et finit par échouer dans un coffre des archives centrales d'Etat, accompagné d'un petit morceau de papier portant l'inscription : « Ceci est un morceau du crâne d'Adolf Hitler. Il doit être transféré aux archives d'Etat. » Staline l'a-t-il vu dans l'intervalle ? Personne ne le sait…

Les années passent, et le 5 avril 1970, sur décision du chef du KGB Youri Andropov, les restes enterrés sous la cour du numéro 36 de la Westendstrasse à Magdebourg sont exhumés pour la sixième fois dans le plus grand secret, transportés 11 kilomètres plus loin jusqu'à un terrain vague situé à proximité de la ville de Schönebeck, brûlés sur un bûcher, réduits en cendres, broyés et jetés dans la rivière Biderin. Pour quelle obscure raison ? *Nieizviestno* – on n'en sait rien ! Mais dès lors, il ne resterait plus du Führer du Reich millénaire qu'un os pariétal conservé dans une boîte à disquettes aux archives centrales d'Etat de l'URSS, et une mâchoire carbonisée cachée dans une boîte à chaussures au fond des archives du KGB… Et encore ces restes n'ont-ils pas été scientifiquement authentifiés.

Identification implicite

En 1968, le journaliste Lev Bezymenski, présenté comme un ancien interprète de l'Armée rouge, fait paraître un ouvrage intitulé *La Mort d'Adolf Hitler.* On y trouve quelques affirmations absurdes – comme le fait que l'autopsie du cadavre carbonisé d'Hitler aurait révélé qu'il n'avait qu'un testicule –, mais aussi des photos de la mâchoire du Führer, qui ont manifestement été fournies à l'auteur par les autorités soviétiques. Or, quatre ans plus tard, deux scientifiques norvégiens spécialisés dans l'odontologie médico-légale, Sognaes et Strøm, se font fort de percer le mystère : en comparant les radiographies dentaires trouvées par les Américains dans le cabinet du dentiste d'Hitler à Berchtesgaden et les photos de la mâchoire publiées dans le livre de Bezymenski, ils concluent que la formule dentaire est parfaitement identique dans les deux cas, ce qui permet de lever bien des doutes entretenus en Occident jusqu'alors.

Mais l'os pariétal pose davantage de problèmes : en 2009, une équipe de chercheurs américains est discrètement admise dans les archives centrales d'Etat et autorisée à examiner le fragment de crâne, ce qui lui permet de conclure qu'il a dû appartenir à une femme âgée de moins de 40 ans ! Seulement, en 2017, l'anatomo-pathologiste français Philippe Charlier peut l'examiner à son tour, et il est nettement moins catégorique : selon lui, il est impossible de déterminer un sexe et un âge en se basant uniquement sur un tiers de crâne; par contre, le professeur Charlier peut constater que cet os pariétal a été exposé de façon prolongée à une très haute température, et que l'orifice percé en son centre correspond à l'impact de sortie d'un projectile tiré de bas en haut. En d'autres termes, l'hypothèse d'une jeune fille qui se serait logé une balle dans la tête devant la sortie de secours du bunker d'Hitler avant d'être soumise à une longue crémation n'emporte plus la conviction…

Un doute bien rentable

Koniets filma ! Fin du film ? Nullement : l'ensemble des pratiques politiques et policières en vigueur dans l'ancienne URSS n'ayant guère évolué dans la nouvelle Russie, il n'est pas question de procéder à une analyse ADN des éléments conservés dans les archives centrales d'Etat et dans celles du FSB. Voilà qui permet de continuer à entretenir le fantasme de la survie d'Hitler après 1945 ; de nos jours, des titres comme *Hitler n'est pas mort à Berlin*, *L'Evasion d'Adolf Hitler* et *Hitler en Argentine* restent très demandés par les amateurs du genre, ils sont constamment réimprimés et traduits en de nombreuses langues. L'incertitude bénéficie donc aux éditeurs de fictions historiques, mais une chose au moins reste établie : si Hitler s'est bien enfui en Argentine à l'été de 1945, il n'a pu le faire que sans sa mâchoire – et probablement sans le tiers postérieur gauche de son crâne… *Glückliche Reise*[5] !

5. « Bon voyage ! »

Bibliographie sélective

Bezymenski, Lev, *The Death of Adolf Hitler*, Londres, Michael Joseph, 1968.

Brisard, Jean-Christophe et Parshina, Lana, *La Mort d'Hitler*, Fayard, 2018.

Kadari, Yannis et Kersaudy, François, *Tous les secrets du IIIe Reich*, Perrin, 2017.

Kershaw, Ian, *Hitler,* Flammarion, 2011.

Linge, Heinz, *With Hitler to the end*, Londres, Frontline, 2009.

Schaub, Julius, *In Hitlers Schatten*, Stegen, Druffel & Vowinckel Verlag, 2010.

Speer, Albert, *Au cœur du Troisième Reich*, Fayard, 2011.

Trevor-Roper, Hugh, *The Last Days of Hitler*, Londres, MacMillan, 1947. Traduction française : *Les Derniers Jours de Hitler*, Tallandier, coll. « Texto », 2013.

Vinogradov, V.K. *et al.*, *Hitler's Death*, Londres, Chaucer Press, 2000.

XVII

L'assassinat du président Kennedy : du mystère à l'Histoire

par Thierry LENTZ

27 novembre 1963, palais de l'Elysée.

Retour de Washington où il a assisté aux obsèques de John Kennedy, assassiné à Dallas cinq jours plus tôt, Charles de Gaulle livre à Alain Peyrefitte ses impressions sur une affaire qui bouleverse le monde entier : « Ça a l'air d'être une histoire de cow-boys, mais ce n'est qu'une histoire d'OAS [...]. *On ne saura jamais la vérité. Car elle est trop terrible, trop explosive; c'est un secret d'Etat. Ils feront tout pour la cacher; c'est un devoir d'Etat. Sinon, il n'y aurait plus d'Etats-Unis*[1]. » *Si on y ajoute ses considérations sur l'assassin désigné, Lee Oswald, joliment qualifié de* « minus habens », *et son opinion sur Jack Ruby, qui l'élimina dans les locaux de la police de Dallas, jugé comme un « indicateur qui n'avait rien à refuser », le Général identifie, dès les premiers jours, les doutes que susciteront les développements d'un des grands mystères du siècle et les grandes lignes de l'épreuve que devront surmonter les autorités et le peuple états-uniens.*

1. Alain Peyrefitte, *C'était de Gaulle*, Gallimard, 2002, 27 novembre 1963.

L'affaire Kennedy a duré une quarantaine d'années, quatre décennies d'enquêtes et contre-enquêtes, de révélations fracassantes ou insignifiantes, d'hypothèses invraisemblables ou plausibles, de découvertes stupéfiantes et de fausses pistes. Elle fut un traumatisme aux échos interminables pour une population convaincue d'être modèle en tout, confrontée des années durant à l'opacité des pouvoirs d'Etat, à sa propre violence, aux dégâts causés par la défaite au Vietnam, à une chaîne de meurtres politiques modifiant le destin de la nation (dont Martin Luther King en avril 1968 et Robert Kennedy en juin suivant), aux révélations incessantes sur les agissements de la « communauté du renseignement » pourtant magnifiée par Hollywood, au choc du Watergate et à tant de coups rongeant des certitudes que l'on croyait bien ancrées. Nombre d'Américains se prirent à douter de leur démocratie, certains contestant brutalement le « modèle », d'autres démissionnant en masse de leurs responsabilités citoyennes, y compris en s'évadant dans les vapeurs de la marijuana ou autres paradis infernaux. Enfin, peu à peu, au moins pour l'affaire Kennedy, les acteurs vieillirent puis disparurent, le maelström des reportages, articles et livres finit par lasser, favorisant la « reprise en main » historiographique, pour ne pas dire idéologique, des années Reagan. L'ancien acteur promettait le « retour de l'Amérique » *(America is back !)*, qui exigeait que, bon gré, mal gré, on cesse de triturer ses plaies. C'est ce que fit pourtant le réalisateur Oliver Stone, en 1991, avec son film *JFK*, qui, bien que descendu en flammes par la critique bien avant sa sortie (le scénario avait été dérobé), fut un ultime coup de tonnerre qui obligea Bill Clinton à ouvrir les dossiers secrets, montagne de documents – pas loin d'un million de pages – qui accoucha d'une souris, mais peu importe : grâce à cet artifice politicien, la tension retomba enfin. Les chercheurs, les enquêteurs non officiels, les thèses insolites (dont quelques-unes aidées, sinon suscitées par les « services » pour ajouter au trouble) finirent par être pris à la légère. Et pour tourner définitivement la page, le 11 septembre 2001 remplaça la tragédie de Dallas et ses suites par une autre.

Passions refroidies, le drame appartient de plus en plus aux historiens, qui disposent du recul nécessaire, d'une masse documentaire exceptionnelle, de témoignages à foison et d'une littérature secondaire infinie.

La première année

Pour nos lecteurs les plus jeunes ou ceux qui auraient joué les Belles au bois dormant pendant toutes ces années, un rappel des faits bruts s'impose.

Le vendredi 22 novembre 1963, alors qu'il traversait dans une voiture découverte la ville texane de Dallas, le 35e président des Etats-Unis, John Fitzgerald Kennedy, 46 ans, fut assassiné de plusieurs balles. Quelques heures plus tard, un suspect, Lee Harvey Oswald, 24 ans, fut appréhendé et accusé du meurtre. Le 24 novembre, alors qu'on le transférait du commissariat à la prison de Dallas, il fut à son tour abattu, devant les caméras de la télévision, par un tenancier de boîte de nuit, Jack Ruby. L'homme donna comme mobiles à son acte que la mort du président l'avait dévasté, que le sourire d'Oswald (en fait un rictus permanent) le mettait en rogne et qu'il voulait éviter un procès public à Jacqueline Kennedy, la femme du président défunt – elle-même une rescapée puisqu'elle était à côté de lui dans la voiture lors de la fusillade. Condamné à mort en mars 1964, Ruby mourra en prison le 3 janvier 1967, d'un cancer foudroyant, à quelques mois d'un second procès. Et comme il avait négocié avec l'accusation pour échapper à la peine de mort, il avait gardé le silence – ou presque – pendant ses années de détention. On n'en avait donc guère appris plus de sa bouche sur ses motivations.

Entre-temps, le 29 novembre 1963, inquiet des réactions du public et pour couper l'herbe sous le pied du Congrès qui envisageait de lancer ses propres investigations, le successeur de Kennedy, son vice-président Lyndon Johnson, avait nommé, comme il en avait le pouvoir, une commission d'enquête présidentielle de sept membres, dirigée par le président de la Cour suprême, le *Chief Justice* Earl Warren.

La commission rendit ses conclusions le 27 septembre 1964 : Oswald avait agi seul, parce qu'il était à la fois (un peu) dérangé et (beaucoup) militant castriste ; Ruby était lui aussi un « loup solitaire », dont les mobiles étaient bien ceux qu'il avait balbutiés dès son arrestation. Il n'y avait donc pas eu de conspiration pour assassiner le Président. Le 24 novembre 1964, un an jour pour jour après la mort d'Oswald, furent publiés les 26 volumes de pièces et d'annexes du rapport principal, qui, lui, était disponible depuis septembre. Deux semaines plus tôt, Johnson avait été élu président des Etats-Unis contre le républicain John Tower, avec 58 % des voix. La vie des institutions pouvait reprendre et le 36e président poursuivre l'œuvre de son prédécesseur. L'Amérique croyait pouvoir respirer.

Un second rapport officiel

Dès le tragique week-end de novembre 1963, l'opinion américaine et mondiale s'était étonnée de la réussite avec laquelle un tireur, posté derrière une fenêtre du 5e étage d'un immeuble devant lequel le cortège venait de passer, avait fait mouche, officiellement à deux reprises, un troisième tir s'étant perdu sur un trottoir en blessant un badaud ; de l'impéritie du service de protection dans une ville où, pourtant, on ne cessait de menacer un Président pas loin d'être considéré comme un crypto-communiste par les activistes d'extrême droite ayant à Dallas pignon sur rue. Il y avait aussi de quoi s'étonner de la rapidité avec laquelle on avait identifié et arrêté Oswald : son signalement, assez banal (homme blanc, grand et maigre), avait miraculeusement permis son identification et son arrestation, deux heures après l'assassinat de Kennedy, dans un cinéma où il était entré sans payer. On l'accusa d'abord du meurtre d'un agent de police, J.D. Tippit, survenu une heure plus tôt, avant de découvrir que son propre fusil avait été retrouvé dans l'immeuble d'où étaient partis les coups de feu sur le Président. Et que dire de la facilité avec laquelle Ruby s'était approché de lui dans le sous-sol du commissariat pour lui loger une balle dans l'abdomen ? On mettait en doute les mobiles respectifs des deux hommes. Le premier ne pouvait plus contredire personne, mais son passé et son emploi du temps de l'automne 1963 restaient nébuleux. Concernant le second, il n'y avait nul besoin d'être lecteur de romans policiers ni conspirationniste (comme on ne disait pas encore) pour supputer qu'il avait voulu faire taire Oswald et protéger d'éventuels commanditaires du meurtre de Kennedy.

La constitution de la commission Warren, loin de calmer les esprits, les enflamma : l'acceptation du président de la Cour suprême de la conduire blessait la séparation des pouvoirs ; la nomination d'Allen Dulles, ancien patron de la CIA destitué par Kennedy – qu'il haïssait – après l'échec du débarquement anticastriste de la baie des Cochons (avril 1961), étonnait; le fait que toute l'enquête ait été exclusivement confiée au FBI *(Federal Bureau of Investigation)*, ce qui empêchait la commission d'avoir ses propres limiers, fut critiqué, d'autant que l'aversion du directeur du « Bureau », J. Edgar Hoover, pour les frères Kennedy – Robert, le cadet, était ministre de la Justice – n'était un secret pour personne; plus tard encore on allait être surpris d'apprendre que les membres de la commission avaient été peu assidus, se reposant sur Dulles, Warren et leur principal secrétaire, l'avocat Lee Rankin. D'aucuns pensaient qu'un tel dispositif avait servi à étouffer de gênantes et inavouables culpabilités.

La publication du rapport Warren et de ses 26 volumes annexés, si elle calma la grande presse et imposa le silence aux « officiels », ne fit en réalité que relancer l'affaire, et troubler une opinion américaine qui, jusqu'à aujourd'hui, doute majoritairement de ses conclusions. Elle provoqua une cascade de contre-enquêtes et de publications qui finirent par créer des doutes pas toujours ordonnés et cohérents, mais en tout cas légitimes. Même si elle tourna court, l'enquête lancée à La Nouvelle-Orléans – ville d'adoption d'Oswald avant son déménagement à Dallas – par le procureur Jim Garrison, dont Oliver Stone fera plus tard le héros de son *JFK*, attira l'attention sur les errements et manipulations des agences de renseignements et les liens qu'elles entretenaient avec l'entourage d'Oswald. Ce faisceau de contestations, de doutes et de révélations poussa la Chambre des représentants à reprendre l'enquête quatorze ans après les faits, par le biais d'une commission présidée par le représentant de l'Ohio Louis Stokes. Après deux années de travail, elle estima que Martin Luther King et John Kennedy avaient chacun été victimes de « conspirations ». Concernant le Président, le rapport concluait : « Le Comité croit, sur la base des preuves dont il a pu disposer, que le président John F. Kennedy a probablement été assassiné dans le cadre d'une conspiration [...]. Le juge à la Cour suprême Oliver Wendell Holmes a simplement défini la conspiration comme "un partenariat dans un but criminel". [...] Si deux individus ou plus se sont entendus pour agir contre la vie du président Kennedy, et si, finalement, l'un d'eux est passé à l'exécution du plan et qu'il en soit résulté la mort du président Kennedy, le président aurait été assassiné dans le cadre d'une conspiration [...]. Partant, une recherche des complices d'Oswald est nécessaire [...]. » Et la commission Stokes de demander au FBI de reprendre en ce sens ses investigations... ce que le bureau fédéral ne fera jamais sérieusement.

Quoi qu'il en soit, les 27 volumes de la commission Warren et les 13 volumes de la commission Stokes constituent des matériaux essentiels à l'historien, avec des centaines de rapports, interrogatoires, expertises, transcriptions d'enregistrements, photos et même des films. Car, nul ne l'ignore, plusieurs pièces à conviction sont des films en 35 mm, dont le plus fameux est celui d'Abraham Zapruder, un curieux présent par hasard sur la « scène de crime » qui capta l'ensemble de la fusillade. On ajoutera encore au travail documentaire indispensable les vagues de déclassifications décidées par les présidents Clinton et Obama, soit quelques centaines de milliers de documents supplémentaires, même si, en l'espèce, les différentes agences ont pu masquer (au marqueur noir) les informations sensibles. Cette manne est aujourd'hui entièrement numérisée et accessible sur Internet.

Rangeons encore dans la catégorie « littérature officielle » les minutes et interrogatoires de l'enquête Garrison mais aussi quelques décisions de justice rendues notamment à l'occasion de procès en diffamation. C'est ainsi que lors de celui opposant *Spotlight* au fameux Howard Hunt, acteur de l'affaire du Watergate accusé par le magazine d'avoir été à Dallas le 22 novembre 1963, l'avocat progressiste Mark Lane obtint la comparution des responsables de la CIA (*Central Intelligence Agency*, renseignement extérieur) de l'époque et put les interroger longuement, parfois à leur détriment.

Doutes raisonnables

On le voit, un chercheur ne manquerait pas de matière... à condition de consacrer plusieurs années à tout voir, à tout lire, à analyser et à croiser. Il lui faudrait sans doute aussi trier et – pourquoi pas – choisir entre les principales hypothèses développées depuis cinquante-six ans, qui ne sont pas toutes, loin s'en faut, le fait de farfelus ou de conspirationnistes au front bas. Car chacun sait que subsistent sur les conclusions de la commission Warren ce que les pénalistes américains appellent des « doutes raisonnables », souvent pointés d'ailleurs par les autres rapports officiels. Nous ne pouvons ici qu'en donner un bref aperçu.

Trois ou quatre tirs ? Pour la commission Warren, Oswald a tiré trois fois sur Kennedy : une balle l'a atteint en haut du dos, une s'est perdue, la dernière, mortelle, l'a touché à la tête. Grâce au film Zapruder, on sait que la fusillade dura six secondes. Réaliser ces tirs parfaits avec un fusil tel que celui d'Oswald, dont la lunette était mal réglée, relève de l'exploit. La commission Stokes a quant à elle conclu qu'il y avait eu quatre tirs, notamment sur la base d'un enregistrement d'époque de la police, des photos et des témoignages.

La « balle magique ». Pour le défilé à Dallas avaient pris place dans la Lincoln présidentielle : à l'avant, le chauffeur et un garde du corps puis, sur un strapontin, le gouverneur du Texas, John Connally, et son épouse et, enfin, sur la banquette arrière, le Président et son épouse. Selon la version Warren, la première balle qui toucha Kennedy continua sa course pour frapper, devant lui, le gouverneur, dans le dos, puis, après une inexplicable bifurcation, au poignet, puis à la cuisse… avant de ressortir *intacte* – sans altération ni écrasement – et de rester coincée dans son pantalon. On la retrouva « par hasard » sur un brancard de l'hôpital de Dallas. Cette extraordinaire exception à toutes les règles de la balistique a fait couler des litres d'encre et le projectile y a gagné le surnom de « balle magique ». Ce sujet a fait le miel de la commission Stokes et de tous les chercheurs non officiels. La théorie de la commission présidentielle ne sort pas intacte de ce débat.

La provenance des tirs. Le film Zapruder montre nettement qu'au moment du tir mortel, la tête de Kennedy fait un brusque et net mouvement vers l'*arrière*, comme si le tir venait de face (alors qu'Oswald se trouvait *derrière* le cortège). Bien qu'ayant visionné les images, la commission Warren a caché ce fait, qui n'a été révélé qu'au début des années 1970 lorsque le film a été rendu public. La commission a même fait mieux (ou pis) : dans la reproduction du film image par image publiée dans son rapport final de 1964, celles montrant le mouvement de la tête de Kennedy ont été inversées et donnent donc l'idée que sa tête part vers l'*avant*. Invoquant « l'erreur d'impression », les tenants de la première version officielle ont par la suite ajouté qu'un mouvement vers l'arrière était rarissime mais possible, ce que la plupart des experts ne valident pas. Si l'on ajoute que les motards qui *suivaient* la voiture ont été aspergés de sang et que des témoins – pas tous entendus par la commission alors même que leurs déclarations avaient été prises dans les règles par la police – affirment avoir vu un homme tirer d'une position située à l'avant de la voiture, cet élément est un des plus controversés parce que le plus important sans doute. La commission Stokes n'a pas voulu trancher sur l'hypothèse d'un second tireur *ayant fait mouche*, même si, en admettant qu'il y ait bien eu quatre tirs, c'était tout comme.

Oswald a-t-il tiré? S'il y a eu quatre coups de feu, c'est en effet qu'Oswald n'a pas agi seul. Et quand bien même n'y aurait-il eu que trois tirs, on ne peut affirmer absolument qu'il a utilisé son fusil, le 22 novembre 1963. On pratiqua en effet sur lui le test dit « de la paraffine » qui se révéla négatif : puisqu'il n'avait pas de traces de poudre sur les mains et sur les joues, c'est qu'il n'avait pas tiré ce jour-là. D'autres éléments concernant sa présence au 5e étage, sa fuite, son trajet entre le lieu du crime, son domicile et le cinéma où il fut arrêté créent également le soupçon qu'il ait pu être aidé dans ses mouvements.

Le mobile d'Oswald. Pour Warren et les siens, Oswald a agi seul. Il était procastriste et en voulait à Kennedy de vouloir se raccommoder avec Cuba. On a très vite su, et la commission Stokes a confirmé, que les sentiments procastristes de l'assassin étaient douteux. Oswald a en effet fréquenté des groupes *anticastristes* de La Nouvelle-Orléans, violemment opposés à la politique kennedienne qu'ils jugeaient contraire aux intérêts des Etats-Unis[2]. Une des hypothèses avancées pour expliquer ces incohérences est que le jeune homme, qui avait vécu en URSS et

2. Notons que Fidel Castro accepta de témoigner devant la commission Stokes, qui lui envoya des commissaires. Il le fit pour réaffirmer qu'il n'était pour rien dans l'assassinat de Kennedy.

épousé une Russe, était la personne idéale pour infiltrer les milieux castristes pour le compte de leurs adversaires, avant d'être manipulé et de constituer par conséquent un coupable idéal.

L'assassinat d'Oswald. Jack Ruby assassina Oswald pour des raisons personnelles et sans aucune complicité dans la police de Dallas, conclut la commission Warren. On a découvert depuis que le tenancier de *night club* avait au contraire été aidé pour entrer dans le commissariat par une porte dérobée et que, sans qu'on puisse établir formellement qu'il connaissait sa victime, il partageait avec elle des relations communes.

La personnalité de Jack Ruby. La commission Warren n'a guère creusé le passé et les mobiles de l'assassin de l'assassin. Or, il est très vite apparu qu'il était probablement un petit soldat de la mafia locale, qui plus est fort bien introduit dans les milieux policiers de Dallas, reçus et choyés dans son établissement de plaisir. Il est assez frappant que quelques secondes après le meurtre d'Oswald, un des policiers qui l'escortaient ait immédiatement donné l'identité de Ruby à des reporters qui le questionnaient. La suite des enquêtes n'a fait que confirmer ses connexions avec le crime organisé, longuement développées par le rapport Stokes.

Théories

De ces doutes et de bien d'autres questions non résolues sont nées des théories nombreuses, embrouillées, parfois crédibles, parfois non. Si la commission Stokes a conclu à la « conspiration », elle n'est pas allée plus loin, les écrits postérieurs de son principal conseiller, Robert Blakey, mettant en cause la mafia ne faisant pas partie de son rapport[3]. Ici encore, nous ne pourrons être que synthétique. C'est pourquoi nous laisserons de côté les thèses les moins bien étayées. Parmi celles-ci, nous classons celle d'un meurtre du Président commandité par son successeur : tentante, en raison des liens texans de Johnson ou de la supposition (non établie) que « JFK » ne voulait plus de lui comme vice-président pour son second mandat, cette théorie manque de « preuves ». Bref, le fait que Johnson avait de l'ambition, qu'il ne s'entendait pas avec Kennedy et qu'il ne fut pas trop chagriné par sa mort ne suffit pas à l'incriminer.

Les deux voies les plus explorées et les plus nourries d'indices sont :

– *Le crime aurait été organisé par la CIA avec la complicité postérieure, pour étouffer l'affaire, du FBI.* C'est la thèse du procureur Garrison et, plus tard, d'Oliver Stone dans son *JFK*. Elle se fonde : sur la présence de personnages louches, membres parfois des équipes « action » de la CIA à Dallas ; sur le rôle mystérieux dans plusieurs épisodes concernant Oswald d'une officine de La Nouvelle-Orléans travaillant clandestinement pour l'Agence ; sur le mal que se sont donné conjointement la CIA et le FBI pour cacher des documents et discréditer ceux qui remettaient en cause la thèse Warren. On ajoutera, pour la bonne bouche, un taux de mortalité élevé de témoins, dont plusieurs moururent de mort violente à la veille de leur comparution devant la commission Stokes.

– *Une vengeance de la mafia.* Joe Kennedy, le père du Président, avait fait fortune dans la spéculation bancaire et dans le trafic d'alcool. Il avait tissé des liens avec les chefs de la mafia américaine. Ceux-ci ont aidé à l'élection

3. Robert Blakey et Richard Billings, *The Plot to Kill the President*, New York, Times Books, 1981.

de son fils, notamment dans l'Illinois (Chicago) mais pas seulement. En espéraient-ils un retour ? Sans doute. Or, ils furent bien déçus puisque John et, surtout, Robert Kennedy firent une chasse impitoyable au crime organisé, tandis que la politique d'apaisement avec Cuba tuait dans l'œuf tout espoir d'une reprise de ses affaires sur l'île. De là à penser qu'ils se sont vengés, en utilisant d'abord leurs appuis anticastristes (pour tuer Kennedy) puis leur soldat Ruby (pour faire taire Oswald), il n'y a qu'un pas.

Une « affaire d'OAS » ?

Et si de Gaulle avait eu raison dans son analyse ? Si l'affaire Kennedy était ce qu'il appelle une « affaire d'OAS » ? Il entendait par là une opération conçue et exécutée par un groupe subalterne prêt à tout pour influer sur la politique américaine, avec pour but secondaire de provoquer un changement de régime à Cuba, comme l'OAS tentait alors de le faire en France et en Algérie. Suivons cette piste proposée par le Général, librement mais à la lumière de nos longues lectures sur le sujet.

Disons au préalable que rien ne doit étonner dans le dossier Kennedy. Malgré l'engrenage renversant des faits, malgré les sirènes qui nous rappellent tant les séries américaines, malgré les caractères hauts en couleur qui la jalonnent, l'affaire n'est pas un roman policier, mais une histoire vraie. La manipulation de l'opinion, la violence des méthodes, les rivalités qui se règlent à coups de fusil n'étaient pas (et ne sont pas) l'apanage des pays sous-développés, des républiques bananières ou de l'imagination d'un auteur de *thriller*. C'est pourquoi on peut évacuer sans scrupules excessifs les remarques du type « il est impossible de cacher aussi longtemps la vérité dans un pays démocratique ». Un tel argument relève de la méconnaissance des actions clandestines, en l'espèce celles des services secrets américains, bien connues depuis les enquêtes du Congrès à la fin des années 1970. Il n'y a pas d'un côté la « grande » histoire et de l'autre des faits divers ou des bas-fonds qui n'interféreraient jamais. Ces deux réalités ne sont pas hermétiquement séparées. Reste à connaître le dosage de leur interaction.

Pour assassiner Kennedy, si conspiration il y eut, il fallait vouloir le faire, en avoir les moyens techniques puis parvenir à garder le secret. Les officines pouvant réunir ces éléments existaient, de même qu'existèrent à la même époque un commando capable d'organiser un guet-apens contre le général de Gaulle au Petit-Clamart et des complicités ou amitiés haut placées pour permettre la couverture puis la fuite de responsables de l'OAS.

Ceux qui en voulaient à Kennedy étaient nombreux. L'extrême droite lui reprochait sa politique en faveur des Noirs et ses efforts de détente internationale. Les pétroliers et les grands industriels craignaient qu'il ne passe des paroles aux actes en matière fiscale et dans sa lutte contre les trusts. Les militaires, les anticastristes et les hommes impliqués dans les opérations clandestines contre Cuba l'accusaient d'avoir baissé pavillon devant Castro et son allié soviétique. Le crime organisé était furieux de l'ampleur de la guerre que lui menait Robert Kennedy. Une partie de l'armée et du « complexe militaro-industriel » reprochait au Président son indécision au Vietnam et sa politique de réduction des commandes militaires. La CIA, en tant qu'institution, n'avait pas oublié le « lâchage » de la baie des Cochons et le renvoi des principaux responsables du fiasco. Chacun de ces groupes ayant un intérêt pour agir ne cachait guère son désir de voir le Président quitter la scène, ce que sa probable réélection en 1964 aurait rendu impossible à moyen terme. Mais quel « coupable » retenir ?

Si les institutions officielles, au plus haut niveau, ne furent probablement pas impliquées, des groupes et des individus d'un niveau inférieur dépendant d'elles rôdent autour de l'affaire. On sait que des cercles proches de la CIA, des officines anticastristes, des services de police, le FBI et des mafieux notoires collaboraient, au Texas ou à La Nouvelle-Orléans. Mieux, ils employaient les mêmes hommes, notables et citoyens agissant dans l'ombre, mais aussi baroudeurs sans scrupules et assassins en puissance. Cette collusion s'articulait autour d'un marché : renversement de Castro et retour à une politique « musclée » à l'égard du monde communiste contre reprise des activités du crime organisé à La Havane et ralentissement des opérations judiciaires sur le territoire des Etats-Unis. Jumelle de celle passée dans les années 1940 avec le parrain Lucky Luciano pour appuyer le débarquement en Sicile, une telle collaboration – sinon le pacte qu'elle implique – a été abondamment établie par les travaux du Sénat américain et les enquêtes périphériques.

Que cette collaboration ait « dérapé » et abouti à un attentat contre le président des Etats-Unis est plausible. Les moyens techniques et de mise en œuvre existaient : les groupes en cause à La Nouvelle-Orléans étaient spécialistes des actions clandestines et disposaient de la logistique pour une opération à Dallas. Au besoin, la mafia – singulièrement ici une association de trois parrains, Carlos Marcello, Sam Giancana et Santo Trafficante – pouvait fournir ses professionnels pour porter les fusils. Restait à endormir l'opinion en lui livrant un bouc émissaire. Le minable et pathétique Oswald fut choisi. Habillé en communiste depuis des années, il faisait un coupable idéal. Kennedy victime d'un marxiste militant et solitaire : le scénario était parfait.

C'est alors qu'eut lieu le guet-apens de Dallas : la fusillade en tirs croisés, l'évacuation des complices. Une embuscade bien organisée et réalisée par des professionnels qui avaient pensé à tout, ou presque. Le choix du bouc émissaire était fait : Lee Harvey Oswald, qui travaillait pour eux à l'infiltration des milieux de gauche et procastristes. Ignorant tout du destin qu'on lui réservait, l'homme pouvait ensuite être éliminé lors d'une arrestation mouvementée. Mais, même aveuglé par sa soif de publicité, presque de « gloire », Oswald n'était pas idiot. Abandonné sur place, il comprit probablement le rôle qui lui avait été réservé et s'esquiva.

Certains auteurs pensent que l'agent de police Tippit devait se charger de le faire taire. Oswald aurait été plus rapide et l'aurait abattu. D'autres estiment encore que le cinéma où il se réfugia était l'endroit idéal pour une fusillade lors de l'arrestation. Le jeune homme y fut repéré trop tôt pour être entré sans payer : aux policiers chargés de la basse besogne se mêlèrent des collègues – une douzaine d'agents en tout… pour un homme entré sans payer – ignorant tout de la conspiration. Comme Oswald ne résista pas, il ne put être abattu. Un homme de la mafia, Ruby, entra en scène dans la précipitation pour « réparer » la catastrophe de sa capture. Une seule balle de revolver suffit.

Un autre volet de la conspiration était déjà en place, destiné à faire admettre qu'il n'y avait eu qu'un seul tireur et que ce tireur était Oswald, avec son passé trouble, son castrisme, son esprit dérangé. Cette version fut soutenue par tous les hauts responsables politiques américains, lesquels se rendaient compte des dégâts que causerait la révélation des liens entre Oswald, Ruby et certains groupuscules communs à la CIA et à la mafia. On s'affola et on décida de nier, de maquiller grossièrement, de faire disparaître les preuves de cette connexion. Si Johnson, Hoover et autres ne furent sans doute pas complices de l'assassinat, ils mirent en revanche tout leur poids dans la balance pour éviter le scandale, quitte à sauver au passage les commanditaires et les exécutants qui étaient tous de petite envergure sans être dénués de savoir-faire. En ce sens, l'idée de créer la commission Warren fut excellente. Elle calmait les esprits pendant une année et permettait, par des fuites organisées, de conforter sans opposition la version devenue officielle. Un an de travail et de tri sélectif des témoignages suffit à bétonner la version officielle, du moins le crut-on.

Malgré les hypothèses, à commencer par celle que nous venons d'avancer, les noms des vrais commanditaires de l'assassinat de John Kennedy ne sont pas encore connus[4]. Il en est de directs. Il en est aussi d'indirects, soit ceux qui, par leur laxisme, ont permis aux vrais coupables d'échapper à la justice. Aujourd'hui que la plupart des protagonistes, par action ou par omission, sont morts, il y a peu d'utilité à les démasquer. Ils resteront impunis. Mais les découvrir – même par hypothèse – est utile à l'Histoire, donc au présent qu'elle permet d'expliquer et – tentons l'optimisme – de rendre parfois meilleur. Le 22 novembre 1963 a changé la politique des Etats-Unis, donc le monde. En cela, il est essentiel de pointer les dysfonctionnements de la grande démocratie d'outre-Atlantique qui a échoué à clore le dossier de l'assassinat d'un de ses présidents. En attendant, il ne reste plus qu'à souhaiter – sans y croire – que les choses ont changé depuis.

---

4. Certains auteurs en donnent, sans que leurs hypothèses puissent être formellement prouvées.

Bibliographie sélective

Rapports officiels

Rapport Warren : *Report of the President's Commission on the Assassination of President John F. Kennedy, and 26 accompanying volumes of Hearings and Exhibits*, Washington, US Government Printing Office, 1964.

Rapport Stokes : *Report of the Select Committee on Assassinations, US House of Representatives, and 12 accompanying volumes of Hearings and Appendices*, Washington, US Government Printing Office, 1979.

Déclassifications de la période Clinton : *Final Report of the Assassination Review Board*, Washington, US Gouvernment Printing Office, 1998.

Sur les agissements de la CIA : *Alleged Assassination Plots involving Foreign leaders*, Washington, US Government Printing Office, 1975.

Ouvrages

Benson, Michael, *Who's Who in the JFK Assassination*, New York, Citadel Press, 1993 (non traduit).

Bugliosi, Vincent, *Reclaiming History. The Assassination of President John F. Kennedy*, New York, Norton & Company, 2007 (non traduit).

Epstein, Edward, *Inquest. The Warren Commission and the Establishment of the Truth*, New York, Bantam, 1966 (sur le fonctionnement de la commission Warren, non traduit).

Garrison, Jim, *JFK. Affaire non classée*, J'ai lu, 1992 (traduction partielle de l'ouvrage américain).

Lentz, Thierry, *L'Assassinat de John F. Kennedy. Histoire d'un mystère d'Etat*, Nouveau Monde éditions, 2013.

Livingstone, Harrison Edward, *High Treason 2. The Great Cover-up : the Assassination of President John F. Kennedy*, New York, Caroll & Graf, 1992 (non traduit).

Sites Internet

Un site américain remarquable, publié par une institution se donnant pour objet de garder éveillée la « conscience des citoyens américains », la fondation Mary Ferrel (www.maryferrel.org), auquel on peut ajouter les sites spécialisés « JFK Lancer Online Ressources » (www.jfklancer.com) et celui de l'*Assassination Archives and Resarch Center*, centre indépendant créé en 1984 pour réunir tout le matériel possible sur l'assassinat (www.aarclibrary.org). Deux très bons sites en français pour leur documentation brute : www.jfk-assassinat.com et www.jfk-fr.com.

XVIII

Zhang Yufeng, la femme qui lisait sur les lèvres de Mao

par Alain Roux

Mao Zedong se maria quatre fois. Une première fois avec Luo Yigu, dans le cadre d'un mariage arrangé entre les deux familles. Mao refusa cette union et la jeune épousée fut aussitôt répudiée.

Le deuxième mariage, avec Yang Kaihui, célébré en décembre 1920, après plusieurs mois d'union libre, fut un mariage d'amour qui se termina tragiquement en 1930 durant la guerre civile quand la jeune femme fut exécutée par un général nationaliste. A cette date, elle avait été abandonnée par Mao, devenu un des chefs de la guérilla communiste au Sud Jiangxi.

Il vivait depuis 1928 avec un beau brin de fille de 18 ans, He Zizhen, qu'il épousera deux ans plus tard. Mais celle-ci, gravement blessée par une bombe durant la Longue Marche, fut envoyée en URSS pour se faire soigner et Mao se sépara d'elle.

Devenu le président d'un parti communiste qui dirigeait au Nord-Shaanxi un territoire en expansion soustrait à l'autorité du gouvernement nationaliste, il avait épousé en 1940 Jiang Qing, une actrice de Shanghai venue rejoindre à Yan'an les champions de la résistance au Japon. Durant la première décennie du régime, les relations de Mao avec cette quatrième épouse étaient progressivement passées du domaine de la passion à celui de la politique. Le Grand Timonier multipliait les passades et les liaisons éphémères.

Cependant, une accompagnatrice de son train spécial, Zhang Yufeng, allait peu à peu prendre auprès de lui une place grandissante qui fit d'elle une sorte de gouvernante, voire même de cinquième et dernière épouse. Cette ascension surprenante d'une fille du peuple devenue l'interface irremplaçable entre un tyran lourdement handicapé et le reste du monde constitue une des énigmes les plus troublantes du XXe *siècle.*

Une hôtesse accueillante

Zhang Yufeng – Phénix de jade – était née le 9 janvier 1945 à Mudanjiang, dans la province de Heilongjiang. Cette ville faisait partie alors du Mandchoukouo, un protectorat japonais dont le dérisoire Pu Yi était l'empereur de papier. Le père de Zhang Yufeng était un cheminot, mais son véritable géniteur était un dentiste japonais dont sa mère avait été servante. Remarquée pour sa grande beauté, Phénix de jade avait rejoint la troupe des danseuses de l'Armée populaire de libération (APL). C'est parmi elles que Wang Dongxing, le chef des gardes du corps de Mao qui commandait l'unité 8341 de l'APL préposée à la protection des dirigeants et à la sécurité de leurs déplacements, recrutait les accueillantes hôtesses du train spécial dans lequel Mao sillonnait l'immense pays.

Un soir d'octobre 1962, Mao Zedong avait invité à danser Phénix de jade lors d'une soirée organisée en son honneur à Changsha, où le train spécial venait de faire escale. Comme il en avait l'habitude, il s'entretint avec elle dans un salon, puis la conduisit dans la villa où il avait été hébergé. La nouvelle maîtresse de Mao, alors âgé de 70 ans, était une jeune fille de 18 ans, intimidée d'avoir été distinguée par ce dieu vivant qu'était à ses yeux le Grand Timonier. Comme il lui demandait d'écrire son nom, elle rougit de confusion, perdit tous ses moyens, et Mao dut tenir le pinceau à sa place. Wang Dongxing, préposé aux menus plaisirs de son maître, affecta la jeune hôtesse à son service exclusif dans son train spécial.

Une favorite

Mao Zedong, qui avait été mis en difficulté en janvier 1962 à cause du bilan désastreux du Grand Bond en avant et de son imputation à sa politique par Liu Shaoqi lors de la réunion dite « des 7 000 cadres », venait juste de lancer sa contre-offensive au 10e plénum du Comité central réuni à la fin septembre. Pour mobiliser ses partisans, il avait entrepris aussitôt une tournée dans les provinces en utilisant son train spécial, où il passait désormais des mois entiers. Mao invita de plus en plus souvent Zhang Yufeng à partager sa couche, car il appréciait particulièrement sa compagnie. Soupçonneux, il avait cependant demandé au fidèle Wang Dongxing de faire une enquête sur une fille dont le père véritable était japonais, ce qui lui faisait craindre qu'elle ne fût une nouvelle Mata Hari. Wang Dongxing le rassura très vite et se porta garant de sa parfaite loyauté envers le Parti.

Aussi, en 1970, fut-elle installée à Zhongnanhai. On la vit de plus en plus souvent dans la vaste chambre-bureau bâtie près de la piscine où Mao passait des journées entières vêtu d'un simple peignoir de bain. Elle était devenue une sorte de favorite qui supportait les infidélités incessantes de Mao. De préférence, celui-ci s'enfermait avec l'élue d'une nuit dans la chambre 118 du Grand Palais du Peuple lors des soirées dansantes qui s'y déroulaient chaque semaine. Zhang Yufeng allait souvent l'y rejoindre, comme la nuit dramatique de septembre 1971 où il fut informé de la fuite en avion de Lin Biao qui allait se terminer tragiquement.

A Zhongnanhai, les relations de Mao avec Zhang Yufeng passèrent après 1974 d'un caractère quasi conjugal à celles qui pouvaient exister entre une jeune et jolie gouvernante et un vieillard grabataire de cinquante-deux ans son aîné. Dans les années qui avaient précédé la Révolution culturelle, sa liaison avec cette jeune beauté avait rassuré Mao : en même temps qu'il doutait de son pouvoir, il s'était inquiété auprès de ses médecins des défaillances de sa virilité.

Une secrétaire très privée

A partir du moment où il était parvenu à éliminer les dirigeants qui limitaient sa toute-puissance et disposait à nouveau d'un pouvoir sans partage, sa frénésie sexuelle s'expliqua plutôt par une référence à la tradition taoïste, renforcée par ses lectures des chroniques impériales : il établissait désormais un lien entre le maintien d'activités sexuelles durant la vieillesse et la longévité. Il était persuadé qu'avoir des relations intimes à un âge avancé avec des dizaines de jeunes femmes, comme l'avait pratiqué, dans les temps anciens, l'empereur Qinshihuangdi auquel il aimait à se comparer, lui permettrait de vivre encore des dizaines d'années à condition de se conformer à « l'art de l'alcôve » taoïste.

Une citation de Ge Hong, un auteur du IIIe siècle de notre ère que Mao aimait lire, nous éclaire sur ces pratiques : « Pourquoi la vie érotique serait-elle néfaste ? Le principe de base de la longévité est un retour à la jeunesse. Lorsqu'un homme supérieur connaît les procédés de l'alcôve, il peut éliminer les maladies et prolonger sa vie sans se nuire à lui-même. Si un homme dans la force de l'âge sait comment effectuer le retour de la semence *yang*, comment absorber la cinabre *yin* pour réparer le cerveau, cueillir la liqueur de jade de la longue vallée, il ne manquera pas de vivre trois cents ans sans absorber de remèdes. » A la différence des conquêtes naïves d'une nuit, Phénix de jade apprit très vite à maîtriser cet art.

Devenue la secrétaire privée de Mao – ce qui ne fut rendu officiel par le Bureau politique qu'en octobre 1974 –, elle assistait maintenant Mao dans sa vie quotidienne, filtrait ses visiteurs et lui lisait des coupures de la presse chinoise et étrangère ainsi que les documents internes du Parti. Comme la vue du président avait baissé et qu'il lisait en s'aidant d'une loupe, elle devenait aussi à l'occasion sa lectrice. Ainsi une sorte de ménage à trois s'était peu à peu mis en place, avec une épouse officielle peu présente et une gouvernante-maîtresse qui vivait au domicile conjugal. Derrière les hautes murailles de Zhongnanhai, les rares témoins assistaient parfois à des scènes de vaudeville : quand, après une violente dispute, Zhang Yufeng était partie en colère en annonçant qu'elle retournait loger chez sa mère, Mao avait demandé à Jiang Qing d'intervenir auprès d'elle pour la faire revenir à ses côtés.

La garde-malade d'un tyran handicapé

La santé de Mao donnait des signes inquiétants depuis la disparition tragique de Lin Biao en septembre 1971.

On dispose de deux témoignages exceptionnels sur ce dossier. Le plus connu est celui de Li Zhisui, un des médecins de Mao, qui publia en 1994 à New York un livre où il relatait son expérience, aussitôt traduit en français chez Plon sous le titre *La Vie privée du président Mao*. L'auteur y avait exagéré son rôle. De plus, les péripéties de sa carrière lui avaient fait détruire son journal intime et il avait dû se faire aider par une sinologue américaine, Anne Thurston : il y a une part de reconstruction du passé dans cet ouvrage qui fait de Mao le responsable de toutes les décisions prises durant ces années troublées, dont les pires.

L'autre témoignage, plus difficile d'accès, présente un intérêt tout particulier : il s'agit en effet de la relation par Zhang Yufeng elle-même de ses quinze années passées dans l'intimité de Mao. Publié dans *Qiushi* (« A la recherche de la vérité »), la revue théorique du PCC, dans son n° 3 de 1993, sous le titre : « J'ai été la secrétaire privée du président Mao dans les dernières années de sa vie », ce texte d'une vingtaine de pages avait été repris, avec quelques modifications, d'articles publiés en janvier 1989 dans la revue « people » *Yanhuang sunzi* (« Les descendants des empereurs Yandi et Huangdi » = le peuple chinois), sous un intitulé plus accrocheur : « Anecdotes sur les dernières années de la vie de Mao Zedong et de Zhou Enlai. » Amputé de son dernier chapitre qui portait sur l'année 1976, ce texte était paru à la page 2 entre le 26 décembre 1988 et le 6 janvier 1989 dans onze numéros du quotidien *Clarté (Guangming ribao)*, un journal publié sous le contrôle du Parti en direction des intellectuels.

On était alors dans une période de relatif relâchement de la censure. Une lettre adressée en 1980 par Zhang Yufeng au comité central du PCC nous éclaire sur le sens de sa démarche au moment où elle relatait ses souvenirs : « Chaque décision à cette époque (1974-1976 = quand Mao n'a plus pu communiquer normalement) a été prise après une discussion du Bureau politique dont Mao avait reçu un rapport. Le Président, trop faible pour demander des détails, n'avait d'autre moyen que de hocher la tête, ce qui signifiait qu'il avait été informé. Durant cette période, le Centre a pris toute une série de décisions erronées : clairement, il n'est pas correct d'en rendre responsable un homme mourant, grabataire, qui depuis quelque temps était incapable de parler et de manger sans aide et avait le plus grand mal à respirer. » Zhang Yufeng plaidera donc au fil des pages les circonstances atténuantes pour les fautes, voire les crimes, commises ou cautionnées par Mao.

Une troublante énigme

Ces deux témoignages permettent de suivre l'évolution de sa maladie et nous invitent à tenter de résoudre une énigme : comment Mao pouvait-il encore diriger la Chine alors qu'il était partiellement paralysé, presque aveugle et totalement muet ? D'autant plus que le 1er juin 1974 son Premier ministre Zhou Enlai, atteint d'un cancer à la vessie parvenu déjà à un stade avancé, était admis dans un hôpital où il commença une lutte sans espoir qui allait s'achever par sa mort le 8 janvier 1976.

Pendant l'hiver 1971, Mao resta couché deux mois. Sa tension monta à 18. Souffrant d'un œdème aux chevilles, il semblait marcher avec des béquilles. Lors des obsèques du puissant maire de Shanghai, le général Chen Yi, le 10 janvier 1972, Zhang Yufeng précise qu'elle dut l'assister pour lui permettre de remonter dans sa voiture car il ne contrôlait plus ses jambes. Le 18 janvier, il fut victime d'une attaque qui le laissa quasi paralysé pendant plusieurs heures alors que son cœur battait la chamade. Le 12 février, il subit une rechute qui amena le Bureau politique à former un groupe médical de surveillance. Cependant, il avait été remis sur pied quand il rencontra le président Nixon le 21 février. Ce jour-là, il fit quelques pas, soutenu par Zhang Yufeng, et bredouilla de courtes phrases.

A partir de décembre 1972, il respira avec difficulté et on dut lui fournir à l'occasion une assistance respiratoire. Il parlait avec de plus en plus de difficulté : Zhang Yufeng était la seule personne de son entourage à pouvoir lire sur ses lèvres. Souvent, Mao devait tracer maladroitement sur des bouts de papier des caractères chinois presque illisibles pour expliciter ses borborygmes. Comme l'expliqua quelques mois plus tard Wang Dongxing à Li Zhisui, qui se plaignait à lui de Zhang Yufeng à l'occasion d'un conflit d'ordre médical : « Si on la renvoie, on ne saura plus ce que veut nous dire le Président. »

Zhang Yufeng géra avec habileté cet avantage qui la protégeait alors que s'affrontaient autour d'elle gauchistes et pragmatistes, surtout après le retour au pouvoir de Deng Xiaoping en avril 1973. Cependant, Mao était périodiquement secoué par de dures quintes de toux. Sa masse musculaire avait fondu et il ne pesait plus que 69 kilos. Zhang Yufeng le soutenait pour qu'il marche quelques pas, faisait sa toilette et le nourrissait de bouillies épaisses car il avait de plus en plus de difficulté à avaler de la nourriture solide. Sa main droite était atrophiée et ses membres étaient de plus en plus souvent pris de tremblements incontrôlables : les médecins diagnostiquèrent à tort une maladie de Parkinson. Sa cataracte à l'œil droit s'était aggravée et l'œil gauche avait été affecté à son tour : il était presque aveugle. Il participa néanmoins à quelques séances du Xe congrès du PCC en août 1973, mais il avait dû être relié à une bouteille d'oxygène et on le sortit en fauteuil roulant après que la salle du congrès eut été vidée, afin de masquer son état.

De plus en plus isolé, Mao vivait désormais entouré de trois femmes : aux côtés de Zhang Yufeng, irremplaçable interface entre Mao et le petit cercle dirigeant, on trouvait les « deux demoiselles » : Nancy Tang (Tang Wensheng), qui parlait un excellent anglais et servit à Mao d'interprète, et Wang Hairong, sa « nièce » – en réalité la petite-nièce d'un cousin germain –, une venimeuse intrigante qui dénigrait Zhou Enlai auprès de lui. Toutes deux diffusaient parmi les cercles dirigeants les propos du président en privilégiant les plus critiques envers les hauts responsables du Parti, qualifiés par Jiang Qing et ses lieutenants Zhang Chunqiao et Yao Wenyuan d'« empiristes » ou de « droitiers engagés sur la voie de la restauration du capitalisme ». Zhang Yufeng, prudente, limitait son rôle à celui de simple transcriptrice des mots bredouillés par le Grand Timonier : elle n'avait pas à les diffuser, ce qui l'aurait obligée tôt ou tard à choisir son camp. Elle veilla à conserver de bonnes relations avec Jiang Qing, mais elle tint à faire enregistrer à la fin février 1975 la mise en garde que Mao lui avait dictée et qui était destinée à son épouse : « Vous (= Jiang Qing et ses lieutenants) haïssez seulement l'empirisme et pas le dogmatisme. Soyez unis et non divisés. Ne vous engagez pas dans des complots et des intrigues. Ne formez pas une bande des quatre. » Déjà, le 17 octobre 1974, elle avait soigneusement fait prendre en note la vive réaction de Mao aux propos tenus par Wang Hongwen lors de son entretien avec Mao. Etoile montante des ouvriers rebelles de Shanghai, il était venu à Changsha, mandaté par Jiang Qing et ses deux autres lieutenants, pour dénoncer à Mao les intrigues qu'ils soupçonnaient Zhou Enlai d'ourdir depuis son lit de souffrance. Le président, qui avait jusque-là accéléré l'ascension politique du jeune ambitieux, l'avait sèchement invité à mettre fin à son comportement sournois de diviseur et lui avait conseillé la lecture de ses œuvres ainsi que des classiques du marxisme, après avoir découvert sa profonde inculture. Durant l'hiver 1975, Zhang Yufeng adopta la même attitude neutre, mais cette fois-ci dans un sens défavorable à Deng Xiaoping, quand elle fit enregistrer la transcription des discussions qui avaient eu lieu de la fin septembre au début novembre entre Mao et son neveu Mao Yuanxin : très proche de Jiang Qing qu'il appelait « maman », ce dernier avait clairement reçu l'approbation de son oncle quand il lui dénonçait le risque d'asservissement à l'étranger produit par la politique de Deng Xiaoping ainsi que les dangers d'une restauration du capitalisme si l'on suivait le Premier ministre par intérim dans la priorité qu'il accordait au développement des forces productives.

Ce souci d'équilibre et d'impartialité était devenu de plus en plus difficile à conserver, étant donné l'aggravation de l'état de dépendance du président. S'il y avait eu un léger mieux en août 1975 après l'extraction du cristallin par une intervention chirurgicale sur l'œil droit, l'opération ne lui rendit qu'une vision insuffisante pour lui permettre de lire, car les ophtalmologues n'avaient pas posé de prothèse.

L'année 1974 avait été particulièrement terrible. A la mi-juillet les médecins avaient enfin fait le bon diagnostic : Mao souffrait de sclérose latérale amyotrophique (« la maladie de Charcot ») et il n'avait plus que deux ans à vivre. Il n'existait ni remède, ni traitement, ni chirurgie : Mao allait perdre progressivement le contrôle de tous ses muscles, tout en gardant sa lucidité. On sait que ce fut de cette terrible maladie que souffrit le brillant astrophysicien britannique Stephen Hawking. Toutefois, mort en mars 2018, ce dernier avait pu bénéficier dans ses communications scientifiques de l'aide d'ordinateurs sophistiqués. Mao devait se contenter des compétences empiriques de Zhang Yufeng. Or la maladie évoluait rapidement. Du 18 juillet 1974 à la mi-avril 1975, Mao séjourna à Wuhan, puis à Changsha, et enfin à Hangzhou. Ce fut son dernier voyage, durant lequel il accueillit dans sa chambre pour la dernière fois une danseuse du corps de ballet de l'Armée populaire de libération. Il vivait alors un véritable calvaire : voulant nager en piscine à Changsha, comme il avait toujours adoré le faire, il faillit se noyer. Il ne pouvait plus du tout marcher sans aide. Il étouffait. Zhang Yufeng devait être appelée sans cesse pour comprendre ce qu'il voulait. Il s'impatientait vite : un jour qu'elle s'était absentée quelques heures, il l'accueillit à son retour en griffonnant sur un bout de papier : « Yufeng, va-t'en ! » Comme elle avait mis au monde une fillette et qu'il n'y avait pas en Chine de lait pour nourrissons, elle devait dégorger son propre lait dans une bouteille gardée dans un réfrigérateur. La fillette, mal nourrie, tomba malade. Zhang Yufeng était épuisée par la complexité de ses tâches. Certes, elle était assistée par du personnel, notamment des infirmières choisies davantage pour leur loyauté politique que pour leurs compétences, dont Meng Jingyun, une actrice de la troupe de spectacle de l'armée de l'air. Mao avait exigé de celle-ci qu'elle restât disponible et tout habillée vingt heures d'affilée : épuisée à son tour, elle demanda en vain à être relevée de son poste.

Le rôle politique du Phénix de jade

Il apparaît que Zhang Yufeng restait aux yeux de Mao une sorte de gouvernante entièrement dévouée à sa personne et que son rôle politique demeurait très faible, au contraire de celui joué par les « deux demoiselles », quelques belles visiteuses comme l'élégante épouse du ministre des Affaires étrangères et, surtout, l'envahissant cousin Mao Yuanxin.

Une question se pose cependant à propos de ses activités de lectrice, car on sait que l'une des explications du second limogeage de Deng Xiaoping par Mao en décembre 1975 fut sa réaction à la lecture qui lui avait été faite depuis l'automne du *Roman du bord de l'eau* : ce récit picaresque écrit au XVIe siècle raconte l'histoire de 108 brigands-justiciers qui vivaient autour du lac Liangshanpo au Shandong. A la fin de la saga, Song Jiang, leur chef, se soumettait à l'empereur qu'il avait auparavant combattu, pour aller affronter avec ses braves des envahisseurs venus des steppes du Nord et périr au service de son souverain. Mao y vit une trahison qu'il assimilait à celle que s'apprêtait à commettre Deng Xiaoping en capitulant face au capitalisme et à l'impérialisme et il lança une insolite campagne de critique collective d'un roman médiéval. Toutefois, Zhang Yufeng n'avait eu aucune responsabilité dans cette dérisoire relance de la Révolution culturelle : depuis quelques mois, elle partageait ses activités de lectrice avec Lu Di, une jeune femme qui enseignait la littérature chinoise à l'université de Pékin. C'était cette dernière qui avait fait le choix du *Roman du bord de l'eau*.

Cependant, il ne serait pas juste de limiter le rôle de Zhang Yufeng à celui de transcriptrice en paroles claires des borborygmes d'un tyran grabataire. Son statut intermédiaire entre celui d'une épouse et celui d'une gouvernante avait été renforcé par l'aggravation des handicaps du président. Parmi ses « Anecdotes » on trouve un tableau révélateur de sa situation quand elle décrit le dernier nouvel an lunaire de Mao : « Il n'y avait pas d'invités, pas de membres de la famille. Le Président passa sa dernière fête du printemps (= le nouvel an chinois) avec ceux qui le servaient. Le soir du nouvel an, je dus lui faire manger son dîner à la cuillère puisqu'il ne pouvait plus se servir de ses mains. Il lui était difficile d'ouvrir la bouche et d'avaler. Dans son bureau, je l'aidais à aller du lit au canapé. Il restait longtemps la tête appuyée au dossier, sans prononcer un mot… Soudain au loin, nous entendîmes des pétards. D'une voix faible et rauque, il me demanda d'en faire exploser quelques-uns pour lui… Un vague sourire apparut sur son vieux visage las quand il entendit les pétards dans la cour… » Zhang Yufeng lisait de moins en moins longtemps à Mao des documents politiques de moins en moins nombreux, car l'attention du président fléchissait vite. Puis ils regardaient des films de cape et d'épée faits à Hong Kong ou à Taïwan, des westerns, parfois aussi *Les Temps modernes* de Charlie Chaplin ou *Les Raisins de la colère* de John Ford ainsi que *Love Story* et *La Mélodie du bonheur*. Ils buvaient du *maotai*, un célèbre alcool de grain du Guizhou. Ainsi filaient les nuits et les jours, tandis que les visiteurs se faisaient de plus en plus rares. Lors des événements des 4 et 5 avril 1976 place Tian'anmen, Mao fut informé sommairement des troubles par Mao Yuanxin qui dramatisa la situation : il accepta de voir un événement contre-révolutionnaire dans cet afflux sur la célèbre place de centaines de milliers de manifestants venus déposer des gerbes en l'honneur de Zhou Enlai, entremêlées de tracts hostiles à Jiang Qing, mais refusa l'exclusion du Parti de Deng Xiaoping qui aurait entraîné son arrestation. Pourtant, beaucoup estimaient que le Petit Timonier, un surnom souvent donné à Deng Xiaoping, était l'instigateur du mouvement. On ignore le rôle précis de Zhang Yufeng durant ces événements, ce qui fait supposer qu'elle l'a limité à nouveau à celui de déchiffreuse fidèle des mots sur les lèvres présidentielles. Un des derniers visiteurs étrangers à s'entretenir quelques instants avec Mao fut, le 30 avril, le Premier ministre néo-zélandais Muldoon, à qui le président, visiblement à bout de forces, avait bredouillé : « Mes pieds me font mal. Il y a un grand désordre dans le monde. » Le 3 mai, il participa pour la dernière fois au Bureau politique. Le 11 mai, il eut un infarctus du myocarde. Les deux infirmières présentes, dont Meng Jingyun, déclarèrent que la crise était survenue après une vive dispute avec Zhang Yufeng. Quelques jours plus tard, celle-ci s'opposa aux médecins quand ils proposèrent que Mao fût nourri par le moyen d'une sonde nasale. Hua Guofeng, que Mao avait désigné en février pour remplacer Zhou Enlai comme Premier ministre, lui demanda d'intervenir auprès de Mao pour qu'il accepte cette intervention très intrusive, car « elle était la seule à pouvoir le convaincre ». Zhang Yufeng refusa, assurant qu'il n'en voudrait pas. Les faits lui donnèrent raison : comme Mao s'était évanoui entre-temps, les médecins lui posèrent l'objet du litige, qu'il arracha sitôt revenu à lui. Le 12 mai, il reçut Lee Kuan-yew, le Premier ministre de Singapour, et le 27 mai Ali Bhutto, le Premier ministre du Pakistan. Le 28, le ministère des Affaires étrangères publia un communiqué annonçant « que le Président ne recevrait plus de visites étrangères, car il était trop occupé ».

L'assistante des derniers jours

Le 25 juin, Mao rencontra durant trois heures Hua Guofeng et bredouilla quelques mots que Zhang Yufeng eut du mal à comprendre. Il dut griffonner sur un bout de papier la phrase qui fonda la légitimité de la promotion de Hua à la tête du Parti : « Tu as les affaires en main : je suis rassuré. » Le 15 juin, Mao avait dicté à Zhang Yufeng une sorte de testament où il avait résumé le bilan de son œuvre en, d'une part, sa victoire dans la guerre civile et « son renvoi des Japonais dans leurs îles, ce que bien peu de gens ne considéraient pas comme des faits positifs » et, d'autre part, le lancement de la Révolution culturelle, « un point que peu de gens approuvaient ».

Le 26 juin, il fut victime d'un second AVC. Il ne pouvait plus supporter la lecture par Zhang Yufeng que de brèves notes de synthèse. Le 6 juillet, il réagit faiblement à la nouvelle du décès du maréchal Zhu De, son fidèle compagnon du temps de la guerre civile. Les 27 et 28 juillet, lors du terrible tremblement de terre de Tangshan qui tua plusieurs centaines de milliers de personnes, il fut déplacé dans un pavillon sécurisé. Quand Zhang Yufeng, à son habitude, y regardait des films étrangers, Mao n'était plus à ses côtés : il était désormais dans un état semi-comateux. Le 18 août, Hua Guofeng profita d'un court moment où il semblait lucide pour lui présenter un rapport sur l'organisation des secours aux survivants de la catastrophe de Tangshan : Mao fit un signe de tête, interprété comme une approbation. Le 2 septembre, il subit un troisième infarctus : son agonie avait commencé. Le 9 septembre, dix minutes après minuit, son décès fut constaté.

Zhang Yufeng relate dans ses « Anecdotes » un événement survenu le 6 septembre : « Ce jour-là, Mao agonisait, mais il continuait à s'intéresser aux questions internationales [*sic*]. A ce moment, des élections se déroulaient au Japon et Mao voulait savoir quel en avait été le résultat pour Takeo Miki (le Premier ministre japonais). Mao faisait des mouvements avec sa bouche comme pour demander quelque chose. Les infirmières ne comprenaient pas ce qu'il voulait et elles me demandèrent de venir à leur aide. Mais les sons qu'il émettait étaient trop faibles et confus pour que je puisse les comprendre. C'est alors qu'il se mit à taper sur le panneau en bois de la tête de son lit, en faisant le signe "trois" avec ses doigts. Je me suis demandé s'il ne désignait pas ainsi Miki (Miki s'écrit en kanji avec le caractère chinois qui signifie le chiffre "trois") et je lui ai demandé s'il voulait apprendre quelle était la situation de Miki. Il hocha la tête en guise de réponse. Je suis alors allée chercher des informations sommaires sur ces élections que je lui ai communiquées. » On ne peut qu'être interloqué devant le caractère pour le moins arbitraire de la communication avec Mao établie ainsi par Zhang Yufeng au moyen d'un rébus ! Et l'on comprend qu'un tel passage des « Anecdotes » n'ait pas été repris lors de sa publication parallèle dans *Clarté* ! Mais une fois surmonté le malaise que suscite cet incident, on est conduit à s'interroger sur la crédibilité d'autres interprétations proposées par Zhang Yufeng des propos ou des gestes de Mao en 1976, alors que, de son propre aveu, elle ne pouvait plus déchiffrer ses borborygmes depuis le 18 août et que, dans sa lettre de 1980, elle doutait de sa lucidité… qu'elle lui attribuait cependant à nouveau alors qu'il agonisait ! En conséquence, ne faut-il pas s'interroger sur la validité de son interprétation des signes émis par Mao quelques jours avant, le 25 juin, quand il aurait désigné Hua Guofeng comme son successeur ? Or tous ces propos du président en fin de vie, à l'exception de l'extravagant échange sur les élections japonaises durant son agonie, sont reproduits dans le dernier volume de ses manuscrits *(wengao)* publié par les services historiques du PCC en 1998 ou ont été consignés dans sa monumentale biographie, écrite par Pang Xianzhi et Jin Chongji, éditée en 2004 par les presses centrales de ce parti. Et, à ce jour, nul responsable politique chinois n'en a contesté l'authenticité.

Un vecteur de la « Pensée-Mao Zedong »

Cet étonnant consensus est dû à la Pensée-Mao Zedong (PMZD). Ce concept naquit à Yan'an entre 1942 et 1945, année où le 7e congrès du PCC fit officiellement des idées émises par le Grand Timonier un des fondements théoriques de sa stratégie, au même titre que le marxisme-léninisme, ce qui plaçait Mao très au-dessus de tous les autres dirigeants. Le récent 19e congrès du PCC à l'automne dernier a confirmé sa validité. Dans un pays où le parti communiste détient le monopole du pouvoir, Mao Zedong trône seul au sommet d'une pyramide dont toute autorité dépend, par une sorte de ruissellement. Tout dirigeant lui doit son pouvoir, sa légitimité. Cette PMZD n'est pas définie de façon rigoureuse. Il s'agit d'un concept-valise qui a servi à justifier aussi bien les attaques forcenées menées par Mao contre toute forme de capitalisme que la promotion par Deng Xiaoping, en recourant à l'insolite oxymore de « socialisme de marché », de ce même capitalisme devenu le carburant de la croissance. En dernière analyse, la PMZD se résume en l'affirmation de la légitimité du pouvoir du parti communiste quelle que soit la ligne suivie par ses dirigeants. Dans sa façon de gérer le désastreux Grand Bond en avant, Mao aurait été infidèle à sa Pensée… On explique ainsi l'étonnant consensus dans l'interprétation des signaux indistincts provenant d'un tyran à l'agonie : un dirigeant ou un prétendant à la direction qui exprimerait des doutes sur la PMZD mettrait en question la légitimité présente ou à venir de son propre pouvoir.

La véritable énigme n'est-elle pas que tout un peuple ait accepté – et accepte encore – un consensus aussi contestable ? La réponse est sans doute à chercher dans son aspiration à la paix sociale après des décennies de troubles et de guerres civile et étrangère, dans sa confiance dans les effets positifs pour tous à court ou moyen terme de la croissance, dans la fierté de la grandeur nationale retrouvée après les humiliations subies lors des « guerres de l'opium », et dans une certaine ivresse produite par l'extraordinaire vitesse de la mutation d'une société qui a comblé en un demi-siècle son retard sur les pays les plus développés et se situe maintenant dans l'avant-garde mondiale.

Zhang Yufeng contribua modestement à cette construction : si le contact avait été perdu entre Mao en fin de vie et l'équipe dirigeante, il eût été beaucoup plus difficile de transférer l'autorité qui lui avait été reconnue de son vivant à cette Pensée immatérielle sur laquelle le PCC fondait durablement sa légitimité.

Bibliographie sélective

Chang, Jung et Halliday, Jon, *Mao,* Gallimard, 2006.

Li Zhisui, *La Vie privée du président Mao,* Plon, 1994.

MacFarquhar, Roderick et Schoenhals, Michael, *La Dernière Révolution de Mao. Histoire de la Révolution culturelle (1966-1976),* Gallimard, 2009.

Pang, Xianshi et Jin, Chongji, *Mao Zedong zhuan*, 2 vol., Editions documentaires du Comité central, 2004.

Pantsov, Alexander V., avec Steven I. Levine, *Mao, the Real Story,* New York. Simon et Schuster, 2007.

Roux, Alain, *Le Singe et le Tigre : Mao, un destin chinois,* Larousse, 2009.

Roux, Alain et Xiao-Planes, Xiaohong, *Histoire de la République populaire de Chine : de Mao Zedong à Xi Jinping (1949-2017),* Armand Colin, 2018.

Short, Philip, *Mao Tsé-toung,* Fayard, 2003.

Zhang Yufeng, « Anecdotes sur les dernières années de la vie de Mao Zedong et de Zhou Enlai », in *Yanhuangdi sunzi,* Pékin, janvier 1989.

XIX

Qui a voulu tuer Jean-Paul II ?

par Bernard Lecomte

Rome, 1er juin 1979. Deux fonctionnaires français se présentent devant la porte de Bronze par laquelle on accède aux différents bâtiments de la Cité du Vatican. Le docteur Maurice Beccuau et le capitaine Valentin Cavenago sont des collaborateurs d'Alexandre de Marenches, patron du contre-espionnage français, le SDECE. Ils ont rendez-vous avec un prélat, abbé général de l'ordre des Prémontrés et vieille connaissance de Marenches, Mgr Norbert Calmels. Les deux émissaires du SDECE sont porteurs d'un message pour le Saint-Père : celui-ci risque fort d'être victime d'un assassinat lors du voyage qu'il doit entreprendre, le lendemain, en Pologne !

Inquiétudes au Kremlin

Jean-Paul II n'a pas eu vent du message. En eût-il pris connaissance qu'il n'en aurait pas tenu compte. L'enjeu de cette semaine historique dans son pays natal dépassait largement ce genre d'informations invérifiables venues d'on ne sait où. Le 2 juin, comme prévu, il entame un périple qui va lui faire sillonner la Pologne et qui se conclut dans un incroyable enthousiasme populaire, le 10 juin, sans qu'aucune tentative d'attentat n'ait été signalée. La seule certitude partagée par tous les experts est que cette tournée triomphale d'un pape derrière le rideau de fer a suscité quelques inquiétudes – d'ailleurs justifiées – du côté du Kremlin.

Précisément, Alexandre de Marenches reçoit une note confidentielle de Pierre de Villemarest, un ancien agent du SDECE devenu journaliste spécialisé dans les affaires d'espionnage, qui lui confirme qu'à Moscou, en effet, le voyage papal en Pologne a été très mal pris, et que certains services semblent préparer l'élimination de ce pape un peu trop subversif. Cette indication est confirmée par un autre journaliste sulfureux, Arnaud de Borchgrave, très proche de Marenches, qui deviendra plus tard rédacteur en chef du journal *Washington Time*, propriété de la secte Moon. En 1982, Borchgrave communiquera de lui-même cette information à la justice italienne, évoquant, sans plus de précision, une mystérieuse « source roumaine ».

Le 21 avril 1981, deux nouveaux émissaires du SDECE – le même docteur Beccuau et le général Jacques Sylla Fouilland, nouveau directeur du renseignement – retrouvent discrètement à Rome le même Mgr Calmels, et lui demandent de faire passer au pape « en urgence » le même message : un complot ourdi par le KGB menace la vie du Saint-Père. Ni pièce écrite, ni source, ni preuve. Secret défense. L'information s'égare dans les arcanes du palais apostolique. Elle n'aura pas de suite : quelques jours plus tard, Alexandre de Marenches démissionne du SDECE. La décision de François Mitterrand de nommer des ministres communistes au gouvernement de la France après sa victoire à la présidentielle du 10 mai 1981 lui paraît incompatible avec la poursuite de sa mission.

Son successeur à la tête du contre-espionnage, Pierre Marion, nommé par le ministre Charles Hernu, notoirement proche des Soviétiques, ne donnera pas suite aux « lubies anticommunistes » [*sic*] de son aristocratique prédécesseur. Ce qui n'aurait été qu'escarmouches politiciennes si, quelques jours avant la passation de pouvoir entre les deux hommes, le pape n'avait été victime, justement, d'un attentat !

Trois coups de feu place Saint-Pierre

Rome, 13 mai 1981. En fin d'après-midi, comme tous les mercredis de printemps, la foule a envahi la place Saint-Pierre pour assister à l'audience générale du pape. Jean-Paul II aime ce rendez-vous hebdomadaire avec les pèlerins du monde entier. Il en a fait un moment de catéchèse important qui vient régulièrement ponctuer un programme toujours aussi chargé : à midi, il a déjeuné avec son ami Jérôme Lejeune, le célèbre généticien français ; la veille, il a reçu une délégation de l'université Jagellon de Cracovie, avec laquelle il a évoqué la situation politique en Pologne ; tout à l'heure, il va présider une méditation sur le quatre-vingt-dixième anniversaire de l'encyclique *Rerum Novarum*...

Il est un peu plus de 17 heures. Venue de l'arc des Cloches, à gauche de la basilique, la voiture du pape, immatriculée SCV-3, apparaît. Plus de 20000 personnes éclatent en applaudissements enthousiastes, agitant foulards, drapeaux et chapeaux. Des cris de joie, des exclamations dans toutes les langues, des cantiques aussi. La grosse Jeep blanche, découverte, traverse lentement la foule. Le Saint-Père est flanqué de son secrétaire Stanislaw Dziwisz, de son majordome Angelo Gugel et de quelques policiers en civil chargés de sa sécurité rapprochée. Sabatino Baglioni, le chauffeur, conduit la Jeep qui parcourt lentement les rangs des fidèles, selon un trajet circulaire balisé par des barrières en bois.

Debout, le Saint-Père vêtu de blanc se tient solidement à la rambarde de la *papamobile* et, de la main droite, bénit l'assistance. Il se penche en souriant, touche des mains tendues, fait un signe de la tête. Soudain, comme il le fait souvent, il attrape à pleins bras un enfant en bas âge, l'embrasse et le rend à sa mère. Ce pape sportif, qui ne semble pas souffrir de la chaleur, a du ressort et de l'endurance. Groupés autour du véhicule, les gardes suisses, les gendarmes de la *Vigilanza* vaticane et les policiers italiens affectés à la sécurité papale scrutent l'assistance comme ils peuvent, tant bien que mal…

A quelques mètres de là, fondus dans la foule en liesse, deux hommes armés attendent tranquillement le moment de tirer sur le pape. Mehmet Ali Agça, veste grise et chemise blanche, s'est posté près d'une barrière, au deuxième rang des pèlerins, la main crispée sur un Browning 9 mm glissé dans une sacoche qu'il porte en bandoulière. Vingt mètres derrière lui, près d'une fontaine, Oral Celik, un petit homme en blouson de cuir, jean et baskets, serre contre lui un 7,65 Beretta et, dans un petit sac, une grenade offensive. Les deux terroristes ont longuement reconnu le terrain, ils savent ce qu'ils ont à faire. Ils ont garé une Ford Taunus sur la via di Porta Angelica qu'ils n'auront pas de mal à rallier dans la panique qui suivra immanquablement leur forfait.

17 h 17. Achevant son premier tour de place, la voiture du pape arrive à la hauteur des deux tueurs, du côté de la porte de Bronze. Agça lève posément son pistolet et, à trois mètres de sa cible, tire deux fois sur le pape. Celik, de plus loin, tire une fois. Des centaines de pigeons

s'envolent d'un coup. Dans la Jeep, Jean-Paul II s'est effondré dans les bras de son secrétaire qui ne comprend qu'une chose : le pape a été touché !

– Où ? crie Dziwisz en polonais.

– Au ventre ! répond le pape en grimaçant.

– Vous avez mal ?

– Oui !

On le saura plus tard : le Saint-Père est touché à l'abdomen, au coude droit et à l'index de la main gauche. Dans les cris et la bousculade, le chauffeur de la Jeep accélère brutalement afin de rejoindre une ambulance garée derrière la colonnade. Mais cette voiture n'est pas équipée pour la réanimation, il faut transférer le pape dans une seconde ambulance qui part en trombe en direction de la polyclinique Gemelli. Celle-ci est à 6 kilomètres de la place Saint-Pierre, et l'heure est celle de la sortie des bureaux. Malgré les embouteillages, l'ambulance ne mettra que huit minutes – un exploit – pour faire le trajet. Le chirurgien en chef de la clinique, Carlo Castiglione, accueille le blessé, qui a perdu beaucoup de sang et qui perd conscience. L'angoisse est à son comble. Le pape est en train de mourir.

Sur la place Saint-Pierre, la stupeur a succédé à l'affolement. Des policiers courent dans tous les sens. A l'endroit où a eu lieu l'attentat, deux touristes américaines, Rose Hall et Ann Odre, ont été blessées par une des balles meurtrières. Des ambulances les ont emmenées à leur tour. Celik, le second tireur, vêtu d'un blouson noir, a réussi à s'enfuir : un Américain travaillant pour la chaîne de télévision ABC, Lowell Newton, l'a vu distinctement, tenant encore son pistolet à la main, disparaître dans la foule. Ali Agça, en revanche, n'a pas pu rejoindre son complice : une petite religieuse tout en noir, sœur Letizia, s'est furieusement agrippée à lui en hurlant, faisant tomber son arme à terre. Un policier en civil a aussitôt plaqué le jeune homme au sol, aidé par des *carabinieri* du commissariat voisin. Le terroriste, qui s'est débattu comme un forcené, n'ira pas plus loin.

Les enfants perdus de Malatya

Dès le 20 juillet, l'individu est transféré au palais de justice de Rome pour y comparaître en flagrant délit devant la première cour d'assises. Il s'appelle Mehmet Ali Agça. Il est turc. Il est né le 9 janvier 1958 dans un faubourg pauvre de Malatya, au cœur de l'Anatolie. Un gamin des rues parmi bien d'autres. Un père alcoolique qui meurt quand il a 10 ans. Un frère, Adnan, et une sœur, Fatima, tous les deux plus jeunes que lui. Une mère incapable de subvenir aux besoins de sa progéniture. La misère et la violence en guise de culture locale. Les enfants perdus de Malatya constituent un inépuisable vivier pour les groupes extrémistes, terroristes ou mafieux qui pullulent dans la Turquie de l'époque.

Nombre d'adolescents du coin sont enrôlés dans des organisations de jeunesse attachées au mythe d'Ergenekon, cette vallée mythique où une louve grise engendra, selon la légende, la glorieuse nation turque. Ali Agça et son copain Oral Celik sont de ceux-là. A 19 ans, officiellement inscrits comme étudiants en économie à Istanbul, ils sont logés, nourris, armés et entraînés au tir par l'organisation nationaliste des « Loups gris ». Les parrains de la mafia locale financent le réseau, en échange de menus services. Comme celui d'assassiner le journaliste démocrate Abdi Ipecki, rédacteur en chef de *Milliyet,* le 1er février 1979, pour la somme de 27 000 dollars. Agça et Celik – lequel a déjà assassiné un professeur de lycée, dans les mêmes conditions – font ce pour quoi ils ont été payés : ils abattent le malheureux Ipecki froidement, dans sa voiture, devant son domicile, en plein centre d'Istanbul, avant de prendre la fuite.

Ali Agça est finalement arrêté, puis enfermé à la sinistre prison de Kartal Maltepe… d'où les « Loups gris » le font tranquillement évader le 25 novembre, avec d'évidentes complicités internes. Le lendemain de cette évasion, le quotidien *Milliyet* reçoit une lettre d'Agça annonçant qu'il va tuer le « commandant des croisés Jean-Paul, déguisé en chef religieux » [*sic*], et que c'est pour accomplir cette mission qu'il s'est évadé de prison. De fait, la visite de Jean-Paul II en Turquie est programmée pour le 28 novembre. La photo d'Agça est dans tous les journaux. La ville est en état de siège. Les forces de l'ordre sont sur les dents. Mais aucun drame, finalement, ne viendra ternir le voyage du Saint-Père. L'incident est vite oublié.

Ali Agça, à nouveau, est en fuite. En Turquie, sa condamnation à mort est prononcée par le tribunal militaire d'Istanbul. Muni d'un faux passeport, il rallie d'abord l'Iran en pleine révolution islamique. Puis ses commanditaires mafieux l'envoient en Europe. Les « Loups gris » sont étroitement liés aux différents trafics qui irriguent le continent européen, *via* la Bulgarie : des camions d'armes dans le sens Allemagne-Turquie, des valises de drogue dans le sens Turquie-Allemagne. Le grand trafiquant Abuzer Ugurlu, notamment, l'assure de sa protection et lui donne quelques numéros de téléphone, à toutes fins utiles.

Muni d'un passeport indien au nom de Yoginder Singh, Agça franchit la frontière turco-bulgare et s'arrête à Sofia, carrefour obligé de tous les trafics routiers entre l'Est et l'Ouest. Il y séjourne à l'hôtel *Vitosha*, un palace international construit dans les années 1970 où se croisent hommes d'affaires, trafiquants, mafieux, contrebandiers, hommes de main, informateurs interlopes, espions de tous acabits et agents de tout poil. C'est dans la chambre 911 du *Vitosha* qu'Ali Agça rencontre un « commerçant » nommé Omer Mersan, un Turc d'origine abkhaze, ami d'Ugurlu, qui va veiller à ce qu'il ne manque de rien. Et qui va lui présenter un personnage important : Bekir Celenk, un gros bonnet qui est aussi, au passage, trésorier de l'organisation des « Loups gris ». Interrogé après l'attentat contre le pape, Ali Agça « révélera » que c'est Celenk qui lui a fourni l'argent et l'arme pour tuer le pape. Personne ne saura jamais si ce qu'il dit est vrai : d'abord, on a fini par l'admettre, Agça raconte n'importe quoi; ensuite, Celenk mourra dans une prison d'Ankara, d'une mystérieuse crise cardiaque, le 14 octobre 1985. Fâcheuse circonstance.

Le 31 août 1980, muni d'un nouveau passeport turc au nom de Faruk Ozgun, Agça part pour la Yougoslavie, d'où il rallie l'Allemagne. On retrouve sa trace à Hanovre, Hambourg, Francfort, Munich. On sait qu'il prend contact avec la puissante Fédération des idéalistes turcs, un important réseau d'émigrés turcs dirigé par Musa Serdar Celebi, lié aux mêmes mafieux et aux mêmes partis d'extrême droite – notamment le MHP (Parti de l'action nationaliste) fondé par l'activiste Alparslan Turkès, que ses partisans appellent *Basbug* : le « meneur ».

Ces réseaux-là sont particulièrement attentifs à ce qui se passe en Turquie : le général Evren vient de prendre le pouvoir à Ankara, avec la complicité de la CIA et fort de la neutralité du KGB, dans l'intention de remettre un peu d'ordre dans ce pays gangrené par le terrorisme quotidien d'extrême gauche et d'extrême droite. Rarement coup d'Etat militaire aura suscité, à l'Ouest comme à l'Est, aussi peu de réactions indignées : pour le reste du monde, il est temps que la Turquie sorte de l'anarchie.

Pour tous ces trafiquants, il est urgent d'attendre. Agça est invité à voyager aux frais de l'organisation – qui compte une soixantaine de relais à travers l'Europe occidentale : il séjourne à Zurich, Côme, Lucerne, Milan, Hammamet, Palerme, d'où il gagne Rome à la mi-décembre pour un séjour de quelques mois – il loge à l'hôtel *Liguria*, à l'hôtel *Archimède*, à la pension *Isa* – avant de repartir pour Milan, Zurich et Vienne, où son ami Celik et lui achètent quatre pistolets Browning chez l'armurier Grillmayer. On connaît presque tout de son emploi du temps : Zurich, Rome, Pérouse, où il s'inscrit dans un cours d'italien pour étrangers, Rome, Milan, puis... Palma de Majorque, pour quinze jours de vacances ! Cette étrange cavale est aussi inexplicable qu'incohérente. On retrouve sa trace le 9 mai à Milan, où il rencontre le chef des « Loups gris » pour l'Europe, Abdullah Çatli. Puis il revient à nouveau à Rome, où il retrouve son vieux complice Oral Celik. Avec lequel, le 13 mai, il se rend place Saint-Pierre pour assassiner le pape.

Un fanatique ? Un exalté ? Un mystique ?

Rome, 24 septembre 1981. Après deux mois d'instruction, deux jours d'audience et sept heures de délibération, le procès d'Ali Agça se termine sans qu'on puisse répondre aux questions essentielles : était-il seul ? Y a-t-il eu complot ? Au profit de qui ? Mystère. A peine arrêté, le jeune homme a tenu des propos décousus, contradictoires et délirants. Il s'est dit chilien, puis apatride. Il s'est autoproclamé « le plus grand terroriste turc ». Dans sa chambre d'hôtel, à Rome, la police a retrouvé des notes où il annonçait qu'il allait tuer le pape « en signe de protestation contre l'ONU et l'impérialisme occidental ».

De l'avis général, c'est un fou, un exalté, voire un mystique. Son avocat, Pietro d'Ovidio, a plaidé le « fanatisme religieux, l'obsession maniaque et la folie des grandeurs ». Agça est condamné à la prison à vie pour « tentative d'assassinat d'un chef d'Etat ».

Qui pouvait croire qu'une procédure aussi expéditive avait fait le tour d'un crime aussi inouï ? Les médias ne lâchent pas l'affaire, les révélations se multiplient, plus ou moins crédibles. Et voilà qu'Ali Agça se répand, depuis sa prison d'Ascoli Piceno, en nouvelles déclarations spectaculaires qui pulvérisent les conclusions du premier procès. Un complément d'enquête est confié au juge Ilario Martella le 16 novembre 1981. Le dossier s'épaissit de jour en jour. Chaque nouvelle pièce débouche sur une piste différente : la loge maçonnique P2, qui défraie alors la chronique ; les services secrets américains, très intrusifs à cette époque ; le scandale de la banque Ambrosiano qui éclabousse le Vatican ; les Brigades rouges, qui multiplient les assassinats politiques, etc. Un jour, Agça révèle au juge qu'il a aussi tenté d'assassiner Lech Walesa, pour le compte des Bulgares, lors de la visite du leader de *Solidarnosc* en Italie, en janvier 1981. Un autre jour, il se rétracte complètement. Une autre fois, il révèle qu'en Iran, il a été formé par un agent du KGB dans le but d'assassiner le secrétaire général de l'ONU et la reine d'Angleterre. Puis il se rétracte à nouveau. Le juge Martella passe des mois à recouper toutes les hypothèses, à passer au crible tous les indices. Sans résultat.

L'ombre du KGB

Un fantôme rôde pourtant dans cette affaire obscure : l'ombre du KGB. Dans les pays de l'Est européen, notamment en Pologne, on est absolument certain que le Kremlin a décidé de réduire au silence ce pape slave qui avait enflammé la Pologne lors de son voyage apostolique de juin 1979, qui avait encouragé l'aventure du syndicat *Solidarnosc* depuis les « accords de Gdansk » de l'été 1980, qui tenait des propos subversifs en direction de toutes les communautés catholiques du bloc communiste, y compris les Ukrainiens ou les Lituaniens ! A Moscou, à la Loubianka, le KGB s'est très vite inquiété de cette rumeur dévastatrice. Il est exact qu'Ali Agça a séjourné en Bulgarie, et que les services secrets bulgares sont connus pour être très proches de leurs collègues soviétiques. Dès le 25 mai 1981, ceux-ci leur adressent une consigne ultra-secrète : face au « déchaînement » [*sic*] de la propagande anticommuniste occidentale, prière de tout mettre en œuvre pour réfuter ces « absurdités » !

En réalité, il n'y a pas de « déchaînement » occidental, bien au contraire : si quelques retraités de l'anticommunisme comme Henry Kissinger se répandent inconsidérément dans les médias, le président Ronald Reagan et le gouvernement américain – pourtant peu suspects de sympathie envers l'« empire du mal » – font preuve d'une ostensible prudence face à l'événement. En cet été 1981, le président et chef du parti soviétique, Leonid Brejnev, est mourant, et tout laisse à penser que c'est Iouri Andropov, le chef du KGB, qui va lui succéder. Attiser l'hypothèse selon laquelle le KGB aurait pu tenter d'éliminer physiquement Jean-Paul II, c'est accuser personnellement le futur patron de l'URSS, avec toutes les conséquences négatives que cela pourrait avoir sur les relations Est-Ouest !

C'est en coulisse que l'on s'agite sur le sujet. Dans les couloirs des services secrets, où l'on trouve toujours, dans le secret des fiches, de quoi étayer une thèse ou son contraire. Dans les cercles faisant profession d'anticommunisme, où cet attentat vient fournir un argument historique, peut-être décisif, contre les tenants de l'idéologie honnie. Dans les rédactions de presse, aussi, où l'on se dit qu'un scoop pareil – la preuve de l'implication du KGB dans l'attentat contre le pape – vaudrait tout l'or du monde.

Le 16 août 1982, un article sensationnel paraît dans le *Reader's Digest* – le magazine le plus diffusé au monde – sous le titre : « Qui veut tuer le pape ? » L'auteur, Claire Sterling, proche des *think tanks* anticommunistes de Washington, a travaillé avec Paul Henze, honorable correspondant de la CIA à Ankara. Elle développe avec conviction la thèse de la *bulgarian connection* : non, Agça n'est pas un fanatique isolé, c'est un tueur recruté par les services secrets bulgares, derrière lesquels se profile naturellement le « grand frère » soviétique. La thèse sera reprise dans un documentaire de NBC diffusé le 12 septembre 1982, puis dans un best-seller publié à New York en 1983 : *The Time of the Assassins.*

La « filière bulgare »

En mai 1982, coup de théâtre : le « petit juge » Martella recueille enfin de vraies dépositions d'Agça. Le terroriste a-t-il compris que personne, cette fois, ne viendrait le tirer de sa cellule, comme naguère à Istanbul ? Il est stimulé par le vote imminent d'une loi sur les « repentis », dont lui ont parlé en prison certains de ses visiteurs – en l'occurrence l'aumônier de la prison, le père Santini –, et qui promet d'importantes réductions de peine aux condamnés qui « balancent » leurs complices. Alors il balance. Il parle de ses contacts, Omar Mersan, Musa Cerdar Celebi, Bekir Celenk, etc. Le juge complète sa collection de trafiquants turcs, tous plus ou moins connus, déjà, des services de police.

Soudain, le 29 octobre, dans le bureau du juge, autre coup de théâtre. Ali Agça révèle spontanément qu'il a bien été le bras armé des services secrets de l'Est. Enfin ! Pendant trois semaines, il raconte avec complaisance que c'est bien à Sofia qu'on lui a donné passeport et instructions, qu'il a bien été préparé à son forfait par des agents bulgares : il les reconnaît sur photos, il en décrit longuement les habitudes et les appartements, il connaît leurs noms d'agents, il donne même leurs numéros de téléphone.

Le jeudi 25 novembre 1982, le juge Martella fait arrêter à son domicile Sergueï Antonov, 35 ans, chef d'escale de la compagnie aérienne bulgare Balkan Air. Deux autres accusés, Teodor Aïvazov, caissier de l'ambassade bulgare à Rome, et Zelio Vasiliev, adjoint de l'attaché militaire bulgare, sont en vacances à Sofia. Aïvazov est même sur le point de rentrer à Rome : averti à la dernière minute, il décide de différer son retour. Qu'importe. L'arrestation d'Antonov fait sensation. Sa photo fait le tour du monde. La « filière bulgare » est enfin mise au jour !

Antonov peut bien clamer son innocence, les autorités bulgares peuvent toujours protester, les éléments livrés par Agça sont impitoyablement précis. Ainsi, le tueur décrit par le menu la réunion tenue le 10 mai 1981 à 16 heures au domicile de « Bayramic » – c'est le nom de code d'Antonov – au 29 via Pola, où les conspirateurs turcs et bulgares ont mis au point les derniers détails de leur forfait. Les meubles de l'appartement, la vue qu'on a de ses fenêtres, le diminutif de la femme du maître de maison, la collection de « mignonnettes » d'Antonov, la vue basse de ce dernier, le grain de beauté sur la joue de Vassiliev : comment contester des révélations aussi confondantes ? Les hommes, les dates, les faits : tout se tient. Et si d'aventure un élément du puzzle ne « colle » pas, tous les experts en coups tordus expliquent doctement que, justement, le b.a.ba d'un agent secret consiste à brouiller les pistes !

Il y a pourtant quelques sérieuses raisons de douter des aveux d'Agça. La première, la plus banale, est aussi la plus flagrante. Qui peut imaginer que le KGB, pas plus que ses correspondants bulgares, ou n'importe quel autre service secret, aurait laissé en place, à son bureau romain de la Balkan Air, le principal agent d'une opération aussi importante *un an et demi* après l'attentat ? Si Antonov avait vraiment été le cerveau d'une telle « mesure active », il aurait discrètement disparu, d'une façon ou d'une autre, depuis belle lurette !

La personnalité du Bulgare, elle aussi, jette le discrédit sur le dossier. Sergueï Antonov, né en 1948 à Sofia, modeste collaborateur de niveau 3 à la Balkan Air de Rome, a un *curriculum* – dans le langage du parti communiste local, on dit une *kharakteristika* – d'une banalité désarmante, sans zone d'ombre ni aspérité. Justement, répliquent certains spécialistes : c'est une superbe couverture ! Son mutisme et sa santé déclinante ? Du bluff ! Mais est-il plausible, comme l'enquête le révèle, que ce présumé « super-agent », en qui on a voulu voir le cerveau d'un tel montage, ne parle ni l'anglais ni l'italien et sache à peine conduire ?

Pas une trace, pas une note…

Ce que les différentes enquêtes ont révélé, en revanche, c'est qu'Ali Agça a reçu un nombre étonnant de visites discrètes dans ses différentes cellules – notamment de prisonniers mafieux manipulés par les services secrets italiens, lesquels ne pouvaient refuser de rendre quelques services à certains de leurs collègues américains – et que toutes ses révélations lui ont été « soufflées », selon les époques, par les uns et par les autres. En échange, vraisemblablement, de quelque aménagement de peine. Beaucoup de détails secondaires, dans les différents récits du tueur, ressemblent à ceux qu'on trouve dans les fiches des services spéciaux. Y compris quelques erreurs : quand Agça décrit une porte coulissante entre deux pièces dans l'appartement d'Antonov, au 29 via Pola, il se trompe (il n'y a qu'un rideau), mais il y a bien une porte coulissante dans tous les autres appartements de l'immeuble, notamment dans l'appartement… du dessus, occupé à l'époque par un dominicain, le père Morlion, informateur notoire de la CIA !

Le juge Martella boucle son instruction le 31 octobre 1984. Surprise : rien ne vient y étayer l'hypothèse de la « filière bulgare ». A l'ouverture du procès, Ali Agça se lève et, « au nom de Dieu », devant les jurés sidérés, annonce solennellement la fin du monde. Plus personne ne le prend au sérieux. Seuls quelques obstinés estiment que cette folie est simulée – mais dans quel but ? Le malheureux Antonov sera finalement relâché pour « insuffisance de preuves » en mars 1986, dans un état psychique désastreux, broyé par une affaire incroyable, aux ramifications insoupçonnables. De retour dans son pays, il mourra prématurément en août 2007, à l'âge de 58 ans. Aucune preuve n'a jamais été trouvée le concernant, pas plus que les deux autres inculpés bulgares.

Après l'effondrement de l'URSS en 1991, un grand nombre de journalistes, écrivains, agents étrangers et enquêteurs divers ont plongé dans les archives de l'Est – bulgares, est-allemandes et soviétiques – qui se sont ouvertes, ou entrouvertes, dans tous ces pays. Personne n'a jamais rien découvert qui corrobore les avertissements d'Alexandre de Marenches avant 1981, ou les révélations de Claire Sterling après 1982. Même l'ex-dissident Vladimir Boukovski, qui a passé plusieurs mois dans les archives du Comité central du PCUS, à Moscou, en 1992, n'a rien trouvé. De même, dans les « archives Mitrokhine », une mine de documents sortis d'URSS cette année-là par le transfuge Vassili Mitrokhine, on ne trouve rien. Pas la plus petite note de frais, pas le plus anodin billet d'avion, pas la moindre fiche compromettante. Les autres juges italiens qui auront à rouvrir le dossier entre 1986 et 1995, notamment Ferdinando Imposimato et Rosario Priore, ne parviendront à rien, eux non plus. Jean-Paul II lui-même, quand il visitera la Bulgarie en mai 2002, déclarera dès son arrivée au président Gueorgui Parvanov : « Je n'ai jamais cru à la “filière bulgare”. »

Propos diplomatique ou réelle conviction ? Lorsque le pape était allé spectaculairement rendre visite à Ali Agça dans sa prison de Rebibbia, le 27 décembre 1983, pour pardonner à son agresseur, certains journalistes avaient tenté de lire sur les lèvres des deux hommes – en louant même les services d'un sourd-muet rompu à cet exercice ! Selon eux, le pape aurait bien demandé à Agça « pour qui » il travaillait, mais en vain : le terroriste était obnubilé par l'idée d'avoir raté sa cible, et craignait la vengeance de la « déesse de Fatima » à laquelle il devait son échec ! De fait, Jean-Paul II avait passé l'essentiel de cet entretien surréaliste – il l'a raconté le lendemain à un ami polonais – à rassurer son « frère » turc sur la bonté et la miséricorde de la Sainte Vierge.

Il reste que la conviction du pape exprimée à Sofia en 2002 n'était pas partagée par tous les membres de son entourage : son secrétaire Stanislaw Dziwisz continuera, bien après la mort de Jean-Paul II, à croire en la culpabilité, directe ou indirecte, des dirigeants soviétiques…

La mariée était trop belle. Le KGB faisant assassiner le pape ! Quelle histoire ! Et quelle cohérence ! Qui avait plus intérêt que le Kremlin, au printemps 1981, à ce que le pape polonais disparaisse ? Des cercles anticommunistes américains héritiers de la guerre froide aux réseaux internationaux occultes impliqués dans des trafics inavouables, nombre d'officines ont absolument voulu prouver l'implication du KGB dans l'attentat contre le pape, quitte à acheter de fausses confidences à des transfuges, à fabriquer des indices inexistants, à pourrir les enquêtes judiciaires jusqu'à les embrouiller de façon inextricable.

Mehmet Ali Agça était un cinglé fanatique, imprégné, depuis l'adolescence, d'une archaïque idéologie nationale-islamiste qui le portait à considérer le pape, parmi d'autres personnalités mondiales, comme une cible emblématique. A la journaliste Roumiana Ougartchinska, un des chefs des « Loups gris » expliquera fièrement : « Il fallait que le monde entier sache que nous étions les plus forts, c'est pour cela qu'il a choisi de s'en prendre au pape ! » Agça et quelques autres tueurs itinérants constituaient une réserve d'hommes de main pour les gros bonnets de la mafia turque, lesquels n'avaient pas prévu que ce paranoïaque incontrôlable et ses compagnons de dérive iraient réellement tirer sur cet autre « commandeur des croyants » qu'ils considéraient comme le diable. Déclenchant une des plus formidables et des plus frustrantes affaires d'espionnage du XXe siècle.

Bibliographie sélective

Lecomte, Bernard, *Jean-Paul II*, Gallimard, coll. « Folio », 2006.
Ougartchinska, Roumiana, *La Vérité sur l'attentat contre Jean-Paul II,* Presses de la Renaissance, 2007.
Sterling, Claire, *Le Temps des assassins*, Mazarine, 1984.
Stoerkel, Jean-Marie, *Les Loups de Saint-Pierre,* Plon, 1996.

XX

Lady Di, victime des médias ?

par Jean DES CARS

Dans la nuit du 30 au 31 août 1997, à 2 heures du matin, la reine Elizabeth II, qui se trouve en Ecosse, à Balmoral, est réveillée par un appel téléphonique de l'ambassadeur britannique à Paris. Il lui annonce que son ex-belle-fille, qui porte toujours le titre de princesse de Galles, a été victime d'un accident de voiture à Paris, dans le tunnel du pont de l'Alma. Selon les pompiers et les policiers, Diana est vivante mais très grièvement blessée. A 3 h 30, un deuxième appel reçu par la souveraine lui précise que Diana, transférée en ambulance à l'hôpital de la Salpêtrière dans un état désespéré, est décédée. Elle avait 36 ans. Dodi Al-Fayed, nouveau compagnon de Diana, 42 ans, est mort lui aussi dans l'accident, ainsi que le chauffeur. Seul survivant de cette tragédie, le garde du corps de Diana, Trevor Rees-Jones.

C'est un véritable séisme qui secoue la sphère médiatique et l'opinion mondiale. Au-delà du choc émotionnel, les millions d'admirateurs de Diana ne veulent pas croire à ce drame et soupçonnent immédiatement une odieuse machination, alors que la vie de la princesse est déjà déroulée et racontée par la chaîne américaine d'information continue CNN depuis son siège d'Atlanta aux Etats-Unis, une information télévisée d'un modèle qui va se répandre. Cette réaction est si rapide qu'elle sera suspecte, comme si la tragédie avait déjà été programmée… Dans la matinée, les circonstances de l'accident sont relatées et les éditions spéciales se succèdent : Diana se trouvait avec son « ami » Dodi Al-Fayed dans une Mercedes que l'on suppose fournie par le Ritz. Le chauffeur, M. Henri Paul, employé du palace, tentait de fuir la meute de journalistes qui traquait le couple, lequel avait rusé avec les paparazzi en empruntant une sortie de service du Ritz. Peine perdue. Les journalistes, acharnés à obtenir la bonne photo qui confirmerait les probables fiançailles du couple, puisque Dodi s'était rendu chez un joaillier de la place Vendôme pour acheter une bague à Diana, déjouent la ruse.

La voiture, prise en chasse par les reporters-motards, roulait très vite, trop vite.

Qui est responsable : la vitesse, le chauffeur, l'état de la voiture ?

Une course folle. La Mercedes S-280 avait plongé dans le tunnel de l'Alma à près de 150 km/h ! Dans cette dernière nuit d'août, la voiture s'était encastrée contre le treizième pilier du tunnel. Le ministère de l'Intérieur et la préfecture de police confirment, dans la matinée, que la vitesse du véhicule était excessive, et que le chauffeur en avait perdu le contrôle. Selon des champions de course automobile, qui, à la demande des experts et des autorités, referont ce trajet dans une voiture identique, en bon état et dans les mêmes conditions, l'accident était inévitable. Diana était morte à cause d'un excès de vitesse. Une explication trop simple pour le père de Dodi, propriétaire du célèbre magasin Harrod's à Londres mais aussi du Ritz, à Paris, où le couple résidait depuis son arrivée dans la capitale. Immédiatement, Mohammed Al-Fayed, brisé par la mort de son fils, accuse les services secrets britanniques d'avoir assassiné le couple, proclamant aussi, sans aucune preuve, que Diana était enceinte. Il affirme que l'union de la mère d'un futur roi avec un musulman aurait été jugée insupportable par la famille royale. Selon lui, des émules de James Bond auraient été chargés d'exécuter le couple maudit. Spéculations, supputations et révélations se succèdent. Ce qui est inévitable dans tout accident dont les victimes sont des personnalités célèbres et médiatiquement surexposées prend immédiatement des proportions gigantesques. On découvre avec surprise que la Mercedes ne faisait pas partie du parc automobile du Ritz. Ce véhicule avait eu, si l'on peut dire, une vie mouvementée avant la nuit tragique ; c'était une voiture connue et cataloguée comme « très gravement accidentée » ; elle avait été volée, on l'avait retrouvée une fois en banlieue, elle était souvent en réparation, bref, une épave qui n'aurait pas dû rouler, et on ne sait pas comment elle s'était retrouvée en location à la société Etoile Limousine. C'est l'un des plus épais mystères du drame. On pense que, par souci de discrétion, cette Mercedes S-280 aurait été réservée directement par M. Paul pour Dodi Al-Fayed, sans constater l'état déplorable de la voiture, ce qui semblait, au minimum, de l'amateurisme incompatible avec son emploi au Ritz ou, pis, suspect… Et c'est Dodi Al-Fayed qui avait choisi l'itinéraire de la fuite, ce qui n'est pas compatible avec la thèse d'un attentat programmé sur un trajet connu à l'avance.

Les provocations de Diana inquiètent la reine et le gouvernement

Pourquoi Dodi et Diana quittent-ils le Ritz ? Où vont-ils ? Etait-ce une fuite en catastrophe sans destination précise ou un nouveau défi ? Les Al-Fayed ont un appartement près de la place de l'Etoile, rue Arsène-Houssaye, mais personne ne comprend pourquoi la voiture emprunte le tunnel de l'Alma. Diana et Dodi allaient-ils voir l'ancienne résidence du duc et de la duchesse de Windsor à Neuilly que Mohammed Al-Fayed est en train de restaurer ? Dans ce cas, Diana avait-elle un vrai projet de vie commune avec Dodi ? S'installer dans l'hôtel particulier où l'ex-roi Edouard VIII, oncle de la reine, vivait en France avec la femme pour laquelle il avait abdiqué et provoqué un scandale qui avait souillé la Couronne, serait considéré comme une nouvelle et perfide provocation de Diana contre la famille royale, réanimant un chapitre peu glorieux de la monarchie britannique. De toute manière, les projets de Diana pour continuer à « exister » depuis son divorce posaient des problèmes permanents à la royauté et au gouvernement, entre sa liaison affichée avec Dodi, qu'il y ait eu ou non projet de mariage, et l'intention de la princesse de se rendre dans les territoires palestiniens ou de dénoncer les mines antipersonnel. Une nouvelle rumeur circule : les services secrets israéliens, le Mossad, auraient-ils été chargés d'éliminer cette visiteuse provocatrice ? Elle aimait choquer, y compris politiquement. Il faut, cyniquement, reconnaître que la disparition soudaine de Diana soulage le cabinet britannique et la famille royale d'une gestion quotidienne pénible et conflictuelle. La mère du prince William, héritier en second après son père Charles, et du prince Harry n'avait jamais supporté le carcan de « la firme » et n'admettait pas d'être recadrée en permanence. S'il est difficile d'imaginer ce qu'aurait été, à partir de la fin août 1997, la nouvelle vie de Diana, il est certain qu'elle aurait été une source de conflits quasi quotidiens et sans fin. Comme d'habitude. La médiatisation de Diana, le plus souvent par elle-même en avertissant les journalistes de certains de ses déplacements, mais parfois en prétendant qu'ils la harcelaient et en refusant leur présence, avait été croissante depuis son mariage, la naissance de ses enfants et surtout lorsque les difficultés du couple étaient devenues publiques, par exemple lorsqu'elle avait posé pour une photo (qui fera le tour du monde), seule en Inde, devant le Taj Mahal, mausolée symbolisant l'amour éternel. Diana affichait sa douleur et sa solitude devant des centaines de millions de témoins. Ou, autre exemple, le jour où son divorce était prononcé, elle honorait un engagement à Londres au milieu d'une foule de journalistes qu'elle avait évidemment prévenus, pratiquant le jeu ambigu et dangereux du chat et de la souris.

L'enquête policière se poursuit, aussi bien du côté britannique que français, mais débouche souvent sur des fausses pistes. Ainsi, rapidement, on accuse le chauffeur d'avoir pris le volant alors qu'il aurait trop bu. On assure que M. Henri Paul avait été vu ivre au célèbre bar Hemingway du Ritz, mais c'était impossible, le bar étant encore fermé à cette date et n'ouvrant que le lendemain. Cette importante précision sera rappelée par son entourage lors de ses funérailles, pour venger sa mémoire souillée, alors que M. Paul continuera d'être accusé, à titre posthume et sans analyse probante, d'avoir eu un taux de 1,74 g/l d'alcool dans le sang, soit trois fois le maximum autorisé. On assurera même qu'il avait été drogué ou sous antidépresseurs, toujours sans aucune preuve réelle. Des rumeurs… Ici, on peut remarquer que si M. Paul n'avait pas été jugé en état de conduire ce dimanche soir, jamais le garde du corps, assis à côté du chauffeur, ne l'aurait laissé prendre le volant, car il aurait été lui-même complice d'avoir mis en danger la vie des passagers de la Mercedes, y compris la sienne. Le garde du corps se borna à répéter que M. Paul n'avait pu ignorer que la voiture était dangereuse et qu'il était seulement coupable d'avoir conduit « un véhicule non homologué ». Les experts préciseront qu'au-delà de 60 km/h, la voiture n'était plus maîtrisable… Précision importante : depuis son divorce, Diana, malgré les recommandations de la reine, refusait la protection des services britanniques, persuadée qu'ils voulaient l'espionner et rapporter chacun de ses faits et gestes à la famille royale.

Or, si la princesse avait perdu son statut d'altesse royale, Elizabeth II tenait à un minimum de sécurité pour la mère de l'héritier en second sur la liste de succession. Mohammed et Dodi Al-Fayed avaient donc engagé personnellement un agent pour lui assurer une protection permanente, mais Diana en était exaspérée. On apprendra bientôt que Trevor Rees Jones, le garde du corps choisi pour cette mission, n'était pas le professionnel expérimenté qu'il aurait fallu, selon le témoignage publié par l'inspecteur Ken Wharfe dans ses Mémoires. Chargé de la protection de la princesse pendant six ans, de 1987 à 1993, ce policier, homme de grande expérience, n'a jamais cru à la thèse de l'assassinat mais à un incroyable concours de circonstances, « un terrible accident qui aurait pu être évité ».

La reine, accusée de froideur et d'absence, perd la confiance populaire

Alors que le décès brutal de Diana, icône universellement vénérée, morte dans des circonstances spectaculaires, bouleverse la planète incrédule, le peuple et la presse britanniques accusent la reine, restée invisible à Balmoral, de froideur, car elle ne se manifeste pas. Pour la première fois de son règne, Elizabeth II fait face à une indignation populaire. Une immense colère menace le Royaume-Uni. Les Windsor sont soupçonnés de tout, d'avoir fomenté un attentat et d'être insensibles à la douleur des foules immenses pleurant celle que le Premier ministre Tony Blair appellera « la princesse du peuple », le chef du gouvernement obtenant enfin que la souveraine revienne à Londres et affiche une compassion, jugée trop tardive, à la télévision en rendant hommage à la défunte. La famille royale n'avait pas réalisé que malgré sa séparation d'avec le prince Charles, sa vie agitée et ses provocations, la mère des princes William et Harry était toujours très aimée. La reine mettra longtemps à reconquérir la faveur de ses sujets. Les funérailles de Diana furent encore un terrain d'affrontement entre les deux familles : cérémonie privée ou officielle ? Le Premier ministre et le frère de Diana, le comte Spencer, l'emportent, les obsèques furent solennelles.

Dans cette atmosphère tendue, l'avalanche de rumeurs, de polémiques et d'insinuations ne diminue pas avec les funérailles de la princesse de Galles. Lors de la cérémonie, le comte Spencer a fustigé le comportement de la famille royale. La thèse de l'attentat tient l'opinion en haleine : on assure que M. Paul aurait été aveuglé dans le tunnel par un puissant faisceau lumineux et qu'une petite voiture, une Fiat Uno, aurait délibérément obligé la Mercedes à faire une embardée fatale. On devra admettre que cette voiture se trouvait sur le trajet par hasard et que son propriétaire, recherché, l'avait fait repeindre pour éviter d'être interrogé. Pendant des semaines puis des mois, les tenants d'une conspiration royale, avec des thèses parfois plus que fantaisistes, alimentent les doutes. Les plus grands limiers des polices française et britannique (celle-ci dirigée par lord Stevens of Kirkwhelpington, un as de Scotland Yard) explorent chaque seconde de la dernière soirée de Diana mais aussi les semaines précédant sa mort. Vidéos de sécurité, enregistrements sonores, reconstitutions par ordinateur d'une précision remarquable, examens minutieux de la carcasse de la Mercedes sont accompagnés de l'interrogatoire de quelque 1500 témoins ou proches, y compris les journalistes qui traquaient Diana jour et nuit. Jusqu'en octobre 2007, soit plus de dix ans après le drame, la Haute Cour de Londres conduit une enquête judiciaire et scientifique comme on en a rarement vu. Des éléments inédits n'apportent aucune preuve que le MI6, les fameux espions « au service de Sa Majesté », était impliqué. Mohammed Al-Fayed, convaincu que les résultats de l'enquête sont tous délibérément falsifiés, engage lui-même une équipe de détectives privés à la recherche d'indices cachés. On ira même jusqu'à suggérer que c'était Dodi Al-Fayed, son fils, qui était, en réalité, visé et poursuivi pour on ne sait quelles raisons, plus ou moins liées à d'éventuelles consommations de drogue. Rien n'y fait : son père a toujours eu l'intime conviction que ce n'était pas un accident. Et le rapport final de plus de 6000 pages ne l'a pas entamée. Si, à ce jour, aucun élément sérieux n'a pu contester la thèse de l'accident, cette tragédie et ses zones d'ombre, dont certaines restent troublantes, sont, en fait, la conséquence de la volonté de Diana de se venger de son ex-époux le prince Charles.

« La guerre des Galles » a commencé après la naissance de Harry

Pour comprendre la situation au moment du drame, il faut revenir en arrière. En résumé, lors de leur mariage le 29 juillet 1981, si Diana pensait être amoureuse de Charles, lui savait qu'il n'était pas amoureux d'elle : le seul amour du prince de Galles était Camilla Shands, qu'il avait connue en 1970. Ils avaient eu une liaison puis elle s'était mariée avec Andrew Parker-Bowles mais ils s'étaient retrouvés en 1979, alors que Charles était très perturbé par l'assassinat par l'IRA de son parrain et mentor, lord Louis Mountbatten. Mais lorsqu'il se fiance avec Diana, il décide de rompre complètement avec Camilla. A la veille de son mariage, il lui offre un bracelet qui est un cadeau de rupture mais dont la découverte inopinée par Diana l'a rendue folle de jalousie. Très vite, Charles va s'apercevoir que son couple ne peut pas fonctionner. Diana a du mal à s'adapter aux codes et aux obligations de la famille royale. S'ensuivent des tensions incessantes, et après la naissance de leur second fils, Harry, en 1984 (William est né en 1982), l'union de Charles et Diana n'est plus qu'une fiction. En 1987, le prince a renoué avec sa maîtresse, dont la nouvelle résidence n'est qu'à une vingtaine de kilomètres de Highgrove, le domaine de Charles. Si, à l'époque, très peu de gens connaissent la liaison de Charles, Elizabeth II, Philip et la reine mère n'en ignorent rien. Et de toute façon, le fait que le prince de Galles ait une maîtresse mariée n'est pas une nouveauté dans l'histoire de la dynastie… et ne semble choquer personne. Seule Diana se sent profondément humiliée, ce que l'on comprend. Peu à peu, elle se venge en volant la vedette à son mari quoi qu'il fasse. On ne parle que d'elle, on ne voit qu'elle, Charles est éclipsé. Et Diana est une manipulatrice sans égale avec la presse. L'épouse de l'héritier du trône « se vend » très bien ! Lorsque, après un match de polo, Charles essaie d'embrasser sa femme… elle détourne la tête et le baiser finit sur sa joue ! Encore une bonne photo !

Au printemps 1992, la princesse lance une première bombe sur la famille royale : le *Sunday Times* publie des extraits d'un livre d'Andrew Morton sur *La Véritable Histoire de Diana*. Elle y est présentée comme une victime, une femme trompée depuis le début de ses noces, et elle accuse la famille royale de ne jamais prendre sa défense. Le livre est un triomphe, traduit en plusieurs langues, y compris en français. Diana devient une star mondiale et joue sans nuance de sa popularité. Elle ose même prétendre qu'elle n'est pour rien dans ce déballage, alors qu'elle a fourni toute la matière de l'ouvrage à son auteur. La reine et le duc d'Edimbourg jugent ces révélations indécentes et prennent le parti de leur fils. En revanche, l'opinion se range du côté de l'épouse bafouée et incomprise. Diana est devenue un filon en or pour les journaux, les radios et les télévisions : une ravissante princesse, épouse délaissée et mère attentive. Même si elle apparaît quand même au balcon de Buckingham Palace auprès de Charles et de ses beaux-parents lors de la cérémonie de Trooping the Colour, l'anniversaire officiel de la reine qui tient aussi lieu de fête nationale, on commence à parler de séparation.

C'est un vrai feuilleton, ou mieux, une série télévisée dont chaque épisode excite des millions d'amateurs. A chaque fois, on espère être surpris, et on l'est ! Le scénario est de plus en plus perfide, c'est-à-dire de plus en plus nuisible pour le couple et la famille régnante. Dans le rôle de la provocatrice imprévisible et qui sait prendre la lumière, la princesse de Galles est parfaite. Qu'elle ait rencontré Mère Teresa signifie que Diana est sensible à la douleur des déshérités mais… elle ne vivra pas parmi les malheureux de Calcutta. Elle fait monter la pression en précisant préférer être « la princesse des cœurs » (expression reprise plus tard) plutôt que la reine. On imagine les dégâts causés par une telle déclaration de guerre ! Puis Diana ose prétendre à une mission d'ambassadrice humanitaire de la Couronne. Au *Foreign Office*, on est choqué mais plus très étonné, et certains diplomates voient dans celle qui à l'époque est toujours l'épouse de Charles une réelle menace politique, comparable à celle que représentait Wallis Simpson en 1936.

Le 20 août 1992, le *Sun*, puissant quotidien populaire très actif dans la guerre des journaux sur ce sujet, publie la transcription d'une conversation de Diana enregistrée le soir du réveillon de 1989 avec un de ses amis, John Gilbey, vendeur de voitures de luxe et héritier d'une marque de gin. Pourquoi cet entretien a-t-il été mis sur écoute et conservé ? On évoque ici encore une « fuite » des services secrets. Si l'enregistrement est appelé « Squidgygate » (car c'est John Gilbey qui surnomme Diana Squidgy, ce qui peut se traduire par « Ma douce ») et révèle une tendre relation entre Diana et John Gilbey, la princesse y déverse un flot de récriminations contre la famille royale, en des termes particulièrement grossiers, bien que plusieurs passages aient été supprimés. Diana change de rôle ; elle n'est plus une « pauvre victime », elle est maintenant une épouse qui se venge de l'infidélité de son mari en ayant elle-même des amants, et l'avenir montrera qu'ils ont été assez nombreux. Cette « guerre des Galles » accable la reine. Malgré ces tornades de vulgarités croustillantes, Elizabeth II cherche à convaincre sa belle-fille de sauver les apparences en accompagnant Charles dans son voyage officiel en Corée du Sud, du 4 au 8 novembre 1992. Diana commence par refuser, puis accepte. Ce périple sera un succès commercial et diplomatique, mais un nouveau cauchemar médiatique et familial : les moindres gestes de Charles et Diana (celle-ci très boudeuse), leurs moindres expressions sont analysés, décryptés et le résultat confirme l'échec flagrant de leur couple. Ce sera leur dernier voyage officiel en commun ; ils ne représenteront plus ensemble le Royaume-Uni à l'étranger, d'autant moins qu'en cette fin d'année 1992 un nouveau scandale éclate, baptisé « Camillagate » : il s'agit d'un enregistrement datant de décembre 1989, trois ans plus tôt, d'une conversation incroyablement intime entre Charles et Camilla, accompagnée de détails scabreux. Si le « Squidgygate » avait déstabilisé Diana, cette fois c'est Charles qui est malmené, voire ridiculisé.

A la télévision, Diana va trop loin : le divorce est inévitable…

1994 va être riche de nouveaux épisodes épicés, dont la presse s'empare avec délices. L'hebdomadaire *News of the World* révèle, au début de l'année, que Diana, dépitée d'avoir été délaissée par l'antiquaire Olivier Hoare, s'était livrée, par vengeance, à un harcèlement téléphonique auprès de l'épouse de ce dernier. Au printemps, un nouveau livre, *Princess in love*, d'Anna Pasternak, révèle au public la très longue liaison que Diana a entretenue avec un officier, le capitaine James Hewitt. Il est temps pour

Charles de reprendre la main. Le 29 juin 1994, il contre-attaque avec un film diffusé sur la BBC à 20 h 15 sous le titre *Charles : the private man, the public role*. C'est un portrait honnête dans lequel le prince de Galles reconnaît la faillite de son mariage mais affirme que le divorce n'est pas envisagé dans l'immédiat et que, de toute façon, il ne constituerait pas un empêchement à son accession au trône. Charles prend un peu de hauteur en disant que le moment venu, il sera « Défenseur de la foi, et pas seulement de la foi anglicane mais de toutes les religions ». Trois mois plus tard, il récidive avec la publication d'un livre, *The Prince of Wales*, de Jonathan Dimbleby, réalisateur du film. Malheureusement, Charles commet l'erreur de se plaindre publiquement de ses parents, montrant Philip en père dictatorial et Elizabeth en mère distante, absorbée par sa lourde charge. Le couple royal n'apprécie pas. Cependant, Charles regagne en crédibilité dans l'opinion. Le match est serré !

Pour Diana, c'est insupportable. Elle va concocter une nouvelle « vengeance » à l'encontre de son mari et de la famille royale. Elle accorde une interview fracassante à la BBC dans la célèbre émission *Panorama*. La diffusion est annoncée le 14 novembre 1995, jour du 47e anniversaire de Charles et aura lieu le 20 novembre, jour du 48e anniversaire de mariage d'Elizabeth et Philip. Une double perfidie de la part de Diana, contre son mari et ses beaux-parents. La princesse confirme sa rancœur à l'égard de Camilla ainsi que les révélations de *Princess in love* et sa liaison avec le capitaine Hewitt, un homme qu'elle dit « avoir adoré ». Mais elle va plus loin, trop loin sans doute, puisqu'elle déclare que c'est son fils William qui devrait succéder à la reine, et non son mari, Charles, car elle doute de ses capacités à régner.

Diana est une très bonne comédienne. Ses yeux, très maquillés, sont remplis de larmes. L'émotion est garantie. L'émission bat des records d'audience et elle est vue par le monde entier. Pour la reine, c'en est trop. Elle envoie deux lettres, l'une à son fils, l'autre à sa belle-fille, leur demandant d'entamer une procédure de divorce.

La dernière « vengeance » de l'incontrôlable Diana lui sera fatale…

Celui-ci sera âprement négocié par Diana et lui permettra d'obtenir une indemnité compensatoire de 17 millions de livres, ce qui fait de son divorce l'un des plus onéreux du XXe siècle. Mais elle perd son titre d'altesse royale. Elle a négocié la garde alternée des enfants, car c'est très important pour elle. Elle redoutait d'en être privée, ce en quoi elle avait tort, jamais la reine n'aurait envisagé de séparer les enfants de leur mère. Le divorce est prononcé le 28 août 1996. A ce moment-là, Diana partage sa vie avec un chirurgien pakistanais, Hasnat Khan. Elle est une femme libre et riche, mais Charles est lui aussi libre : il va le manifester en juillet 1997 en donnant, dans sa résidence de Highgrove, une grande fête pour les 50 ans de Camilla, à laquelle il offre un magnifique collier. Pour Diana, cette officialisation du bonheur de Charles avec la seule femme qu'il ait jamais aimée est un coup de poignard. Hasnat Khan, affolé par la surmédiatisation de la princesse, a rompu avec elle. Il faut que Diana continue à exister, et elle va inventer une nouvelle provocation pour y parvenir. En ce mois de juillet 1997, elle décide d'accepter l'invitation de Mohammed Al-Fayed, le richissime homme d'affaires égyptien auquel la reine et le gouvernement ont refusé la nationalité britannique, de séjourner en compagnie de William et Harry dans sa maison de Saint-Tropez et à bord de son yacht, le *Jonikal*. Ces vacances vont être extrêmement médiatisées; on verra de nombreuses photos de Diana faisant du ski nautique dans la baie de Saint-Tropez, ses enfants en jet-ski mais surtout on remarquera l'omniprésence du fils de Mohammed Al-Fayed, Dodi, qui a une réputation de play-boy. Il est certain que la présence des petits princes dans l'univers des Al-Fayed ne doit réjouir ni la reine ni Charles, mais Diana a le droit d'organiser ses vacances avec ses fils comme elle le souhaite. En août, William et Harry regagnent Balmoral afin de rejoindre leurs grands-parents et leur père pour le traditionnel séjour en Ecosse à cette saison. Leur mère part donc seule avec Dodi Al-Fayed en croisière vers la Sardaigne. Elle rend publique cette nouvelle liaison. De nombreuses photos « volées » où Diana est particulièrement ravissante vont en témoigner. Ces images n'étaient pas si volées que cela, les journalistes avaient été prévenus par la princesse, qui en a choisi certains, récusé d'autres. Personne n'oubliera la photo de Diana, rêveuse, assise en maillot de bain sur le plongeoir du yacht tandis qu'une mouette traverse le ciel. Les paparazzi sont sur les dents. Le retour à Paris de Dodi et Diana fait encore monter la pression médiatique. Ils s'installent au Ritz, propriété du père de Dodi. Diana, qui doit regagner Londres le lendemain, téléphone à ses enfants à Balmoral. Elle a William à l'appareil. Celui-ci lui demande si elle a l'intention d'épouser Dodi. Elle lui répond que non, mais William n'aime pas Dodi Al-Fayed et raccroche. Ils se quittent sur cette conversation désagréable, ce qui constituera une douleur supplémentaire pour William, fâché contre sa mère. Diana est à un tournant de sa vie. Sa vengeance à l'encontre de Charles ira-t-elle jusqu'à se remarier avec Dodi Al-Fayed? Personne ne le sait, mais c'était bel et bien pour se venger de l'anniversaire de Camilla fêté par Charles que Diana était partie pour Saint-Tropez.

La mort inattendue et spectaculaire de la princesse, quelles qu'en aient été les circonstances, fut un traumatisme planétaire. Elle a amplifié sa légende et fait naître le mythe d'une victime hors norme. Mais en réalité, la dernière vengeance de Diana s'est retournée contre elle. C'était l'ultime épisode d'un conflit implacable, que les Britanniques avaient appelée « la guerre des Galles ».

Bibliographie sélective

Bradford, Sarah, *Elizabeth, a Biography of Her Majesty the Queen*, Londres, Penguin Books, 2011.

Cars, Jean des, *Elizabeth II, la Reine*, Perrin, 2018.

Hardman, Robert, *Our Queen*, Londres, Hutchinson, 2011.

Hargrove, Charles, *Elizabeth II*, Perrin, 1994, nouvelle éd. 2004.

Moutet, Anne-Elisabeth, *William & Harry*, Télémaque, 2007.

Rivère, Isabelle, *Elizabeth, dans l'intimité d'un règne*, Fayard, 2012.

Notices biographiques des auteurs

Professeur émérite d'histoire moderne à l'université Paris-IV-Sorbonne, membre de l'Institut, Yves-Marie Bercé a publié, parmi d'autres ouvrages, *Histoire des croquants. Révoltes et révolutions dans l'Europe moderne* et *Le Roi caché*, ainsi que, récemment, *Les Secrets du vin*.

Jean-Christophe Buisson est directeur adjoint du *Figaro Magazine* et présente « Historiquement show » sur la chaîne Histoire. Il est notamment l'auteur de *1917, l'année qui a changé le monde*, *Assassinés* et *Les Grands Vaincus de l'histoire* (avec Emmanuel Hecht).

Professeur d'histoire et d'archéologie des mondes grec classique et hellénistique à l'université Paris-XIII, président 2017-2018 de la Société française d'archéologie classique, Jean-Yves Carrez-Maratray est l'auteur de nombreuses publications, parmi lesquelles *Péluse et l'angle oriental du Delta égyptien aux époques grecque, romaine et byzantine* et *Bérénice II d'Egypte. Une reine dans les étoiles*.

Jean des Cars est l'historien des dynasties d'Europe et de leurs plus illustres représentants. Parmi ses grands succès, dont beaucoup ont été traduits : *Louis II de Bavière* ; *Eugénie, la dernière impératrice* ; *La Saga des Romanov* ; *La Saga des reines* ;

La Saga des favorites; *François-Joseph et Sissi.* Il vient de publier *Elizabeth II, la Reine* (Perrin).

Agrégée d'histoire, Catherine CHADEFAUD, titulaire d'un doctorat en égyptologie, a enseigné en classes préparatoires aux grandes écoles. Auteure d'ouvrages pédagogiques sur la civilisation égyptienne, elle a publié en 2016 une biographie de Ramsès II.

Historienne et écrivaine, Catherine DECOURS a publié une dizaine d'ouvrages parmi lesquels *La Dernière Favorite. Zoé du Cayla, le grand amour de Louis XVIII*; *La Lettre à Alexandrine. Mémoires apocryphes de Charlotte Corday*; *Juliette Récamier* et, en 2019*, Louis II de Bavière. Le trône et la folie.*

Dominique GOY-BLANQUET, professeur émérite à l'université de Picardie, présidente de la Société française Shakespeare 2009-2015, est membre du comité de rédaction de *En attendant Nadeau*, jadis de *La Quinzaine littéraire.* Parmi ses récents ouvrages, *Côté cour, côté justice : Shakespeare et l'invention du droit* (Garnier, 2016), *Shakespeare et l'invention de l'histoire* (3e éd. augmentée, Garnier, 2014), l'édition du livre posthume de Richard Marienstras, *Shakespeare et le désordre du monde* (Gallimard, 2012), des *Lettres à Shakespeare* (Thierry Marchaisse, 2014), et, avec François Laroque, de *Shakespeare, combien de prétendants ?* (Octets, 2016). Son *Shakespeare in the Theatre : Patrice Chéreau* est paru en 2018 chez Arden/ Bloomsbury.

Le professeur François KERSAUDY, spécialiste d'histoire diplomatique et militaire contemporaine, a enseigné aux universités d'Oxford et Paris-I. Il est l'auteur d'une vingtaine d'ouvrages, notamment sur Churchill, de Gaulle, Roosevelt, Goering, Hitler, Staline, Mountbatten et MacArthur. Il dirige aux éditions Perrin la collection « Maîtres de Guerre ».

Bernard LECOMTE, écrivain et journaliste, fut grand reporter à *La Croix* et à *L'Express,* puis rédacteur en chef du *Figaro Magazine.* De 1977 à 1992, il couvrit quotidiennement la fin du communisme en Europe de l'Est et l'effondrement de l'URSS. Il a publié plusieurs livres sur le Kremlin et sur le Vatican qui font autorité. Outre une monumentale biographie de *Jean-Paul II* (Gallimard, coll. « Folio », 2006), on lui doit notamment *Le Bunker. Vingt ans de relations franco-soviétiques* (JC Lattès, 1994), *Gorbatchev* (Perrin, 2014) et *Les Secrets du Kremlin* (Perrin, 2016).

Mondialement connu pour ses travaux sur le Premier Empire, Thierry LENTZ est également familier des tourments du XXe siècle. Il est ainsi l'auteur de *Le Diable sur la montagne. Hitler au Berghof, 1922-1944* et de *L'Assassinat de John F. Kennedy. Histoire d'un mystère d'Etat.*

Bernard OUDIN, historien et essayiste, est l'auteur chez Perrin de *Histoires de Londres* et de *Défendre ! Les ténors du barreau de la Révolution à nos jours.* Il a également publié *Les Masques de l'Histoire, trois siècles d'énigmes* (de Fallois) et *Le Crime : entre horreur et fascination* (Gallimard).

Historien et écrivain, Jean-Christian PETITFILS, dont les travaux sur l'Ancien Régime font autorité, est l'auteur d'une trentaine d'ouvrages, dont des biographies de Louis XIII, Louis XIV, Louis XV et Louis XVI, ainsi qu'une étude historique sur Jésus et, en 2018, une *Histoire de la France* très remarquée.

Longtemps responsable de la rubrique « Livres » au *Point* puis à *L'Express*, Anne PONS a alterné romans et biographies. Sa passion pour l'histoire maritime l'a conduite à publier *Nelson contre Napoléon* ; *John Franklin, l'homme qui mangea ses bottes*, puis *Lapérouse* et *James Cook.*

Jean Renaud, auteur de divers ouvrages sur les Vikings, est professeur émérite de langues, littérature et civilisation scandinaves à l'université de Caen, où il a dirigé le Département d'études nordiques.

Ancienne élève de l'ENS, agrégée d'histoire, professeure d'histoire russe et soviétique à l'université Paris-I, directrice du Centre de recherches en histoire des Slaves, Marie-Pierre Rey a publié, entre autres ouvrages, *La Russie face à l'Europe, d'Ivan le Terrible à Vladimir Poutine* ; *Alexandre Ier. Le tsar qui vainquit Napoléon* ; *L'Effroyable Tragédie. Une nouvelle histoire de la campagne de Russie*, ou encore *1814. Un tsar à Paris*.

Ancien ingénieur au Commissariat à l'énergie atomique, Pierre de Riedmatten s'intéresse depuis longtemps au linceul de Turin, auquel il a consacré de nombreuses interventions (articles, conférences, expositions) ; il a publié en particulier un livre de synthèse, *Le Saint Suaire* (2e édition, 2015). Il préside l'association « Montre-nous Ton Visage ».

Professeur émérite des universités et spécialiste de la Chine contemporaine, Alain Roux est l'auteur d'une *Histoire de la Chine au XXe siècle* et d'une biographie de référence, *Le Singe et le Tigre. Mao, un destin chinois*, ainsi que de *Chiang Kaï-shek. Le grand rival de Mao*.

Professeur émérite d'histoire ancienne à l'université de Tours, Maurice Sartre, spécialiste de la Méditerranée orientale antique, a notamment publié *Histoires grecques* (Seuil, 2006), une biographie de Cléopâtre et, avec Annie Sartre, *Zénobie, de Palmyre à Rome* (Perrin, 2014) et *Palmyre, Vérités et légendes* (Perrin, 2016).

Professeur émérite d'archéologie précolombienne à l'université Paris-I, Eric Taladoire a participé aux fouilles de plusieurs sites mayas. Il est en particulier l'auteur de : *Les Mayas*, en collaboration avec Jean-Pierre Courau (photographies) (éditions du Chêne, 2003) ; *Les Trois Codex mayas* (Balland, 2012) ; *D'Amérique en Europe. Quand les Indiens découvraient l'Ancien Monde (1493-1892)* (CNRS éditions, 2014) ; *Les Civilisations précolombiennes*, avec Patrice Lecoq (PUF, coll. « Que sais-je ? », 2016).

Achevé d'imprimer en avril 2019
dans les ateliers de Normandie Roto Impression s.a.s.
61250 Lonrai
N° d'impression : 1901596

Imprimé en France